*Le génie*
*du mensonge*

Le génie du mensonge
by François Noudelmann

# 철학자의 거짓말

*Le génie
du mensonge*

프랑수아 누델만 지음

문경자 옮김

날으산

일러두기

1. 본문의 주석은 모두 각주로 표시되어 있으며, '-옮긴이'라고 표시된 것은 옮긴이 주다.
2. 원서에서 이탤릭으로 강조한 부분은 이탤릭으로 표시했다.
3. 원서에서 대문자로 강조한 부분은 굵은 글자로 표시했다.
4. 책 제목 및 철학 개념어는 국역본이 있는 경우 참조하되, 이 책 저자의 의도를 살려 옮겼다.
5. 단행본·잡지에는 겹화살괄호(《 》)를, 단편·강연·연극·오페라·TV프로그램에는 홑화살괄호(〈 〉)를 사용했다.
6. 외국 인명·지명 및 외래어는 국립국어원의 외래어표기법을 따르되, 관례가 굳어서 쓰이는 것들은 관례를 따랐다.

인간의 정신은 진실보다 거짓을 통해 훨씬 더 잘 파악할 수 있게
만들어져 있다.
    — 에라스뮈스,《우신예찬》

다른 사람들이 진실을 감춘다고 화를 내서는 안 된다. 우리는
스스로에게도 얼마나 자주 진실을 감추는가.
    — 라로슈푸코,《잠언집》

# 차례

**들어가며** ┊ 도덕과 무관하게 거짓말에 다가가기 ─ 9

**1장** ┊ 진실의 파토스
모두가 거짓말쟁이, 루소만 빼고 ─ 29
거짓말, 그 이론과 실천 : 몽테뉴, 루소, 칸트, 콩스탕, 니체 ─ 41
거짓말의 용기 : 푸코 ─ 64

**2장** ┊ 삶과 반대되는 이론
철학자들이 꿈꾸는 삶 : 피에르 아도 ─ 96
거짓말이 탄생시킨 걸작 : 《에밀》 ─ 110
현재의 자신과 다르게 존재하기 : 사르트르의 참여 ─ 129

**3장** ┊ 개념에 대한 물신숭배
개념의 마력과 개념의 거부 : 프로이트 ─ 166
개념으로 도피하기 : 들뢰즈, 칩거하는 유목민 ─ 175
개념 속에서 눈멀기 : 레비나스와 눈부신 타인 ─ 202

**4장** ┊ 다중 인격

이론의 이중적 삶 : 미국에서의 보부아르 ― 231
수많은 타인으로 살고 생각하기 : 키르케고르의 가명들 ― 263
거짓말과 사후死後 진실 ― 289


**5장** ┊ 거짓말의 해방

거짓말의 세 가지 길 ― 304
단언하는 리비도 ― 310
이차적 청취를 위해 ― 319


**나가며** ┊ 삶과 담론의 간극에서 ― 327
**옮긴이의 말** ┊ 생각하고 말하는 그 순간에 일어나는 일 ― 339

## 도덕과 무관하게 거짓말에 다가가기

거짓말을 도덕적으로 단죄하는 것은 그것이 가진 복합성의 가치를 외면하게 만든다. 도덕적 판단을 잠시 내려놓는다면, 우리는 거짓말하는 이의 태도가 얼마나 풍부한지, 기만이 어디에서 기인하는지 관찰할 수 있다. 그것은 매우 흥미진진하고 교육적인 일이 된다. 동물 감정에 대한 논문을 쓰기 위해 아들의 표정에서 기쁨과 고통을 주의 깊게 탐색한 다윈처럼, 우리는 거짓말에 깃든 고유한 징후와 언어의 영역을 발견할 것이다. 일상의 삶은 거짓말과 관련된 많은 장면을 제공한다. 오래전부터 간통은 불륜을 저지른 자가 말을 비틀어 시나리오를 짜면서 능란하게 상황을 조작하는 것을 보여 주는 현장이었다. 부패한 책임자가 온갖 성인의 이름을 들먹이며 무죄를 맹세하는 정치적 연출도 마찬가지이다. 물론 우리는 감정 — 질투나 경멸 — 을 애써 억누른다. 진실의 훼손은 우리에게 충격을 주기 때문이다. 하지만 인간의 본성과 담론의 본질에 대해 약간의 통찰력만 있으면 거짓말에서 믿기 어려울 정도의 풍요로움과 무한한 수사修辭를 엿볼 수 있다. 과학자의 엄정함이나 견유학파의 평온함에까지는 이르지 못하더라도, 적어도 우리는 거짓말이 갖는 창의성에 대해 질문해 볼 수 있다.

진실의 반대, 거짓을 말하는 능력은 매혹적이면서도 불안을 일으킨다. 그것이 들통나면 거짓말한 사람은 신용을 잃는다. "늑대다!"라고 거짓말한 죄로 다시는 신뢰받지 못한 양치기 소년처럼 의심을 받는다. 인간의 거짓말하는 성향 때문에, 말하는 모든 사람에게 의심의 눈초리가 던져진다. 그렇다면 맑은 목소리, 담백한 시선 뒤에 숨어 있는 기만의 의도를 어떻게 탐지할 수 있을까, 어떤 학문이 능수능란한 거짓말쟁이를 꼼짝 못 하게 할 수 있을까? 수사 기술과 심리적 기법에 힘입어 거짓을 제압할 수 있으리란 희망을 갖기도 한다. 미국 영화의 상투적 소재가 된 '거짓말탐지기'가 한 예다. 거짓말탐지기는 취조받는 사람의 감정 상태를 그래프로 나타내는 것으로, 'polygraph'라는 명칭이 말해 주듯 말과 신체 언어에 드러나는 많은 것을 기록한다.* 거짓말탐지기는 침묵하고 있는 것, 감춰진 것, 즉 비밀을 복원한다. 심문받는 신체에 접속된 장치가 질문에 대한 복합적인 반응을 측정하고, 어떤 감정을 불러일으키거나 땀을 내거나 심장박동을 빨라지게 하는 반응을 기록한다. 최근에는 극히 미세한 표현까지 분석할 수 있게 되고,

---

* 접두사 'poly'는 '다수, 여럿'을 의미한다. ─옮긴이

나아가 거짓말할 때 활성화되는 뇌 영역을 정확히 찾아내는 단층촬영 기술이 개발되는 등 탐지 기술이 더욱 정교해졌다. 미국 드라마 〈내게 거짓말을 해 봐〉는 얼굴의 미세한 주름, 손가락의 떨림, 동공의 크기, 목소리의 떨림까지 관찰하는 유사 과학자를 내세워 엄청난 성공을 거두었다. 그들은 매우 교활한 거짓 주장을 콕 집어냄으로써 진실을 밝혀낸다. 이런 검사는 '정신이 진실을 숨길 때 육체가 그것을 폭로한다'라는, 오래전에 검증이 끝난 생각을 계승하고 있다. 라신이나 프루스트 같은 위대한 작가들은 어조, 떨림 또는 음색으로 의도와 감정을 드러내는 등장인물을 그려 낸 심리학자이기도 했다. 오데트에서 스완에 이르기까지, 자신의 슬픔에 너무도 많은 표현을 덧붙이는 고통스러운 시선과 탄식하는 목소리는 그 속에 감춰진 거짓말을 짐작하게 한다.

육체는 진실과 거짓 사이의 갈등을 드러내며, 진실에 반하여 저지르는 잘못에 형상을 부여한다. 육체의 동요는 거짓말이 악의에 찬 영혼 속에 얼마나 깊숙이 감춰져 있는지, 그러면서도 얼마나 외면적으로 혼란을 일으키는지를 보여 준다. 거짓말은 그것이 표현하는 메시지에 충실하지 못한 독특한 육체를 만들어 낸다. 거짓말은 고름과 종기, 발한과 히스테리 사이에서, 거의 통제되지 않는 자기만의 고유한 실체를 드러낸다. 이 역동성은 의식의 통제를 벗어난 창의적 형상과 안무, 시나리오와 담론을 끌어들이는 만큼 육체라는 물질성도 연루시킨다. 이러한 접근은 또한 거짓말 탐지 기술에 전제된 이원론을 상대화할 수 있게 해 준다. 거짓말을 지어내는 내면이 있

고 거짓의 배후를 노출하는 허약한 육체라는 외관이 따로 있
다는 이원론 말이다. 하지만 육체는 두려움에 떠는 거짓말의
전달 수단도 아니고 계략과 진실 사이의 갈등을 투명하게 보
여 주는 표면만도 아니다. 그보다 육체는 말과 몸짓, 알리바이
와 연극으로 이루어진 불안정한 어떤 복합체의 구성에 참여한
다. 거짓말은 총체적이면서도 변성작용을 일으키는 어떤 행위
를 전제로 한다. 거짓말하기mentir는 정념과 이성을 결합하고,
복잡하게 뒤얽히는 지적인 에너지와 충동적인 에너지를 동
원하기 때문이다. 말하고 글 쓰고 판단하고 후회하고 사랑하
고…… 이 모든 활동은 적극적이거나 소극적으로, 정신적이면
서 육체적으로 거짓말을 지어낸다.

거짓말 탐지가 부딪히는 몇 가지 저항이 있는데, 그중 가
장 잘 알려진 것이 노련한 거짓말쟁이의 자기 통제이다. 물론
테스트의 매개변수는 각 개인에게 맞춰져서, 그가 거짓말에
보인 반응에 따라 감정이 측정되고, 이 반응을 토대로 그만의
독특한 감정 등급표를 만들어 볼 수 있다. 그럼에도 어떤 이들
은 때로는 신경안정제의 도움까지 받아 가며 자신을 통제하는
데 성공함으로써 거짓말탐지기를 피해 가기도 한다. 거짓말쟁
이가 완벽한 배우처럼 진실한 모습을 갖는 것이다.

이런 기술에 대한 가장 큰 반론은 거짓말이 의도적이라는
전제에서 시작된다. 통념에 따르면 거짓말은 '의도적으로' 하
는 것이다. 진실을 알고 있지만 그것을 숨기기로, 더 나아가
진실의 반대를 말하기로 결심한다는 것이다. 그는 *사정을 다*

알고서 거짓말을 한다. 그런데 거짓이 명백히 드러나지 않는 상황도 많지 않은가. 그럴싸하게 말을 적당히 뒤틀면, 진실의 몇 가지 '판본'이 만들어진다. "당신은 아내를 속였나요?" "불법 자금을 받았습니까?" 이런 질문 앞에서 다양하게 나타나는 답변과 입장은 그것들이 진실과 거짓 사이에서 언어적·법률적 궤변을 거친다는 것을 보여 준다. 법정의 선서 자리에서 거짓말을 하여 물의를 빚은 빌 클린턴 대통령이 그런 경우이다. 인턴과의 구강성교를 성폭행으로 간주해야 할지 어떨지 알아보기 위해, 그의 문장은 성서의 주해에나 어울릴 법한 논평의 대상이 되었다.

사람의 마음은 탐색할 수가 없다. 그래서 거짓을 고발해도 의도를 밝히지 못한 채 오리무중에 빠지기도 한다. 사람은 언제나 고의로 거짓말을 할까? 자신의 거짓말을 스스로 어느 정도 의식하는 것일까? 도덕적 칼날은 거짓말한 사람의 동기나 그 진술 속에 함축된 진의를 섬세하게 분석하는 데 적합하지 않다. 때때로 거짓말하는 사람은 정신병자가 되지 않고도, 자기 확신에 따라 자신이 한 거짓말을 철석같이 믿고 있을 수도 있다. 찻잔을 깨트리지 않았다고 부인하는 어린아이나, 피해자의 심장에 칼을 꽂지 않았다고 주장하는 살인자는 증거를 제시하면 당황할 것이다. 하지만 진실이 언제나 증명 가능한 사실에 토대를 두고 있는 것은 아니다. 거짓말쟁이가 자신의 거짓을 어느 정도 인지하고 있는지는, 진실의 크기와 뉘앙스가 천차만별인 만큼 다양하다. 작은 또는 절반만 거짓인 말, 영어식 표현으로 '하얀 거짓말white lie'이라고 하는 거짓말은 대수롭지 않은 것으로 여겨져, 잘못이나 배신의 느낌을 불러일으키지 않는다. 일상은 우리에게 약간의 거짓말을 요구한다. 다른 사람과 충돌하지 않기 위해 거짓말이 필요할 때도 있다. 《인간혐오자》에서 알세스트*가 그렇듯이, 모든 상황에서 진실해야 한다고 요구하는 것은 고독을 자초하고 광기에 이르게도 한다. 알세스트가 규탄하는 사람, 즉 사교를 위해 의례적으로 거짓을 말하는 사람은 자신이 거짓말을 한다고 생각지 않는다. 거짓말에 대한 의식은 각자가 가진 정의定義나 느낌에 달려 있으므로, 진실을 사수하려는 의도가 절대적 기준일 수는 없다. 어떤 사람이 거짓을 말하며 극심한 불안을 느낄 때, 또 다른 사람은 진실과 적당히 타협하기도 한다. 거짓말이 행동으로 표출되는 경우도 마찬가지이다. 개인은 도덕률을 위반할 가능성 앞에서 평등하지 못하다.

그렇다면 거짓말로 느끼지 못한 거짓말은 어떻게 탐지할까? 가장 널리 퍼져 있고 가장 흥미로운 거짓말, 자기 자신에 대한 거짓말 말이다. 이것은 도덕적·법률적 판단을 넘어서는 거대한 질문이 된다. 거짓말의 위력을 대면하는 일은 거짓말의 발설과 날조 그리고 이후 이어지는 거짓말의 자율적 작동에서, 진실의 효력만큼이나 거짓의 효력을 분석할 것을 요구한다. 그러자면 거짓말탐지기만으로는 충분치 않다. 관찰의

---

* 17세기 프랑스 극작가 몰리에르의 《인간혐오자》에 나오는 등장인물. 언제나 진실해야 한다고 믿는 강직하고 융통성 없는 인물이다. 인간, 특히 교양과 예의를 명목으로 위선을 자행하던 당대 사교계의 인간들을 혐오한다. ─ 옮긴이

기술만큼 학문 또한 필요하다. 이는 '심리학', 적어도 17세기 모럴리스트들이 분석했던 심리학 또는 니체와 프로이트의 심리학이 수행한 임무이다. 어떤 주체가 자신을 속이고 스스로의 거짓을 믿으면서 이기심의 함정에 걸려드는 갖가지 사례는 거짓말에 관한 탐구를 의도적 행위를 훌쩍 넘어선 영역에까지 이르게 한다. 거짓말하는 사람은 다른 사람과 자기 자신을 동시에 속이는 만큼, 자신이 거짓을 말하고 있다는 사실을 언제나 알고 있는 것은 아니다. 의도라는 개념은 너무 거칠어 주체가 진실을 숨기고 조정하고 위조하는 다양한 뉘앙스와 동력을 제대로 평가하기에는 무뎌 보인다.

　도덕적 판단과 멀찍이 거리를 두고 거짓말을 탐구하는 것은 주체가 자신이 던진 미끼에 다른 사람이 걸려들도록 일관되고 강력한 세계를 구축하면서 전개해 가는 창의적 논리를 분석하는 일이 될 것이다. 거짓말하는 사람은 일상에서 자신의 거짓말을 유지할 수 있는 다양한 재능을 보여 준다. 거짓말을 유지하려면 계속해서 또 다른 이야기를 만들어 보태야 하기 때문이다. 솔직하게 말한 사람은 진실을 털어놓고 나면 상황이 명확해져서 더는 궤변을 복잡하게 늘어놓을 필요가 없는 반면, 거짓을 말하는 사람은 무수히 많은 허구를 지어낸다. 마음대로 이야기를 지어내고, 이런저런 이야기를 복잡하게 얽어놓고, 반대 증거들이 나타날 때마다 끊임없이 이야기를 덧붙인다. 그럴 때 쌓여 가는 세세한 이야기나 진실을 방해하려는 노력이 오히려 거짓의 폭로로 이어지기도 한다. 너무 많은 이야기를 늘어놓음으로써 '과장하게 되고', 그 결과 스스로 거짓말을 폭로하게 되는 것이다. 이때의 허구는 의도한 것이라기보다 자신도 모르게 지어낸 것이다. 이 허구는 말을 비틀고 부풀림으로써 미학적으로나 심리적으로나 놀라울 만큼 풍성해진다. 그런데 장황하고 교활한 수사修辭, 주체가 자신의 진실 또는 자질을 알리기 위해 증명에 나서는 바로 그 주장에서 의심이 생겨난다.

계속되는 강조와 반복, 다듬기는 진술자가 보여 주는 확신과는 반대로 오히려 불안을 드러내 보이는 의심스러운 언어 행위이다. 프로이트는 우리가 끝내 말하지 못하는 것을 되풀이한다는 사실을 관찰한 바 있다. 그에 따르면, 어떤 행동의 반복은 주체가 명확하게 말하지 못한 과거의 정신적 외상을 가리킨다. 언어적 관점에서 보면, 행동의 반복은 현재 체험된 모순, 더 나아가 진술과 진술이 가리키는 의미 사이의 모순을 지시한다. 잘될 것이라고, 두려워하지 말자고 왜 반복해서 말하고 싶은 걸까? 자신의 건강 상태가 좋다고 끊임없이 외치는 소리를 들으면, 우리는 그가 건강을 매우 염려하고 있다고 생각지 않는가? 강조는 어떤 어조, 문장의 리듬, 그리고 역설적이게도 단호한 말투로 되풀이된다. 예민한 귀는 거짓의 흔적을 지닌, 아주 미세한 이런 현상에 함축된 내용을 탐지해 낸다.

이런 심리학적 직관은 설득의 수사를 정치적으로 혹은 선전용으로 사용하는 데서 확신을 얻게 된다. 실제로 여론의 영역에서는 거짓 주장이 진실의 외관을 갖추는 의도적인 모순어법이 넘쳐난다. 이런 전략적인 전도顚倒는 우리가 그 방식을 조금만 들여다보면 금방 알아챌 수 있다. "제가 지금껏 금속 노동자들을 위해 투쟁해 온 것을 새삼 말할 필요는 없습니다"라는 문장은 본인의 투쟁을 더 부각하기 위해 쓰인 역설법이다. 또 자신이 속한 당에 분열을 일으키는 정치인이라면 자신의 새로운 파벌을 '연합'이라고 이름 붙일 것이다. 이런 언어적 조작은 설득의 기술에 속하는 것으로, 광고업 종사자는 그것의 동력을 잘 알고 있다. 예를 들어 고가의 자동차를 선전할 때 특별한 기능과 장점을 갖추고도 값이 이만큼이나 싸다는 점을 강조함으로써, 가격 부담이라는 약점을 오히려 장점으로 내세우기도 한다. 이런 방식은 단순한 전도에 기반을 두고 진실과 거짓의 양극성을 유지하기에 간결하다. 하지만 몇몇 정신의 구성물들은 거짓에 놀라운 창의력을 부여하면서 훨씬 더 복잡한 양상을 보인다.

위조하려는 의도와는 완전히 무관해 보이는 이론적인 담론도 앞서 언급한 특징들, 즉 정신적 콤플렉스와 언어 전략을 활용한다. 이론적 담론은 한편으로는 말하고 발견하고 선언하려는 의지를 표명하면서, 다른 한편으로는 그 주장의 동기를 감추는 언어 형식을 만들어 낸다. 이 훌륭한 담론을 의심하고 경청하면, 거기에 내포된 강박적인 특성, 끊임없이 충돌하고 재등장하는 하나의 생각과 문장, 혹은 하나의 단어를 찾아낼 수 있다. '이론가' 또는 '단언하는 사람'은 맹목적 숭배의 대상, 즉 물신物神의 역할을 하는 이미지와 어법, 표현을 사용한다. 거기서 하나의 스타일만 찾아내는 것으로는 충분하지 않다.

이 형식은 이론적 활동에 동기를 부여하는 거짓말과 유기적으로 결합되어 있기 때문이다. 주제의 구조와 논증의 인위성은 이른바 '정신의' 작품에 내포된 동기를 은폐하는 언어의 장막을 제공한다. 관념론은 관념이 조리되는 부엌을 감추기 위해 추상화 작업으로 스스로 치장한다. 하지만 증명하는 말이나 이론적인 개론 역시 숭고한 거짓말을 전시하고 생산하는 육체*肉體*들이다.

이 점에서 우리는 철학자들에게 특별한 관심을 갖게 된다. 철학자들은 추상적인 언어를 체계적으로 사용하여 그들 사상의 보편성을 주장하기 때문이다. 적어도 철학의 주류 전통에서, 어떤 사상이 대중에게 이해받으려면 그것의 주창자 및 발화 조건과 분리되어야 한다. 철학자의 개별적 투입, 즉 개념·주장·논증을 발전시키도록 추동했던 동기 따위는 하나의 정신에서 발현한 작품이 다른 정신에게 호소하기 위해 고양되는 순간, 그 앞에서 지워져 버린다. 사상을 발견하거나 창조한 이들의 인생에 관심을 갖는 일은 지엽적이거나 무례해 보이기도 한다. 그렇지만 지난 수십 년 동안 고대의 철학자들과 그들의 실천적 활동에 관한 역사적 연구가 이루어진 덕분에 사상가들의 구체적인 삶에 관한 관심을 복권할 수 있게 되었다. 이 연구들은 철학이 이론을 구축하는 데 한정되지 않고 삶의 선택에 따라 구성된다는 것을 암시해 준다. 그렇더라도 이 '철학적 삶'의 의미는 명확히 규명되어야 한다.

사상가의 삶에 관한 관심은 그들의 사상과 삶이 일치한다는 믿음을 전제로 한다. 사상가는 불굴의 정신, 지혜, 자기절제와 같은 태도로 실존에 관한 견해를 구현한다고 여겨진다. 하지만 그가 자신의 사상과 일치하는 삶을 살았음을 확인해 주는 것은 아무것도 없다. '철학적' 행위에 부여되는 전설적이고 '모범적인' 가치(디오게네스의 도발적인 언사, 세네카의 자살 등)는 그것을 만들어 낸 창시자의 심리적 동기에 구체적으로 다가가는 것을 방해한다. 이상적인 일관성이라는 이러한 환상에 맞서서, 니체는 철학의 위대한 인물에 대해 의도적으로 논쟁적인 문체를 채택했다. 소크라테스는 세상에 대한 독립성을 내걸었던가? 그는 정말 조금도 죽음을 두려워하지 않았는가? 니체는《우상의 황혼》에서 "소크라테스는 삶을 증오했고 어떤 실존의 기쁨도 느낄 수 없었기 때문"에 죽음을 두려워하지 않을 수 있었다고 썼다. 그에 따르면, 저승에 가치를 부여하고 진짜 동기를 은폐하는 사상의 원천이 된 것은 바로 회한이었다. 이 심술궂은 폭언은 순수하고 고결한 사상의 명성에 주의를 기울이게 한다. 그것이 숨겨진 어떤 전략을 따랐던 것은 아닐까 갑자기 의심스러워진다.

　선포한 사상과 실제 꾸려 온 삶 사이의 왜곡은 사상가가 자신이 공언하는 것과 반대되는 행동을 할 때 정점에 다다른다. 이것은 지적 구성물과 그와 상반되는 실천 사이의 역설적 관계를 이해하기에 가장 유용하다. 물론 이러한 간극에 가장 공통된 반응은 비도덕적으로 행동하면서도 스스로를 고결하다고 선언한 위선자를 규탄하는 것이다. 이 위선은 의도적인 행위와 관련이 있으므로, 우리는 그들 스스로도 의식하지 못한 거짓말, 즉 실제 삶과 모순되는 방향으로 산출된 이론의 형성에 관심을 갖고자 한다. 그럴 때 이제 문제는 단순한 모순, 무시해도 좋을 사건이 아니라, *거짓의 형식 아래 진실*을 표현하는 교활한 언어적 술책이다. 철학자들의 담론은 모순된 행동에도 '불구하고' '어쩔 수 없이'가 아니라, '바로 거기서부터' 구성되기 때문이다! 이제 우리는 "이 사상가가 *비록* 행동은 다르게 하지만 저런 원칙을 표방한다"라는 표현을 뒤집어서, "이 사상가는 이론화한 것과 반대되는 삶을 살기 *때문에* 저런 원칙을 표방한다"라고 쓸 것이다. 위대한 교육론을 집필했고 그 책에서, 아이 다섯을 '버리고도'가 아니라 '버린 덕에' 사려 깊은 아버지가 되었다고 스스로를 소개한 루소가 바로 그런 경우이다.

우리가 모순이라고 명명하는 것은 정신적 과정의 영역에 속한다. 이 과정을 통해 사상가는 자아분열을 일으키며 자신의 삶과 모순된 진실을 공언한다. 아라공*이 말한 *진실한 거짓말하기*mentir-vrai는 일군의 개념을 조립하고, 저자는 이 개념 안에서 자신의 이론적 실존을 상상한다. 푸코가 진실을 말하는 용기를 주장했을 당시, 그는 몇 달 뒤 자신의 목숨을 앗아갈 에이즈를 숨기고 있었다. 푸코는 세심하게 기획한 비밀 지키기와는 반대되는 담론을 마지막으로 풀어놓았다. 하지만 우

---

* Louis Aragon(1897~1982). 프랑스의 시인이자 작가. 전위적인 잡지 《문학》의 창간에 참여하며 다다이즘, 초현실주의 운동에 가담했다. 1932년 소련 여행 뒤에는 사회주의로 전향했고 제2차 세계대전 때 레지스탕스 운동에도 뛰어들었다. 작품으로 《파리의 농부》, 《단장》, 《엘사의 눈》, 《현실 세계》, 《공산주의자들》 등이 있다. ― 옮긴이

리가 이를 확인하는 것만으로는 충분치 못하며, 그것을 규탄하는 것은 어떤 이해에도 이르지 못하는 길이다. 오히려 우리는 이 모순을 분석함으로써 풍부한 왜곡 과정에 다가갈 수 있다. 현실 거부는 바로 이 왜곡을 통해 개념적인 성과를 산출할 수 있기 때문이다. 합리성에 호소하는 철학은 그 주장 속에 작동하고 있는 정신적 동력을 우리에게 숨긴다. 우리는 이론적 구성물이 속이 훤히 비치는 유리라고 생각하는 바람에, 사상가의 인성과 진실을 말하는 저자가 투명하게 일치한다고 단번에 믿어 버린다. 하지만 이 둘이 같다는 것은 자명한 사실이 아니다. 우리가 생각한다고 할 때, 그 우리는 누구인가? 우리 자신인가 다른 누군가인가? 이와 같은 질문은 이성을 잘 제어하는 사람들에게도 해당된다. 일단 이런 의심이 자리 잡고 불투명함을 인정하게 되면, 사상가가 자기 사상에 동의하는지 질문하고 그의 다양한 면모를 발견하는 것이 가능해진다.

철학자와 그의 사상의 일치는 일종의 허구다. 그의 논증에 대해 이차적 청취*를 시도해 보면 논리적으로 왜 그러한 선택을 했으며 하나의 개념에 왜 그토록 집요하게 몰입했는지 물어볼 용기가 생긴다. 교과서적 전기는 철학자와 중심 사상을 도식화하여 박제해 놓았다. 데카르트는 코기토, 파스칼은

* 누델만은 이 책의 마지막 장 〈거짓말의 해방〉에서 이차적 청취에 대해 상세히 설명하고 있다. 그는 글로든 말로든 진실을 주장하는 저자의 텍스트 공간에서 언어의 '일차적'(문자적) 의미 외에 목소리, 어조, 몸짓 등을 풍성하게 듣고 읽어 낸다는 의미에서 '이차적' 청취라는 표현을 쓰고 있다. ─ 옮긴이

내기, 칸트는 도덕법칙, 헤겔은 변증법, 사르트르는 참여 식으로 말이다. 그 탓에 우리는 저자 자신이 직접 체험하고 느꼈던 만큼 합당하게 주장할 수 있는 어떤 것과 굳이 반대되는 관념을 골라 열성적으로 지지하게 만드는 복잡한 동기와 비틀림을 알아차리지 못하게 된다. 사르트르는 왜 갑자기 그토록 과격하게 참여 개념을 옹호했을까? 1945년에 무슨 일이 있어서, 독일이 프랑스를 점령한 동안 그다지 투쟁에 나서지도 않았던 그가 어떻게 사회 참여를 주장하는 철학자의 형상에 자신을 일치시키게 되었을까? 논리적이고 도덕적인 설명만으로는, 또 그 자신의 변명만으로는 충분하지 않다. 여행을 싫어했던 들뢰즈는 어쩌다 노마디즘의 예찬자가 되었을까? 그는 왜 사상가의 삶은 비인칭적이라는 생각을 지지하면서 자신의 개념 뒤로 사라지려 했을까? 많은 철학자가 일체의 지시 대상과 분리된 자신만의 고유하고 자율적인 실존을 획득하기 위해, 사상의 모든 영역을 비춰 주는 등대 단어를 정립하는 데 몰두해 왔다. 레비나스의 저작에서 과도하게 확장된 '타인'이라는 단어가 그렇다. 이 단어는 이타성의 전형이 되어, 표방된 합리성의 텅 빈 중심에서 독자의 상상력을 자극한다. 위대한 개념, 아도르노가 분석한 것과 같은 '키워드'는 맹목적 숭배의 대상인 물신과 유사하다. 소통의 마법을 부리는 물신은 강력한 부인否認에서 생겨난다.

개념의 형성과 사용에서 허구의 몫을 받아들이기만 하면 우리는 곧바로 철학자의 정신을 벼리는 대장간에 접근할 수 있다. 그러면 한 저자에게서 서로 대립하고, 그러면서도 유기적으로 결합되고, 서로 속이면서 또 서로 보상하는 다양한 삶들이 드러난다. 보부아르가 《제2의 성》을 쓰고 페미니즘의 기초를 마련했던 바로 그때, 그녀는 한 미국 작가와 열정적인 사랑에 빠져 있었다. 보부아르는 여성의 독립을 이론화하면서 다른 한편으로는 굴종적인 성적 쾌락에 관해 수백 쪽에 이르는 글을 썼다. '진짜' 보부아르가 어디에 있는지 말하기는 쉽지 않다. 다만 이 이중적인 삶을 분석하는 것이 어떤 사상에의 정신적 투입과 모순적인 표현법을 이해하는 데에 유익할 것이다. 이 모순된 표현법 덕에 사상은 위대한 주장을 단언할 수 있다. 철학자의 다중 인격은 대중에게 좀처럼 받아들여지지 못한다. 삶과 모순되는 이론을 지지하고 체험하기 위해 여러 가명을 사용하며 실험한 키르케고르처럼 전략적 사고에서 비롯된 경우라 해도 그렇다. 그는 신앙 없이 살면서 종교적 논문을 썼고, 금욕주의자로 살 때 유혹자의 일기를 썼다. 진실한 거짓말하기는 철학적 이성의 중심에 있다.

거짓말이라는 단어가 도덕의 무게를 벗고 심리의 차원으로 들어서면, 다채로운 뉘앙스를 띠고 예리해진다. 거짓말은 매우 다양한 수사를 지시하기 때문이다. 그 속에 엉켜 있는 내용의 매듭을 풀고, 그것의 과정과 증상을 구별해야 한다. 거짓말을 진실의 의도적 부인으로만 한정 짓지 않는다면, 거짓말은 지적인 작품이자 체계이자 태도로서 놀라운 다양성을 보여주는 입체적인 언어 형식들을 취할 것이다. 이것들에는 몇 가지 공통점이 있는데, 첫째가 진실을 *단언하려는 욕망* — 단정적인 어법 탓에 공개적으로 반박을 받더라도 — 으로서, 이는 논증하고 증명하고 개념을 연결하려는 또 다른 욕망으로 이어진다. 둘째는 취약하고 부조화스러운 현실을 어느 정도 가려주는 일반적 사상이라 할 수 있는 '개념'에 대한 과대평가로서, 이는 이야기 지어내기와 그것의 언어적 숭배에 관한 또 다른 표식을 제공한다. 주제와 좀 더 관련된 세 번째 공통 특징은 진실의 이론을 서식에 맞춰 진술해야 할 필요성이다. 여기서 다시 진실의 몇 가지 명칭이 제각기 제 영상을 펼친다. 성실성, 진정성, 주관적인 진실의 주장, 진실성 등. 거짓말하는 사람은 거짓말을 더 잘하기 위해 진실과 거짓이라는 대립 명제를 재구성해야만 한다.

되풀이해 강조하건대, 내가 하려는 작업은 비방과는 거리가 멀고, 거짓말과 무관한 혹은 진실을 알고 있는 자의 관점에 서 있지 않다. '거짓말하는 사람'이라는 말은 여기서 결코 비난의 영역에 속하지 않는다. 나의 관심은 검증 가능한 것과, 몇몇 이론적 담론의 작위 사이에 존재하는 간극이다. 모든 정신적 삶의 진실이 그러하듯, 사상가가 체험한 삶의 진실은 영원히 접근할 수 없는 것으로 남는다. 거짓말하는 사람이 스스로 수락하는 담론은 여러 가치를 갖는다. 그에 따라 진실과 거짓 사이에는 많은 대립이 존재하며, 그 덕분에 주장과 실천 사이의 '모순'을 지적할 수 있다. 이 불협화음 속에서, 관념적인 글과 담론을 새로운 시각으로 읽게 만드는 정신적인 힘이 드러난다.

거짓말을 분석하기 위해 나는 한 가지 기준에 근거해서 저자들을 선택했다. 그 기준이란 그들의 저작에 과거 또는 현재의 내가 보내는 찬탄이다. 물론 이 찬탄에는 비열한 거짓말쟁이를 규탄하고 싶은 모든 유혹과 온갖 형태의 회한도 포함되어 있을 것이다. 하지만 누군가를 비방하기 위해 글을 쓴다는 것은, 나에게는 위대한 권위를 믿고하는 증오에나 걸맞은, 의심쩍은 행위로 여겨졌다. 작품을 이해하고 그것을 다시 읽기위해서는, 원문에 불충실한 독서가 될지언정, 단 하나의 해석으로는 요약될 수 없는 어떤 의미가 존재한다는 사실을 인정하는 최소한의 관대함을 발휘할 필요가 있다.

내가 이 연구를 하게 된 이유 가운데 하나는 학계와 방송매체를 통해 많은 철학자들을 가깝게 알게 된 것이다. 나는 순진하게도, 당당하게 주장된 원칙이나 가치와는 정반대로 펼쳐져 나간 삶을 마주할 때마다 놀라곤 했다. 담론이 요란할수록 간극은 더 명확했다. 하긴 철학자들 가운데 이야기를 지어내는 이들이 보통의 사람들보다 더 적을 이유가 딱히 있겠는가? 철학자들은 정치인이나 모조품 만드는 사람을 부러워할 까닭이 전혀 없다. 그들도 철학을 넘어서서, 자기 자신에 관한 거짓말의 창의력과 역설적 구성을 이해할 수 있는 '사례'를 얼마든지 제공할 수 있으니까. 말하는 사람에게서 흔히 나타나는 비일관성은 사상가의 경우, 독자의 즐거움의 원천이자 사유를 유발하는 매력적인 이론으로 변형된다. 결핍은 과잉 속에 있고, 왜곡은 창조의 바탕이 된다.

# 1장

## 진실의 파토스

'진실을 사랑한다', 이 표현은 도덕적이고 정신적인 이상에 부합하기에 지지를 받는다. 반대로 어느 누가 거짓을 사랑한다고 떳떳이 밝힐 수 있을까? 진짜를 추구하는 것과 *진실*에 충성하는 것은 대번에 동의를 얻는다. 하지만 그 이면에 무엇이 숨겨져 있는지를 명확히 규명해야 한다. 표현의 동기도 제각각인데다가, 특정한 미덕도 필요하기 때문이다. 신이나 초감각적 차원의 형이상학적 진실은 양심적 태도를 끌어 댈 도덕적 진실이 아니다. 사실에 근거를 둔 진실, 수사로 밝혀내야 할 진실, 사법적 판단이 필요한 진실도 아니다. 우리는 진실의 역사를 되짚어 보기보다는 진실이 가리키는 것에 동반되는 정서를 검토할 것이다. 왜 사람들은 진실이라 자처하는 것을 '사랑'하는가? 진실에 참여하는 것은 어떤 만족을 주는가? 사람들은 왜 진실에 대한 사랑을 공개적으로 선언하는가? 진실을 택하는 것이 얼마나 행복한지, 그것이 얼마나 투명하고 본래적으로 순수한지를 주장하는 명제들이 줄줄이 있다. 반대로 허위와 오류와 거짓과 위선은 얼마나 불투명한가. 이 모든 개념은 진실의 도덕적인 측면을 거부하는 동시에, 진실에 결부된 수많은 긍정적 자질의 상상 또한 거부한다.

진실의 공언이 불러일으키는 열정, 그것이 야기하는 것 중에 놀랄 것은 전혀 없다. 거짓말쟁이 역시 기꺼이 진실을 선언하리라는 것 외에는 말이다. 거짓말쟁이가 갑자기 솔직해진다면, 그는 그리스의 철학자 에우불리데스가 지적한 유명한 논리적 역설 "나는 거짓말을 하고 있다"에 맞닥뜨릴 것이다. 이 표현은 이론적으로는 불가능하다. '나는 거짓말을 하고 있다고 말함으로써 거짓말을 한다. 그러므로 나는 진실을 말한다'라는 반대의 뜻이 함축되어 있기 때문이다. 이 진술에는 많은 이들이 말을 보탰지만, 그 반대 표현인 "나는 진실을 말한다"는 여전히 과소평가되어 있다. 이는 진지한 사람도, 거짓말쟁이도 논리적 모순 없이 발설할 수 있는 문장이다. 진실성은 진실을 단언하는 행위의 중요한 특성이다. 이 문장은 진실성에 에너지를 집중하며 단언하는 행위의 즐거움을 보여 준다. 따라서 우리는 "나는 진실을 말한다"라는 문장을, 이어지는 진술이 어떻게 뒷받침하는지 검토해야 한다. 진실을 단언하는 사람은 상대를 설득한다고 확신하면서 "나는 내가 말하고 강조하는 것이 무엇인지 알고 있다. 이는 진실이다"라고 선언한다. "나는 진실을 말한다"라는 선언은 그 단언자의 말을 믿도록 요구한다. 그는 우리 모두가 가지고 있는 진실에 대한 사랑,

우리가 거기에 부여하는 신뢰에 호소하는 것이다. "나를 믿으시오, 나는 진실을 말하노니!" 하지만 그는 왜 자신의 말을 담백하게 표현하지 않고, 진실에 호소하고 그것을 강제하면서 진정성을 보증하려 하는가? 이것이 도리어 의혹을 불러일으키며, 짓궂게도 우리는 그 말의 내용 자체를 의심하게 된다.

## 모두가 거짓말쟁이, 루소만 빼고

진실을 사랑하는 사람은 우리를 그 사랑의 증인으로 삼는다. 그의 말을 믿어야 하는 신뢰의 포로로 만든다. 자신의 진실성을 보증하기 위해 우리가 필요하기 때문이다. 그는 은근슬쩍 우리에게 빚을 지운다. 과장된 선언과 인질극의 이러한 조합이 가장 눈부시게 구현된 예들 가운데 하나가 루소다. 이 철학자이자 작가는 진실에 대한 사랑을 끊임없이 공표했다. 그는 진실에 대한 사랑을 철학의 골자이자 자기 인격의 정수로서 내면에 품고 있었다. 그가 좋아한 명구는 유베날리스*에게서 빌려온 것으로 'Vitam impendere vero', 즉 "일생을 진실에 바친다"였다. 루소는 이 문구를 인장으로 새겼다.

하지만 루소에게는 보편적 진리보다 실천적 진실이 우선

---

* Juvenalis(50?~130?). 고대 로마의 시인. 다섯 권으로 된 《풍자시집》을 남겼는데, 당시의 부패한 사회상을 격렬하게 비판하는 시들이 대부분이다. "건전한 육체에 건전한 정신이 깃든다"라는 문구가 널리 알려져 있다. ─옮긴이

이었다. 그가 실천적 진실을 '말하고' 싶어 한 것은 사람들이 자신에 대해 왜곡한 것들을 바로잡고, 몰래 저지른 몇몇 잘못을 고백하기 위해서였다. 《고백록》을 쓴 의도가 바로 이것이다. 여기서 루소는 독자를 앞에 두고 아무런 허식 없이 벌거벗은 모습 그대로 자신의 다양한 상황을 이야기하며 스스로의 정직함과 솔직함을 공표했다. 그는 연극적인 인위를 증오했던 사람이지만, 공개적 선언을 화려하게 연출하면서 수백 쪽 내내 '진실한' 고백을 시도했다. 증인들 앞에서 진실을 주장하는 스스로의 모습을 독자에게 보여 주었다.

"나는 진실을 말했다. 내가 방금 말한 것과 반대되는 것을 누군가 알고 있다면, 수천 개의 증거가 있다고 해도 그가 알고 있는 것은 거짓말과 중상모략이다. 내가 살아 있는 동안에 그가 그 사실들을 깊이 파헤쳐 규명하라는 요청을 거부한다면, 그는 정의도 진실도 사랑하지 않는 자이다. 나는 소리 높여 두려움 없이 선언하노라. 내 글을 읽지도 않고, 자신의 눈으로 나의 천성과 성격, 품행과 성향, 즐거움과 습관을 검토하고도 나를 불성실한 사람이라고 믿는 자는 그게 누가 되었든 바로 숨통을 끊어놓아야 할 자라고."*

청중은 이 진실 주장자의 말에 기가 차 말문이 막혔다. 진실의 전령이 말하였으니, 진실은 못박혔다. 본인이 직접 한 변론에 따라, 그 자신이 *바로* 승리한 진실이기 때문이다. 반대하

---

* 장자크 루소, 《고백록》, 《전집》 1권, Gallimard, Bibliothèque de la Pléiade, 1959, p.656.
  이하 각주의 서지에서 출판 지역을 밝히지 않은 경우, 모두 파리이다.

는 자는 죽어 마땅하다. 거짓말 그 자체가 더할 수 없이 가증스럽기에 억제되고 처벌받아야 하는 것처럼 말이다. 예리한 심리학자 라로슈푸코가 관찰한 바에 따르면, "거짓에 대한 증오는 종종 우리의 말을 중대한 것처럼 보이게 하고 그 말에 종교적 경건심을 갖게 하려는 은연중의 야망이다".* 실제로 루소는 신앙고백을 통해 자기 말에 대한 신앙심을 강요했다. 그는 결정적인 말을 자기 몫으로 가져왔고, 자신의 '선언'을 볼거리로 제공하면서 이의 제기의 가능성을 원천봉쇄했다. 아직도 수천 번 더 말해야 하는가? 모든 것은 선언되었다. 명명백백하게. 그가 진실을 말했다!

하지만 조금만 조예가 깊은 심리학자라면 이런 의심을 품을 것이다. 그토록 많은 감동적 표현과 공격적 태도와 그토록 많은 설명과 반복, 이 모두가 곧 무엇도 최종적으로 말해지지 않았음을 가리키지 않는가.** 실제로 《고백록》 이후 루소는 다시 《루소, 장자크를 심판하다》를 써서 자신을 해명하고 정당화할 필요를 느끼게 된다. 정말로 덕망 있는 사람이라면 그렇게까지 해서 자신의 미덕을 전시하고 싶을까? 자기소개에는 필연적으로 가면과 책략이 뒤따르게 마련이다. 더욱이 루소는 '진실한 인간'과 '진실을 말하는 인간'의 차이를 의식하고 있었다. 진실한 인간은 자신을 타인에게 내보이고픈 욕망

---

* 프랑수아 드 라로슈푸코, 《잠언집》, Gallimard, Folio classique(no.728), 1976, p.54.
** 루소는 《고백록》에서 독자가 자신에 대해 올바른 판단을 할 수 있도록 모든 것을 말하겠다고 거듭 강조한다. ─ 옮긴이

없이 행동한다. 그렇다면 루소는 왜 그토록 사람들이 진실을 알고 있다고, 그들이 자신의 수호자라고 왜 그토록 다짐하며 말하는가? 루소의 대답은 이렇다. 나는 부당하게 공격당하고 있기 때문이다!

루소는 정확히 무엇 때문에 비난받았는가? 그가 쓴 글을 읽어 봐도 파악하기 어렵다. 표절, 배신, 절도, 음란, 불경 등 자신이 받는 비방의 사례를 줄줄이 늘어놓고 있기 때문이다. 그런데 그중에서도 생이 끝나는 날까지 그를 끊임없이 따라다닌 숨은 문제이자 그가 심판대에 세워진 핵심 이유가 있다. 바로 자식을 버린 일이다. 덕망 있는 우리의 위인께서는 자신의 진실을 부르짖고 많은 사건에서 불의를 규탄했지만, 자식에 대한 책임을 다하지 못한 잘못은 어떻게 해도 속죄받을 수 없는 죄였다. 《고백록》에서 루소는 의식의 흐름을 재구성하여 꽤나 그럴듯하게 이 오점을 위장하려 했다. 그가 임신시킨 테레즈와의 만남은 그가 처음으로 미덕에 눈뜨는 결정적 순간으로 그려진다. 루소는 이렇게 주장한다. "나는 테레즈와 만난 날을 언제나 나를 도덕적 존재로 결정지은 날로 간주했다."*

그렇다면 공공 보육원에 다섯 명의 아이를 맡긴 것은 어떻게 정당화할 것인가? 첫 번째 변호는 사건을 상대화하여 임신을 마치 비만의 문제인 양 뭉뚱그려, 임신시킨 당사자 자신은 슬쩍 발을 빼는 것이었다. 루소는 자신이 아버지라는 내용은 숨기고 이렇게만 썼다. "내가 슈농소에서 살이 찌고 있는 동

* 루소, 《고백록》, p.341.

안, 나의 가여운 테레즈도 파리에서 다른 방식으로 뚱뚱해지고 있었다. 파리로 돌아왔을 때 나는 내가 이전에 착수했던 일이 생각보다 더 많이 진전되어 있는 것을 발견했다."* 출산을 상스러운 생리적 기능으로 비하하며 익살스럽고 경박하게 문제를 내쳐 버린 것이다. 더욱이 《에밀》에서 이 교육자는 출산을 배뇨의 고통에 비유한 전적이 있다. 루소는 요도에 문제가 있었기 때문에 그 고통을 잘 알고 있었다.

두 번째 해명은 더 놀랍다. 《고백록》에서 제시한 그 자신의 이미지와 상반되기 때문이다. 루소는 다른 사람들과 비교할 수 없는 자신의 절대적 유일성을 주장하면서 자서전을 시작해 놓고도, 이 대목에서는 관례와 풍습 뒤에 숨어 버린다. 스스로를 "미덕에 심취해 있었다"라고 말한 사람이 당시의 타락한 풍습을 택한 것이다. 방탕해서든 가난해서든, 업둥이 보호 시설에 아이를 보내는 것이 당시 통상적이고 또 나아가 허용된 행동이긴 했다. "이것이 그 나라의 *관례*인 이상, 그곳에 사는 동안이라면 따를 수도 있는 것이다."** 아이를 본 루소는 관례를 들먹이며 기어코 테레즈의 저항을 이겨 냈다. 루소 자신은 스스로 댄 이 논거를 정말로 믿었을까? 이런 고백으로 자기 잘못을 정당화한 걸까? 여기서 진실은 고백의 형식을 취하고 있다. 하지만 루소는 바로 자신에게 거짓말을 하고 있지 않은가?

* 위의 책, pp.342~343.
** 위의 책, p.344.

잘못의 부인과 역설적인 고백은 진실과 거짓 사이에 지옥의 회전문을 만들어 낸다. 실수를 저지른 자가 자신이 끼친 피해를 뒤집고 도리어 희생자가 되었다. 자식을 버린 일은 평생 루소를 따라다닐 것이다. 그가 보기에는 부당하겠지만, 그를 비방하는 자들은 이 일을 써먹을 것이다. 루소는 후회했을까? 하지만 그는 같은 죄를 다시 저지르고 말았다. 속죄의 가능성을 제 손으로 없애니, 죄는 가중되었다. 루소는 나중에 아이를 알아볼 여지를 남겨 두기 위해 첫째 아이의 배내옷에 숫자 카드를 남겼다. 하지만 이후 태어난 아이들에게는 어떤 흔적도 남기지 않은 채 버렸다. 그럴 때마다 그는 자신의 불확실한 사회적 여건, 테레즈와 그녀의 가족이 아이들에게 함부로 했을 나쁜 훈육 따위의 새로운 변명거리를 내세웠다. 게다가 그는 보육원의 아동 사망률이 매우 높다는 세평이 자자한데도, 공공시설이 고아를 더 잘 키워 준다고 믿고 싶어 했다. 이처럼 과하게 제시한 근거들이 도리어 책임을 은폐하고자 하는 불안과 기만을 의심하게 한다.

루소의 전기 작가들은 그의 죄를 사면하기 위해 더한 평계를 둘러댔다. 아이를 버린 사건에 대해서도 엄청나게 많은 해석이 달렸고, 변호인들은 오늘날에도 계속 그의 무죄를 변론하고 있다. 비뇨기 질환, 성 불능, 테레즈의 부정, 그 자신이 간통으로 태어난 아이라는 가설 등이 그 근거였다. 숭배자들이 자신들이 모시는 저자를 우상으로 만드는 것은 흔한 일이다. 그들은 그럴싸한 많은 이유를 들어 잘못을 되돌리려 했다. 그리하여 이제 버림받은 아이들에게가 아니라 루소 자신에게 부당한 짓이 행해지게 되었다. 이렇게 진실과 반反진실이 쌓여가며 하나의 거짓말, 속죄받을 수 없는 잘못이 드러난다. '진실'을 단언하고 죄를 더 잘 숨기려면 '진실'이라는 단어를 더 크게, 더 힘껏 외쳐야 한다. 자식을 버렸다고 고백한 그 순간 이외에는 루소의 목소리가 단 한 번도 흔들린 적 없었음을 관찰한 동시대인 도라*의 기록에 따르면, 그때 루소의 어조는 격앙되다 못해 파열이 느껴질 정도였다.

진실에 대한 사랑이 과하게 노출되고 그에 대한 집착이 강하면, 거짓말임을 제 입으로 고발하는 격이 된다. 루소는 스스로를 모욕당한 미덕과 동일시함으로써 이 역설을 열정적으로 체험했다. 차츰차츰 그는 자신의 이미지를, 진짜 동기를 감춘 악의적 '거짓말쟁이들'에게서 모욕받은 진실의 순교자로 구축했다. 말년에 루소는 자신이 우연히 저지른 잘못들 때문이 아니라 훌륭한 인간이기 때문에 사람들이 자신을 미워한다고 주장했다. 그를 격앙시키는 자학적 망상은 자신에게 가해지는 대중의 중상모략을 사랑하게끔 그를 이끌었다. 이 모략이 그를 순교한 선善의 알레고리로 변모시키기 때문이다. "나는 진실을 위해 고통받는 것만큼 위대하고 아름다운 것을 본 적이 없습니다. 나는 순교자들의 영예가 부럽습니다."**

* Claude Joseph Dorat(1734~1780). 프랑스의 시인이자 극작가, 소설가로 계몽주의 철학자들을 비판했다. ─ 옮긴이
** 장자크 루소, 〈생제르맹 씨에게 보낸 편지, 1770년 2월 26일〉,《루소 서한집》 37권, R. A. Leigh 엮음, Voltaire Foundation, University of Oxford, 1980, p.261.

우리가 진실의 *파토스*라고 부르는 것은 여러 얼굴을 지니고 있으며 때로는 극적인 정신적 형식을 취한다. 루소의 예에서 볼 수 있듯, *확신에 찬 거짓말*은 부당하게 비난받는 주체 주변에 온갖 거짓말쟁이들을 소환해 하나의 장면을 만들어 낸다. 그것은 일종의 편집증이다. 루소에게 익숙한 독자라면, 자신을 향한 음모가 꾸며지고 있다는 그의 강박관념을 이미 잘 알고 있을 것이다. 이 허구는 일찌감치, 아이들을 유기하기 전부터 만들어졌다. 그것은 장자크를 낳으면서 세상을 떠난 어머니의 죽음, 그리고 그 죽음이 아들 때문이라고 여기는 아버지의 태도에서 뿌리를 찾을 수 있다. 하지만 루소라는 주체에 정신분석적으로 접근하는 것이 우리의 목표는 아니다. 우리의 관심은 *진실의 부인*과 *진실의 단언*을 동시에 자양분으로 삼은 담론을 분석하는 것이다.

루소의 편집증이 두드러지는 것은 《에밀》의 출간을 전후한 1762년경부터다. 루소는 이 사건을 모든 불행의 근원으로 여기는 듯하다. 실제로 소르본 대학은 이 책에 유죄판결을 내렸고, 경찰은 책을 압수하여 법원 앞에서 불태웠으며, 루소는 피신했던 스위스에서도 또 고발당해 도망쳐야만 했다. 《에밀》 4권에 포함된 '사부아 보좌신부의 신앙고백'은 유럽 성직자들의 격렬한 항의를 불러왔다. 그의 글에 내려진 유죄선고는 이념적인 이유 때문이었지만, 루소는 자신에게 가해지는 박해가 객관적이 아니라 개인적인 다른 동기 때문이라고 해석했다. 《고백록》에서 루소는 《사회계약론》을 쓸 때와는 사뭇 달랐던, 《에밀》의 집필에 수반되었던 힘겨운 과정을 회상했다. 장자크는 은거에 들어가기 전 마지막 작품으로 교육론을 구상하고 있었다. 출간과 관련된 끊임없는 걱정과 집필 도중 점점 더 나빠진 심리 상태 때문에 계획은 계속 지체되고 있었다. 그의 자학적 성향이 고착되었음을 보여 주는 장면 하나가 있다. 앞으로 심각한 골칫거리가 될 이 책을 익명으로 출간하는 게 어떻겠느냐는 권유를 받고 이를 거절했던 것이다. 《에밀》은 후대에 그에게 승리를 가져다주고 명예를 회복시켜 줄 것이기 때문이다. 루소는 신중함을 택하는 대신, 자신의 권위를 확신하며 이 책을 일종의 전신 초상화로 발표한 것이다.

루소는 거짓말쟁이들이 자신을 비방한다고 상상함으로써 스스로의 거짓말을 자신에게 감출 수 있었다. 하지만 그 와중에도 진실은 계속 작동하고 있었다. 그러한 부인否認의 중심에서, 이 편집광의 결연하고 과도한 글쓰기 속에서 말이다. 아이들을 버린 일을 언급한 뒤에, 루소는 《에밀》의 출판을 자신의 불행의 시작으로 꼽았고, 세상이 자기에게 음모를 꾸미고 있다는 피해의식을 갖기 시작했다. 그는 장작더미 위에 쌓인 자신의 책들 한가운데서 불태워지는 스스로를 보았다. 이 모든 것은 점점 더 그럴듯해지는 단 하나의 이유 때문이었다. 사람들이 나를 비난하는 이유는 교육론을 구상했다는 것뿐이다. 편집증적 동기는 죄책감에서 비롯된다. 주체가 온갖 이유로 부당하게 공격당한다고 느끼는 것은 실은 그 자신이 실존적이고 절대적인 어떤 잘못을 저질렀다고 생각하기 때문이다.

음모론은 그의 근본적 결함을 은폐하는 데 이용되어, 극복할 수 없는 하나의 잘못을 그의 것이 아닌 잘못들로 바꿔치기한다. 그러니까 사람들은 루소가 뛰어난 교육자라서 고발하는 것이지, 열등한 교육자라며 그를 나무라는 것이 아니다. 루소가 여기저기서, 심지어 그를 보호해 주는 사람들의 집에서조차 박해의 징후를 느낄 때, 회전문은 망상으로 변한다. 뤽상부르 부인, 흄, 미라보 등 모두가 《에밀》의 저자를 두고 음모를 꾸몄다. "머리 위 천장에도 눈이 있으며 나를 둘러싼 벽에도 귀가 있다. 악의적이고 경계를 늦추지 않는, 불안하고 산만한 첩자들과 감시자들에 둘러싸인 나는 서둘러서 종이에 몇 마디 말을 띄엄띄엄 적는다. [……] 사람들은 언제나 진실이 틈새로 빠져나갈까 두려워한다."* 다른 사람들이 호시탐탐 노린다고 생각하는 이 진실은 사실, 제 주변에 쌓아 올린 단정적 주장의 벽 뒤로 달아난 루소의 거짓말이다.

　"루소는 위대한 교육자다"라는 확신에 찬 거짓말은 당사자도 모르게 폭주 장치를 만들어 낸다. 전 세계가 비난을 퍼붓고 있다는, 그리고 그것이 부당하다는 느낌에 부추겨진 상상의 포로는 자신을 희생시켜서라도 '그 자신의' 진실을 외치도록 몰아붙여진다. 진실의 파토스는 승리를 위해서는 죽을 각오도 된 주체가 자신과 동일시하는 언어적 우상에 과도하게 몰입하면서 만들어진다. 게다가 거짓을 억누를 필요가 긴급해질수록, 진실에 대한 찬양은 더욱 극적으로 변한다. 실제로 거의 신들린 듯한 상태에서 과장된 주장을 하는 주체는 물신-단어의 우상숭배적 인물이 되며 분열한다. 루소는 이 현상의 논

* 루소, 《고백록》, p.279.

리를 연극적으로 보여 준다. 세상이 그를 심판하고 그에게 유죄판결을 내리는 법정이 되었기 때문에, 그는《루소, 장자크를 심판하다》에서 자신의 말을 둘로 나누어 스스로 변론에 나선다. 루소는 '프랑스인'에게 대답하면서 자신의 행동을 정당화한다. 세 개의 대화가 그런 루소를 무대에 올려놓는다. 구두변론의 날짜도 1762년 6월 18일 ―《에밀》의 출간일이다 ― 로정확히 명시해서 음모라는 주제를 다시 가져온다. 이 음모는그의 인격에 맞서는 '만인의 결탁'이다. 루소의 자화상은 진실의 순교자를 재현하는 데 너무 집착한 나머지, 실체화된 희생자 루소와 자신을 고소한 사람들과 투쟁하는 장자크 사이에균열을 만들어 낸다. '진실의 루소'는 아이콘이 되었다. 이제는 분열되어 정신착란 양상을 보이는 여러 *자아*들만 남아 자기 방어의 말들을 격렬히 외쳐 댈 뿐이다. 그 울부짖음은 배심원을 이해시키려는 것이 아니다. 이렇게 파편화되어 방향감각을 잃어버린 주체는 자신의 메시지가 누구를 향한 것인지도모르게 되기 때문이다. 그는 자신이 순교를 구현하는 배우이자 구경꾼이 되는 무대에서 산다.

열정이 이 정도에 이르면 대화 상대 없이도 진실을 선언할 수 있다. 심지어 반박과 토론의 가능성도 원천봉쇄된다. 진실 선언이 스스로의 망상을 자양분으로 삼기 때문이다. 루소가 스스로를 제소한 이 소송은 모든 책임을 유기하는 결말로흘러간다. 상상 속 프랑스인과의 세 번째 대화에서 프랑스인은 저자에게 무죄를 선고한다. 이는 곧 자기 사면 아닌가.《대화》*의 저자 루소는 고소에 반박할 진짜 논거는 제시하지 못한 채, 철학자 루소의 텍스트들을 인용하여 배우 루소를 만들어 냈다. 그의 목표는 이제 설득하는 것이 아니라 자신의 순교를 순결한 진실의 성자의 순교로 과시하는 것이다. 마침내 루소는 《대화》를 신께 봉헌하려고 노트르담의 제단에 가져갔다. 그는 겉봉에 다음과 같이 썼다. "억압당하는 자들의 수호자, 정의와 진실의 신이시여, 지상에서 보호받지 못하고 모욕당하고 조롱받고 명예가 훼손된 채 한 세대 전체로부터 배반당한 불행하고 외로운 한 이방인이 당신의 제단에 바치는, 그리고 당신의 섭리에 맡기는 이 위탁물을 받아 주소서."** 하지만 1776년 2월 24일, 루소는 제단이 철창에 가로막힌 것을 보고 다시 편집증에 사로잡힌다. 자신이 신에게 정의를 청원하지 못하도록 고의로 철창이 설치되었다고 확신한 것이다.

이렇게 진실의 파토스는 마치 그리스도의 수난 같은 절정을 맞이한다. 루소가 과하게 에너지 넘치는 사람이긴 하지만, 그는 진실을 내세운 위대한 선언들이 품고 있는 어떤 본성을 증명하는 동시에, 주체의 양심을 괴롭히는 거짓말이 가진 창의적 능력을 입증한다. 끊임없이 진실을 언급하는 자에게는 감춰야 할 무엇인가가 있으며, 그는 거짓말을 하며 과도하게 확장되고 전이된 표현을 자신도 모르게 발달시킨다. 지상의 모든 거짓말쟁이에게 사형당한 모습으로 자화상을 그려 낸 루소의 경우, 진실 신봉은 편집증과 짝을 이룬다. 진실을, 아니

---

* '대화'는 《루소, 장자크를 심판하다》의 부제다. —옮긴이
** 장자크 루소, 《루소, 장자크를 심판하다》, 《전집》 1권, p.978.

적어도 진실에 대한 욕망을 구현하는 자에게 저지른 이 같은 불의의 전범은 역시 《소크라테스의 변론》일 것이다. 하지만 소송의 전말을 전해 줄 플라톤 같은 이가 없기에, 루소는 비판적 사고보다 독자들의 공감에 호소했다. 그는 스스로를 순교자로 전시하느라 철학적 사고에서 멀어지고 말았다. 어떤 개념에 지나치게 몰두하고 스스로를 동일시하면서 용맹한 기사가 되고 싶어 하는 이들이 있다. 루소 또한 과도함과 편집증적 망상을 통해 이러한 성향을 표출한 것이 아니겠는가? 진실과 자유와 정의의 영웅들…… 얼마나 많은 영웅이 그들 내면의 작은 무대에서 평범한 삶에 마법을 거는 이런 시나리오에 굴복했던가? 이 과도한 집착이 상식을 벗어나 과시적인 겉모습을 취하면 제정신이 아닌 것처럼 보인다. 다른 한편 이 과도한 집착은 어떤 개념을 신봉하며 살면서 그것을 구현한다고 주장하고 자신이 그것의 수호자라고 믿는 사람들의 심리적 동기를 이해하는 열쇠가 된다.

### 거짓말, 그 이론과 실천 : 몽테뉴, 루소, 칸트, 콩스탕, 니체

진실의 후원을 받는 거짓말이 가장 강력하다는 사실을 받아들인다면, 거짓말하는 사람이 어떻게 진실의 이론이 필요하다고 느끼는지 살펴보는 것이 유익할 것이다. 그는 진실이 가진 장점을 내세우며 적극적으로 진술할 수도 있고, 거짓의 암호를 해독해 가며 소극적으로 진술할 수도 있다. 최고의 기교는 후자를 따라 거짓에 대해 장광설을 늘어놓으면서, 나아가 모든 거짓말쟁이를 고발하면서, 거짓말하는 자신은 숨어 버리는 것이다. 다른 사람들의 결함을 지적하는 것은 종종 자신의 결함을 노출한다. 이런 관점에서 본다면, 전문 밀고자는 언제나 의심받게 되어 있다. 하지만 더 세련된 방식을 쓴다면, 거짓말하는 사람은 참과 거짓의 의미 또는 거짓의 교묘한 술책에 대한 거창한 담론들에 의지할 수 있다. 루소는《고독한 산책자의 몽상》에서 거짓에 관한 견해를 제시함으로써 좋은 예를 제공했다. 네 번째 산책에서, 철학자 루소는 자신이《고백록》에서 공표했던 진실성을 무너뜨릴 수도 있는 문제를 어렴풋이 예감했다. 그것은 주체가 확실히 진실을 말한다는 느낌을 가지면서도, 그것을 의식하지 못한 채 *자신에게 거짓말을 할 수도 있다*는 것이다. 자신을 향한 의도치 않은 거짓말은 탐지되기 어렵고, 주장의 진정성을 파괴한다. 루소는 "너 자신을 알라"가 따르기 힘들다는 사실, 사람들이 스스로의 솔직함에 쉽게 속아 넘어갈 수 있다는 사실을 받아들였다.

다양한 변주를 거치는 거짓말의 용법을 고려하면, 마치 단 하나의 정의만 있는 것처럼 거짓말에 '관해' 말하는 것은 적절치 않다. 하나의 정의로 귀결되는 '거짓말' 일반이란 존재하지 않는다. 그것이 본질상 의도적이라는 도덕적 논의를 넘어서서, 거짓말의 형식과 동기는 개념적 종합보다 훨씬 더 섬세한 분석을 요구한다. 왜 하는지, 어떻게 하는지, 거짓말의 유형에는 어떤 것이 있는지, 사람들은 거짓말을 즐기는지 혹은 자제하는지 등등 실용적이고 심리적인 접근을 촉구하는 많은 질문이 있다. 16세기에 이미 거짓말의 독특한 다양성을 관찰한 바 있는 몽테뉴는 거짓말mensonge과 거짓말하기mentir를 구분할 것을 제안했다.* 몽테뉴의 시대에는 명사화된 동사들이 흔히 사용되었는데, 이는 *거짓말하기*처럼 거짓말을 하나의 행위로 강조할 수 있게 해 주었다. 이 표현은 후에 '진실한 거짓말하기mentir-vrai'라는 아라공의 표현에서 되살아나게 된다.

몽테뉴는 문법의 권위를 빌려 다음과 같이 제시한다. 거짓말이 해를 끼치겠다는 의도 없이도 거짓 사실을 말하는 것이라면, 거짓말하기는 꾸며 낸 이야기 또는 사정을 잘 알고 치는 사기와 관련된다는 것이다. 여기서 몽테뉴는 플라톤에서 키케로, 아우구스티누스까지 고대로부터 진술해 온 구별을 계승한다. 이들은 '거짓말을 하는' 자와 거짓말쟁이를 구별한다. 거짓말쟁이는 타인을 속이고 그들을 오류로 이끌려는 의도를 가진다. 그는 자신이 거짓말을 하고 있다는 것을 알고 있기에 원칙적으로 비난받을 만하다. 반대로 거짓말을 하는 자는 간혹 그 사실을 모르기도 하며, 불법적이지만 칭송받을 만한 동기로 거짓말을 할 때도 있다. 진실 왜곡을 정당화할 수 있는 상황이 드물지만 몇몇 있다. 그렇지만 모두가 그렇게 주장할 수는 없을 것이다. 진실과 거짓을 구별할 줄 아는 현자만이 고귀한 목적을 위해 예외적으로 거짓말을 이용할 권리가 있을 테니까. 아우구스티누스는 거짓말에 대한 두 편의 저서에서 '거

* 몽테뉴, 《수상록》, 1편 9장, Pierre Villey 엮음, 전 2권, PUF, 1978, 1권, p.35.

짓말 일반'이 있다기보다 '여러' 거짓말들이 있음을 암시하면서 그것의 다양성을 명확하게 기술했다. 그렇지만 완고한 그는 거짓말하기를 혐오스러운 언동이라 비판했고, 진실의 의무와 관련한 어떤 예외도 인정하지 않았다. "수많은 종류의 거짓말 모두를 예외 없이 증오해야 한다. 진실과 반대되지 않는 거짓말은 하나도 없기 때문이다."*

몽테뉴는 이런 완고함과는 거리가 멀다. 그는 거짓말하기의 형식들을 단번에 단죄하지 않고, 그것을 이해하기 위한 새로운 길을 연다. "거짓말이 진실처럼 하나의 얼굴만 가진다면, 인간관계는 훨씬 좋아질 것이다. 거짓말쟁이가 말하는 것의 반대를 확실한 것으로 간주하면 되니까. 하지만 진실의 이면에는 수많은 얼굴과 무한한 장이 펼쳐져 있다."**《수상록》을 쓴, 교조적인 것과는 거리가 먼 이 저자는 진실과 거짓말이 대칭적이지 않으며, 참-거짓의 논리와는 다른 논리에 따른다는 사실을 관찰했다. 거짓말하기는 다수와 다양성의 영역에 속하며, 거기에는 한계가 없기에 정의될 수도 없다. 몽테뉴는 거짓말을 악덕으로 간주하지도, 거기에 도덕적 신뢰를 부여하지도 않지만, 진실에 기초한 거짓말과 지어낸 거짓말은 구별한다. 진실에 기초한 거짓말은 변장술에 호소한다. 그것은 현실을 조작하며, 현실의 반박에 대응하여 그 현실을 계속해서 변형시켜야 한다. 지어낸 거짓말은 무에서 출발하여 현실을 창조

* 아우구스티누스, 《거짓에 반대하여》, 3장.
** 몽테뉴, 《수상록》, 1편 9장, 1권, p.37.

하기 때문에 어떤 *천재성*을 전제로 하며, 현실에 진실의 힘을 불어넣어 청자를 설득한다. 몽테뉴의 독창성과 통찰력은 그의 이론적 입장에서 비롯된 것이다. 그는 심판하지 않으며 유죄 판결을 내리지도 않는다. 대신 분석하고 놀라워한다. 몽테뉴는 거짓말하기의 유희적인 면을, 그것의 허술함과 광기를 예감했다. 거짓말쟁이들은 스스로의 거짓말에 취해, 자신이 지어낸 허구를 더 통제하지 못할 정도로 오만하게 된다. 그럴 때 거짓말은 자동사가 된다. 거짓말하기 위해 거짓말을 하고, 결국에는 제정신을 잃고 만다. 거짓말의 나선은 창작의 기쁨을 인격의 정신착란으로 이끈다.

진실의 예찬자 루소는 거짓말과 함께 도취하는 이 놀이를 성실히 받아들인다. 나쁜 기억을 회고하는 굽이굽이에서 가장 놀라운 것이 솟아오른다. 루소는 특정한 거짓말을 사는 내내 후회했다고 고백하며 자신의 죄와 전면전을 벌인다. 그러다 갑자기 별 뜻 없이 했던 다른 사소한 거짓말들을 떠올린다. 독자는 거짓말의 내용보다 작동 방식이 문제라는 사실을 문득 이해하게 된다. 거짓말하기는 아무 동기 없이도 그 자체로 즐겁다. 지어낸 사실이 진실이라고 '절대적 믿음'을 갖고 단언하는 것은 상상을 향한 유아적 애착이자 현실을 아무 걱정 없는 환상에 꿰맞추려는 욕망과 다를 바 없다. 거짓말에 대한 증오를 끊임없이 공표했던 루소가 재미 삼아 일부러 거짓말을 할 수 있었다고 고백하다니!

해치겠다는 의도 없이 재미 삼아 거짓말하기는 거짓말이 얼마나 복합적인지, 또 많은 행동에 은밀히 스며들어 있는지를 암시한다. 거짓말의 목표가 단지 이해타산을 따져 진실을 위장하는 것이라면, 도덕은 쉽게 거기에 맞추어 거짓말의 운명을 결정할 것이다. 반면 거짓말이 목표 없이 행해지고 모든 실리를 넘어선다면, 거짓말은 도덕적 이성에서 벗어나 버린다. 유명한 속담처럼, 진실은 아이들의 입에서 나온다. 하지만 거짓말도 그렇다. 그래도 아이들의 거짓말은 적어도 유쾌하고 짓궂은 어떤 성향에서 비롯된다. 그것은 상상력, 그리고 의미 작용의 중단과 긴밀히 연결되어 있다. 거짓말하기 위해 거짓말할 줄 아는 사람에게는 모든 것이 가능해진다. 어떤 주장이 진실인지 거짓인지는 별로 중요하지 않다. 그 주장은 말해지는 동안에 지어질 수도 있으니까.

어린아이의 거짓말은 가차 없는 단속의 대상이 되곤 한다. 되도록 일찍 진실 교육을 하는 것이 중요하기 때문이다. 그렇지만 어린 거짓말쟁이를 꾸짖는 교육적·도덕적 동기 이면에는 강한 공포가 숨어 있다. 그것은 신용 계약이 더 이상 작동하지 않는다는, 언어를 주고받는 일이 의미 체계를 따른다는 것을 확신할 수 없다는 데서 오는 두려움이다. 의심이 끼어들고, 언어가 지시 대상과 분리된 이상 확실한 것은 아무것도 없다. 더 나쁜 것은 지시 대상들이 대체된다는 점이다. 상상력이 어떤 현실을 다른 현실로 대체하기만 한다면, 거짓말은 받아들일 만한 반反진실의 위상을 가질 것이다. 실제로 사람들은 거짓말 속에서도 꽤 안정적으로 살아간다. 그렇지만 쉴 틈 없이 계속되는 거짓말하기는 모든 확신을 방해한다. 모든 것이 거짓인 이상, 모든 것 심지어 진실조차 그것의 반대로 전복될 수 있기 때문이다. 어떤 현실은 재미 삼아 하는 어떤 주장의 자의성만으로도 다른 모습으로 나타날 수 있다. 반전이 왕이 된다면, 무엇을 믿고 누구를 믿을 수 있겠는가? 머리를 지끈거리게 만드는 어린 거짓말쟁이는 따끔하게 혼나야 한다.

진실을 말하겠다는 선택이 오로지 체제에 순응하기 위한 것이라면 또 어떤가? 진실을 강제하는 의무는 확실히 도덕적 근거를 갖지만, 집단성도 그 근거에 한몫한다. 철학자 중에서도 가장 의심 많은 심리학자 니체는 진실을 향한 영광스러운 주장의 토대를 무너뜨릴 동기를 찾아냈다. 일상생활에서 진실을 말하는 사람들은 게으르게 처신한다. 그들은 일단 진실을 말하고 난 뒤, 다른 모든 말에서 면제되었다고 느낀다. 반대로 거짓말은 상상, 가장假裝, 기억을 필요로 한다. 거짓말을 믿게 하기 위해 수많은 다른 거짓말을 창작해야 한다. 거짓말을 하려면 재능과 용기가 필요하다. 니체는《인간적인 너무나 인간적인》에서 다음과 같이 썼다. "매일매일의 생활에서 사람들 대부분이 진실을 말하는 까닭은 뭘까? 어떤 신이 거짓말을 옹호해서? 이는 분명 아니다. 첫째, 거짓말은 창작, 가장, 기억을 요구하므로 진실을 말하는 것이 더 편하기 때문이다(이것이 스위프트가 다음과 같이 말한 이유이다. 거짓말을 지껄이는 사람이 자신이 지고 있는 부담을 깨닫는 일은 드물다고. 거짓말을 뒷받침하려면 다른 거짓말을 스무 개는 지어내야 한다고). 다음으로, 모든 상황이 단순하게 드러날 때는 말을 돌리지 않고 '나는 이것을 원한다, 나는 이렇게 했다, 이하 상동上同'이라고 말하는 것이 유리하기 때문이다. 말하자면 강제와 권위의 길이 계략의 길보다 더 확실하다. 하지만 복잡한 가정사 속에서 길러진 아이라면 거짓말을 자연스럽게 구사할 것이고 의도 없이도 언제나 자기 이익에 부합하는 말을 할 것이다. 진실의 감각, 거짓말에 대한 혐오도 이 아이와는 완전히 무관해서, 그는 아무런 죄의식 없이 거짓말을 한다."*

진실의 길은 안락하고 안전하지만, 거짓말의 길은 협잡꾼들만 모이는 가파른 길이다. 자명한 도덕적 이치를 이런 식으로 뒤집는 것이 도발로 보일 수도 있다. 거짓말에 대한 예찬은 그 정도로 전복적이다. 하지만 니체는 비도덕성에 대한 권유를 넘어 도덕적 의미 작용 이전의 상태를 겨냥한다.

거짓말은 유아적이다. 다양한 형태를 띠는 이 의미 놀이는 의무와 죄의식의 무게에 아직 억눌리지 않고 고정관념에 매이지 않은 유연한 세계를 엿보게 한다. 아이들이 역할놀이를 하며 경찰과 도둑의 위치를 서로 바꿔 보는 순간은 유쾌하고 연극적인 삶을 보여 준다. 형이상학적 진리라는 유령에서 완전히 벗어나 더는 배후 세계를 믿지 않는 이 철학자는 어떠한 비통함 없이 속세의 가장행렬을 받아들인다. 그렇지만 모든 거짓말의 가치가 같은 것은 아니므로, 그것들을 구별하는 문제가 남는다. 우리는 다시 이 문제로 돌아갈 것이다. 정확하게 말하자면, 니체가 보기에 가장 거대한 거짓말은 현재의 삶보다 더 나은 초자연적 현실이 있다고 믿게 하는 것이다. 그의

* 프리드리히 니체,《인간적인 너무나 인간적인》, 아포리즘 54,《철학 전집》3권, Giorgio Colli & Mazzino Montinari 엮음, Robert Rovini 옮김, Marc B. de Launay 감수. Gallimard, 1988, pp.74~75.

아포리즘에서 어린아이의 형상은 *즐거운 거짓말하기*를 부각시킨다. 아이다움에 관한 다른 텍스트들이 증명하듯, 이 시기는 철드는 나이 이전에 위치하는 동시에 ─ 우리는 모두 한때 어린아이였다 ─ 그 이후에도 위치한다. 니체가 희망하는 최종적인 변신이 가면놀이를 하는 아이의 순진무구한 자유에 도달하는 것이기 때문이다. 이전의 어린아이는 자신의 어리석음을 감추고 처벌을 피하려고 거짓말을 하고, 본능적으로 당장 이득이 되는 쪽을 따르면서 제멋대로의 주장 속으로 빠져든다. 이후의 어린아이는 선악을 넘어 형이상학적이고 도덕적인 짐을 없애 버렸기 때문에, 이해타산과 무관하게 거짓말을 한다. 이 두 아이는 다시 만난다. 심오함을 벗어던지고 순진무구하게 거짓말을 하기 위해서.

이러한 거짓말하기는 거짓말의 도덕적 의미 작용을 잊어버렸다는 것을 전제하며, 보편적 격언으로 올라서기는 확실히 어려울 것이다. 그러나 설령 이러한 거짓말하기가 어떤 본보기는 못 되더라도, 그 덕에 우리는 많은 거짓 담론과 연결된 독특한 태도 ─ 비방만이 아니라 ─ 에 귀를 열 수 있다. 문제는 내용이나 목표에 따라 분류되는 거짓말의 '유형들'이라기보다, '재미 삼아 거짓말하기'의 실행과 그 방법들이다. 그러니 거짓말을 경멸한 위인 루소는 끝없는 자기 성찰 속에서, 니체가 한 세기 뒤에 빈정거리면서 강조하게 될 거짓말하기의 쾌락을 어렴풋이 예감했던 것이다.《몽상》의 네 번째 산책에서 루소는 거짓말의 상자를 열고 그것의 복합성을 감지했다. 이제 가증스럽고 비난받을 만한 '거짓말'은 더 이상 존재하지 않으며, '여러' 다양한 거짓말'들'이 있다. 심지어 어떤 거짓말들은 정말 별것 아니어서 거짓말의 영역에서 빼 줄 수 있을 정도이다.

거짓말의 고발은 *거짓말하기에 관한 일종의 결의론*決疑論*에 자리를 내준다. 이렇듯 해 끼칠 의도 없이 튀어나오고 심각한 결과로 이어지지도 않는 '반半거짓말'이 있다. 주도면밀한 고독한 산책자 루소는 거짓말의 의도가 모호한 상황을 다음과 같이 분석한다. 그에 따르면, 진실을 말하지 않는 것은 그러한 의무가 없는 상황이라면 거짓말에 속하지 않는다. 진실이 요청되는 경우가 아니라면 진실과 반대되는 것을 말하는 것조차 거짓말하는 것이 아니다. 루소는 비타협적인 도덕론자들을 거부하면서, '악의 없이 속이기'를 생각해 볼 수 있다고 과감하고도 조심스럽게 자기 생각을 표명한다.** 진실의 의무를 두고 복잡한 논의가 이어진다. 진실이 유용하지 않을 때, 정의를 내포하지 않을 때, 별로 중요하지 않고 보편성에 도달하지 않는 사실들하고만 관련이 있을 때, 그럴 때에는 진실에 대해 침묵하거나 거짓말을 하지 않고도 진실을 변장시킬 수 있다! '죄 없는' 거짓말은 정의상 해를 끼치지 않는 것이어서 정당하며, 이 '결백'은 나중에 니체가 발전시킬, 놀이와 아이다움의 철학을 끌어들이지 않는다. 그렇지만 자신을 비난하는 자들에 맞서 싸우면서도 무의식적으로는 자신에게 죄가 있다

* 사회적 관습이나 교회·성서의 율법에 비추어 도덕적인 문제를 해결하려는 윤리학 이론. 국립국어원《표준국어대사전》— 옮긴이
** 장자크 루소,《고독한 산책자의 몽상》,《전집》1권, p.1026.

고 믿는 자의 결백은 곧 도덕적이고 실존적인 하나의 가치이다. 이처럼 루소는 거짓말하지 않고도 거짓말할 수 있다는 것, 결백을 유지하면서도 거짓말할 수 있다는 것을 사람들이 받아들이게 하려고 애썼다.

어떤 거짓말이 의도가 나쁘지 않다는 이유로 받아들일 만하다면, 진실의 도덕은 무익한 상황에 굴복하는 것이 된다. 거짓말하는 주체는 적당한 이유가 있으면 속여도 좋다는 허가를 받은 것으로 생각한다. 하지만 그 이유가 정당한지 어느 누가 스스로 확신할 수 있을까? 선악에 대한 개별적이고 개인적인 평가가 보편 규범을 지워 버릴 때, 진실과 거짓 사이의 경계는 유동적이 된다. 루소는 도덕적인 면에서 많이 물러서며, 이는 그의 진실의 파토스를 지배했던 엄중하고 영광스러운 태도에서 그를 벗어나게 한다. 루소는 그저 좋은 의도에서 출발하여 남을 속일 가능성을 받아들일 뿐만 아니라, 거짓말을 들은 사람이 그로 인해 고통받지 않는다면 속이려는 의지조차도 그다지 심각한 문제가 아니라는 점 또한 고려한다. 감언이설을 늘어놓거나 있지도 않은 현실을 믿게 하는 것은 그 자체로는 잘못이 아니다. 중요한 것은 오로지 결과다. 루소는 그 순간 결과주의자가 되어, 결과를 근거로 행위의 도덕성을 평가한다. 《몽상》에서 이러한 추론은 섬광처럼 지나가고 더 이어지지 않는다. 그렇지만 그것은 진실을 신봉하는 선언에 익숙한 독자를 놀라게 한다.

논증의 심리적 동기와 그 표현법을 고려한다면, 진실을 추구하고 그것을 말할 의무와 관련된 철학적·도덕적 논증은 새로운 국면을 맞게 된다. 이와 관련해서도 루소는 좋은 예다. 선언적인 말을 과하게 쏟아내고 스스로의 모순과 격렬히 논쟁을 벌이기 때문이다. 루소가 거기에 들인 에너지는 그가 지어낸 형식들을 계속해서 부풀리고 휘두르는 엄청난 부인에 상응한다. 《몽상》에서 갑자기 나타난 도덕적 왜곡은, 칸트가 《도덕의 형이상학적 기초》에서 거짓말에 관하여 거의 동시대에 한 성찰 그리고 그것이 야기한 논쟁과 비교해 보면 더 명료하게 탐지된다. 칸트의 책에서 뚜렷이 확인되는, 진실의 의무에 관한 준엄하고 근본적인 견해는 루소의 탈선과 급변을 더욱 잘 드러내 준다.

칸트는 건드릴 수 없는 원칙을 내세워, 상황이나 의지, 결과가 어떠하든 거짓말을 정당화할 수는 없다고 주장한다. 의지의 자율성은 정언명령을 전제로 한다. 거짓말하는 것을 스스로 금해야 하는 이유는 불명예를 초래할까 두려워서가 아니라 "거짓말이 내게 어떤 수치심도 초래하지 않더라도 거짓말을 해서는 안 되기"* 때문이다. 내가 극도로 위험한 상황에 빠졌고 거짓말을 해야만 그 상황에서 빠져나올 수 있다 해도, 거짓말은 여전히 도덕적인 잘못이다. 뱅자맹 콩스탕**은 특수한

* 임마누엘 칸트, 《도덕의 형이상학적 기초》, 《철학 전집》, Victor Delbos 옮김, Ferdinand Alquié 감수, Gallimard, Bibliothèque de la Pléiade, 1985, p.310.
** Benjamin Constant(1767~1830). 스위스 태생의 프랑스인으로 제정과 왕정복고에 반대한 자유주의 정치인이자 고전적 지성을 갖춘 소설가·비평가. 대표작 《아돌프》는 사랑에 관한 뛰어난 심리 분석 소설로 평가받는다. ―옮긴이

상황을 싸그리 무시하는 이러한 절대적 입장에 반대했다. 어떤 상황에서도 진실을 말해야 한다는 의무는 진실에 대한 권리를 각자에게 너무 과도하게 상정한다. 이 과도한 권리에 따라, 주체는 진실에 접근할 다른 사람들의 권리를 지켜 주기 위해 진실을 말해야 한다. 하지만 *어떤 진실은 말하는 것이 도리어 좋지 않다.* 진실이 듣는 사람 혹은 관련된 다른 사람들에게 해를 끼칠 수 있을 때 특히 그렇다. 예를 들어, 불치병에 걸린 사람 모두가 그 사실을 알고 싶어 하는 것은 아니다. 그런데도 그에게 진실을 알라고 강요해야 하는가? 장기 금융대출을 보증해 준 보험 회사에 그의 병을 알려야 하는가? 상황의 복합성을 보여 주는 수많은 사례를 보면, 그것들을 유일한 보편 원칙으로 귀결시킬 수 있는지 의심스러워진다. 진실을 말해야 하는 의무는 도덕적 명령처럼 명료한 동기에 따르는 경우가 드물다.

　　정치적 차원에서 보면, 진실의 폭로는 미덕의 이름으로 행해질 때조차 상황에 기댈 수밖에 없다. 이는 정보의 경영 전략과 관련되므로, 최고의 선의를 가진 폭로자들 — 오늘날 '내부고발자'라 불리는 사람들 — 이라고 해도 피해 갈 수 없는 문제다. 이런저런 진실은 무엇에, 또 누구에게 유익하고 해가 되는가? 이 질문이 진실을 말할 의무보다 이차적이라고 밀쳐 둘 수는 없다. 진실을 알 권리가 정당성을 갖고 있음은 명백하지만, 그 진실이 완전히 맥락을 벗어나 발설되는 법은 없다. 진실은 절대적이면서 동시에 상황 속에 존재한다. 간첩 활동을 폭로하는 것과 마찬가지로, 국가기밀을 해제하는 것 역시 처음에는 정치적 정보를 누구나 알 수 있게 하려는 윤리적·민주적 의무처럼 보일 수 있다. 그렇지만 투명성이라는 이상은 정보가 걷잡을 수 없이 퍼져 나갈 때의 결과와 맥락을 경시하게 하기도 한다. 특히 거기에 개인의 삶이 걸려 있을 때 더더욱 문제가 된다. 이어서 곧바로 우리는 이 점을 연구할 것이다. 진실해야 할 의무에 대한 이러한 비판은, 콩스탕이 표명했듯, 어떤 희생을 치르더라도 반드시 진실해야 한다는 제1원칙 아래 2차적인 원칙들을 승인하기에 이른다. 콩스탕의 상식에서는 제1원칙만 있다면 사회가 파멸을 자초할 수도 있다.

모두가 모두에게 진실만을 말한다면, 세계는 즉시 전쟁터가 될 것이다. 합리적이고 훌륭한 원칙이란 그것이 실행될 수 있는 조건까지도 포함하고 있어야 한다. 칸트는 이러한 반론에, 또 그 원칙을 실용적 허구로 희화화시킨 사례들에 격노했다. 칸트에 따르자면, 친구의 행방을 묻는 암살자에게 친구가 어디 있는지 말해 주어야 한다. 암살자에게조차 거짓말을 해서는 안 되는 것이다. 설령 그 결과가 암살이라도! 칸트는 1797년에 쓴 소책자 《인류애 때문에 거짓말할 왜곡된 권리》에서, 주체가 거짓말을 하면 그는 먼저 그 자신에게 해를 입히고 이로써 인간 일반에게 해를 끼친다는 사실을 상기시켰다. 모든 거짓말쟁이들은 법과 언어의 토대를 무너뜨린다. 진실은 여전히 모든 계약의 토대이며, 계약의 준수는 성스러운 명령이다. 거짓말을 금지하는 것은 대화에서도, 더 일반적으로는 단어와 현실 사이의 관계에서도 기본적 신뢰를 보장한다. 모두가 다른 사람들의 말을 의심한다면 결국 사람들 사이에는 불신이 자리 잡을 것이다. 아주 사소한 거짓말도 인류를 위험에 빠트릴지니! 진실을 말하는 것은 절대적 명령이며, 어떤 상황도 그 의무를 두고 왈가왈부하는 것을 정당화할 수 없을 것이다. 칸트의 이 소책자를 "거짓말을 사유하기 위한 가장 근본적인 시도들 가운데 하나"*로 간주한 데리다는 칸트의 명령을 뒤집는 데 꼭 필요한 예를 하나 콕 집어 가리킨다. 그것은 성관계할 때의 가장된 쾌락이라는 거짓말이다. 그는 칸트의 책에서 이 모티프가 여성의 거짓말과 여성 혐오 담론에 대한 방대한 논거로 몇 번이고 등장함을 지적한다. 그리고 예상되는 이득을 위해 오르가슴을 연기하는 것조차 무조건 금지하는 것을 비꼰다. 이 무례한 독서를 통해 데리다는 실천이성의 동기와는 다른 동기가 칸트 책의 신경을 자극한다고 암시한다. 도덕적 담론은 위대한 철학적 논증의 정신적 동기를 은폐한다.

말과 사고의 불일치, 이론과 행위 사이의 불일치 — 거짓말이라는 단어로 지시되는 불일치 — 는 의식적이고 의도적인 술책의 경우보다 동력이 훨씬 복잡하다. 거짓말과 진실에 대한 보편 담론 앞에서, 우리는 언제나 진실을 구현해야 한다는 저자의 주장에 의문을 제기해야 할 것이다. 이를 통해 우리는 데리다가 칸트에게서 지적한 것처럼 몇몇 거짓말의 불명확한 관계를 수상하게 여기고, 누군가가 진실과 거짓말의 경계를 정한다고 단언할 때 그가 품은 환상을 검토하게 된다. 정확히 말하자면, 거짓말의 면모를 상세하게 기술하려면 거짓말을 해

* 자크 데리다,《거짓말의 역사: 서론》, Galilée, 2012, p.42.

본 독특한 경험이 필요하지 않은가? 진실의 사자使者를 자처하는 이가 어떤 상황을 진술하는 것이 그가 거짓말의 희생자가 아님을 보장해 주지는 않는다. 우리는 진실을 그토록 확신하며 말하는 순간에도 스스로에게 거짓말할 수 있다. 그 사실을 인정하지 않는 것은 우리가 진실의 권위 아래 어떤 견해를 확언하도록 유혹하는 동기들을 보지 못한다는 증거이다.

거짓말에 관한 수많은 철학자들의 이론은 관찰만이 아니라 실천에서 비롯된 것이다. 합리적인 논증 아래에서 도덕과 법을 벗어나는 힘들이 작동한다. 이 동기들은 법을 재검토하지는 않지만, 법 자체가 진실 또는 거짓말을 *하게* 만드는 원인을 숨기는 방어막 구실을 하지 않는지 의심하게 한다. 불이익을 감수하면서도 진실의 결과를 모두 수용하면서 진실한 인간에 대한 사랑을 주장하는 루소는 몇 년 뒤 칸트가 표명할 비타협적인 도덕과 가까워 보인다. 하지만 루소의 선언은 합리적 논증에만 근거를 두지 않는다. 의식 깊숙한 곳에서 그는 진실의 필연성과 기만의 함정을 동시에 느낀다. 자신의 진실성에 대한 그의 선언은 말해지지 않은 것들, 나아가 그의 성찰의 기반이 되는 거짓말에 의해 생기를 얻고 또 방해받는다.

개인의 특수한 경우들을 생각하면서 보편성에 관해 말하는 것이 루소만의 특성일까? 분명 그렇지 않다. 보편성이란 종종 개인적 체험을 은폐하고 관념적 언어를 동원해 자신이 저지른 일을 정당화하는 기능을 하기 때문이다. 루소의 경우는 확연히 눈에 띄는 그의 성격과 뛰어난 창의성, 흥미진진한 불안 때문에 우리의 관심을 끈다. 루소는 평온한 주체가 아니다. 진실 또는 거짓말에 관한 그의 이론은 커다란 정신적 압박감의 증거이다. 그의 이론은 철학자들이 끊임없이 맞닥뜨렸던 질문들을 폭로하고 서로 뒤얽히게 만든다.《몽상》의 네 번째 산책에서의 불협화음은 콩스탕의 실천적 논증에서 들을 수 있으며, 더 거슬러 올라가서 거짓말의 사상가들과 대화한다. 그는 그로티우스*와 푸펜도르프**, 엘베시우스***와 퐁트넬****에게서 자원을 길어온다. 이들을 통해 루소의 이성적 사유만큼이나 그의 도덕적 본능도 정당화된다.*****

이런 식으로 타협이 진술된다. 관념적인 *보편적 진실*은 지고의 자산이며, 우리는 무조건 그것을 빚진다. 반대로 *개별적 진실*은 미확정이고 악의적이며, 그것을 말할 의무는 보편적이지도 무조건적이지도 않다. 그렇다면 진실의 윤리를 끌어들이

---

　　* Hugo Grotius(1583~1645). 네덜란드의 법학자. '국제법의 아버지', '자연법의 아버지'로 불리며 18세기 계몽주의 사상가들에게 큰 영향을 미쳤다. 자연법적 국제법을 체계화한《전쟁과 평화의 법》으로 유명하다. — 옮긴이

　** Samuel Pufendorf(1632~1694). 독일의 법학자, 정치철학자, 경제학자이자 역사가. 홉스와 그로티우스의 자연법사상을 수정·보완하여《자연법과 국제법》을 출간했다. — 옮긴이

　*** Claude Adrien Helvétius(1715~1771). 프랑스의 계몽사상가. 로크의 인식론과 콩디야크의 감각론을 발전시켜 공리주의 윤리학을 전개했다. 주요 저서로《정신론》이 있다. — 옮긴이

　**** Bernard Le Bovier de Fontenelle(1657~1757). 프랑스의 계몽사상가이자 작가. 과학 사상의 보급에 기여했으며, 대표작《세계 다수문답》은 밤하늘 아래에서 귀부인에게 풀어놓는 천문학 이야기이다. — 옮긴이

***** 장 스타로뱅스키,《고해하고 유혹하기》, Gallimard, 2012, pp.185~194 참조.

지 않고 사소한 일들에 대해 거짓말하는 것을 받아들일 만하게 된다. 이러한 구별이 갈등을 해소해 주지만, 우리는 또 다르게, 정신적 관점으로 그것을 이해한다. 개별적 진실이 죄의식 속에서 체험될수록 관념적 진실의 주장은 더 과장될 것이다. 이성의 위대한 담론 속에서 의식 내면의 전투를 은폐하기는 불가능하다. 그럴 때 우리는 진실성과 진실에 대한 위대한 선언들을, 진술하는 주체가 그것을 수용하기 어렵다는 신호로 듣게 된다.

우리를 행동하게 만드는 이유들이 불투명하기 때문에 우리는 타자뿐 아니라 자기 자신에 대한 진실의 의무에도 의문을 갖게 된다. 어떻게 자기 자신에게는 거짓말을 하지 않을까? 우리는 진실을 거부하거나 감추게 만드는 동기들을 알고 있는가? 앞으로는 이런 문제들을 살펴볼 것이다. 답을 하거나 개선하기 위해서라기보다는, 스스로를 속이는 주체의 기만과 창의성을 동시에 보여 주기 위해서이다. 철학자들의 글을 읽어 보면, 자신에게 저지른 거짓말이야말로 최악이므로 그러지 않으려 분투해야 한다. 그것은 그들에게 마치 악마가 의식에 들어오기라도 한 듯한 혐오감을 불러일으킨다. 그 거짓말은 나도 모르게 나를 분열시키고, 진실성이 의심스러운 내 말의 권위를 무너뜨린다. 스스로에 대해 얼마나 명석하고 얼마나 기만적이냐 하는 것은 결코 명백하지도 확실하지도 않다. 그전까지 거짓말 **그 자체**를 진실의 반대라느니 가장 나쁜 죄라느니 비방해 오다가 결국엔 여러 유형의 거짓말들을 하나씩 제시하는 루소의 경우도 마찬가지이다. 그는 자신의 투명성을 보증한다고 여겨지는 고백을 털어놓으면서도, 그것의 모호한 원인들을 어렴풋이 예감했다. 그러한 거짓말 가운데 어떤 것들은 말의 기능과 연관된 놀라운 정신적 핵심 고리를 엿보게 한다. 그것이 부각시키는 것은 속이겠다는 의도로만 귀결시킬 수 없는, 거짓말에 대한 열정적 몰입이다.

만약 우리가 가면을 벗기기 위해 거짓말을 한다면? 거짓말하기의 쾌락이란 단지 속일 대상을 희생시키는 데에만 있는 것이 아니다. 쾌락은 그를 부추기는 어떤 상황들, 말 자체, 수치심과 잔인함이 서로를 이용하는 혼합된 감정에서도 얻어진다. 도덕적 준엄함을 공언하는 루소도 이 교활하고 모순된 이유들을 알고 있다. 마지막으로 한 번만 더 네 번째 산책으로 돌아가 보자. 루소는 어린 동료들을 보호하기 위한 자신의 영웅적이고 이타주의적인 거짓말들을 고백하면서, 순진하면서도 악의적인 다른 거짓말들을 언급한다. 용감한 자백 덕분에 그는 도덕적인 보상을 받을 것이며, 그의 초상화는 고귀한 인간의 모습으로 그려질 것이다. 이 다른 거짓말들은 억압과 쾌락이 뒤엉켜 폭주하면서 통제되지 않는 흐름을 따르는 거짓말의 메커니즘을 따른다. 루소는 자신이 절대 개인적인 이익 때문에 거짓말하지 않았으며, 말할 필요성 또는 대화를 위해 이야기를 꾸며 낼 필요성 때문에 간혹 거짓말을 했을 뿐이라고 주장한다. 침묵을 선택하는 경우가 더 많긴 하겠지만, 어떤 상황에서는 *아무 말도 하지 않기 위해 말을 해야* 하기도 하는데, 그럴 때 우리는 창작을 한다. 저녁 식사 시간에 벌어지는 밑도 끝도 없는 토론을 정리하려 규칙을 부과했던 칸트에게도 이러한 대화의 위기는 강박관념이었다. 사실 우리는 종종 생각보다 말이 앞서곤 한다. 그 결과 대화는 말하는 사람들을 지어낸 이야기, 허풍스러운 사설…… 그리고 거짓말을 하도록 이끌어 간다. 판단은 뒤에야 따라오고, 입이 앞서서 아무 말이나 늘어놓는다.

소설보다 덜 화려한 일상의 대화 속에서 창작되는 이야기들은 용도가 제한적이지만, 그곳은 거짓말과 음흉한 쾌락이 숨어들 은신처가 된다. 루소는 한 가학적인 여성과 나누었던 충격적인 대화의 예를 하나 든다. 처음에는 대수롭지 않았던 그 장면에 고통과 쾌락이 뒤섞이고, 도덕의 용어로는 떠올리기 힘든 거짓말의 위상과 참신한 행위가 드러난다. 장자크는 몇몇 친구들과 저녁 식사를 하고 있는데, 그중 임신한 젊은 여성이 한 명 있다. 아마도 루소는 그녀에게서 자신을 낳다 죽은 어머니 혹은 다섯 번이나 임신시켰던 테레즈를 떠올렸던 것 같다. 그때 이 여성이 자신에게는 그럴 만한 자격이 있다는 눈빛으로 루소에게 묻는다. 자식들이 있지 않느냐고. 장자크는 아니라고 대답한다. 거짓말을 한 것이다. 그의 얼굴이 붉어진다. 하지만 가장 흥미로운 것은 이 젊은 여성이 이미 진실을 알고 있었고, 함께 식사를 한 다른 사람들도 마찬가지였다는 사실이다. 또 장자크도 그들이 알고 있다는 사실을 알고 있었다. 장자크는 그 자리에서 즉시 솔직하게 말하지 못하고, 그 무엇도 그의 중죄를 감춰 줄 수 없어 득이 될 게 없는데도 거짓말을 택한 것이다. 입은 너무 빨리 말을 뱉어 버렸고, 투명한 진실 쪽에 유리할 것 같았던 자발성이 거짓말을 하도록 이

끌어 버렸다! 루소는 시간이 조금만 더 있었더라면, 그 젊은 여성에게 그녀의 무례와 악의를 돌이켜 보라고 했을 것이라고 썼다. 그는 자신의 행위를 정당화하는 것이 아닌 그저 언쟁을 통해 스스로를 방어했을 것이다. 이해받기를 바랄 수 없었기 때문에, 그는 결국 진실을 말하는 것을 영원히 포기했다.

가짜로 속은 사람들이 모여 있는 이 장면에 활기를 불어 넣는 것은 어떤 감정들일까? 루소는 거짓말을 하는 데 따라붙는 창피함을 감수하는 동시에 즐기는 듯하다. 그는 자신의 죄를 공개적으로 자백했으므로 수치심에서 벗어나지 못했을 것이다. 더구나 부인이라는 다른 잘못을 통해 죄를 배가시켰다. 그는 부정의 형식으로 진실을 말했고, 그를 죄어드는 여성의 악의에 굴복했다. 그는 자신의 죄를 알고 있는, 그의 비겁함을 지켜보며 그를 모욕하는 전능한 어떤 의지에 항복했음을 느꼈다. "내가 거짓말을 한 건 오로지 수줍음 때문이었다"*라고 루소는 큰 소리로 외쳤다. 하지만 나약함을 논거로 내세워 드러난 것은 그의 피학성이었다. 그는 그녀의 학대를 받아들였고, 그의 거짓말을 가학적으로 즐기는 여성이 허한 거짓말을 내뱉음으로써 스스로 나락으로 떨어졌다. 승낙받은 잔인함을 공평하게 공유하지는 못한 가운데, 장자크와 여성은 거짓말 놀이를 한 것이다. 거짓말의 전통적 정의를 혼란스럽게 만드는 악의적이고도 합의된 거짓말의 실행이 여기서 명확히 드러난다. 즉, 그는 진실을 감추지도 않았고, 누구를 속이지도 않았

---

* 루소,《고독한 산책자의 몽상》, p.1035.

다. 좋은 의도와 나쁜 의도로 고무된 대화자들의 암묵적 합의에 따라, 거짓말하는 자는 이처럼 진실을 위장하고 불분명한 정념에 자신을 내맡길 수 있다. 진실의 예찬자인 루소는 이성과 정념이 뒤섞인 이 최초의 부인이 앞으로 초래할 난관을 체험하게 될 것이다. 거짓말에 관해 그가 회고적으로 보여 준 최후의 성찰은 진실의 찬양에 대해 상당히 의미심장한 말을 하고 있다.

　루소의 완곡한 표현들에서 우리는 고전주의 시대 심리학자들의 의미로 도덕주의적 교훈 하나를 끌어낼 수 있을 것이다. 거짓말에 대해 장광설을 늘어놓는 사상가는 스스로의 거짓말에 대해 말하는 것이다. 그는 자신의 죄를 정당화하기 위해, 이성과 도덕에 비추어 받아들여질 만한 것으로 만들기 위해, 자신의 거짓말을 보편적 사유 속으로 옮겨 온다. 또한 그는 그 자체가 거짓말인 새로운 진실론을 만들어 낼 수도 있다. 자신이 행한 것과 반대를 말함으로써 끔찍한 거짓말들을 더 잘 숨기는, 고결한 또는 철학적인 가림막 역할을 할 주장을 옹호하면서 말이다. 이러한 교훈은 체계적이고 매우 엄격한 것처럼 보이지만, 진실에 관한 위대한 말을 들을 때 경계를 늦추지 말라고 암암리에 권유한다. 진실론 또는 진실 선언이 수정처럼 맑고 아름답다고 해도 세공사의 기술을 완벽히 대체할 수 있겠는가. 의도의 순수성 따위는 일종의 신화에 불과하다. 투명성을 강력하게 요구하는 자는 아마도 가장 불투명한 자일 것이다. 다른 사람들에게, 아니 그 이전에 자신에게 잘 속는 사람일 것이다.

진실의 선언 양상에 주의를 기울이는 것은 논증적이면서 심리적인 접근을 전제로 한다. 거창한 확언들을 마치 현금처럼 확실한 것인 양 간주하지 않아야 한다. 진실이 표현될 때 드러나는 인물, 상황, 정서를 정신 활동의 기호로 읽고 이해해야 한다. 그 정신 활동은 진실을 주장하는 자가 무언가를 말하는 동시에 감추는 에너지와 왜곡으로 이루어진다. 신념을 아무리 선언한들, 진실을 말하는 것은 절대로 진술의 진정성 속에서 실현될 수 없다. 관습적 표현, 말과 글의 수신자들, 의도의 불명료함…… 이 모든 요소가 진술 내용만 살피는 순진한 1차원적 독해를 불가능하게 한다. 그 진술된 진실이 진실성의 가장 훌륭한 보증이 담긴 고백일지라도 말이다. 진실 개념이 가진 힘에도 불구하고, 진실이라는 단어 그 자체는 의미의 차이들을 그 개념의 철학적·도덕적 아우라로 가려 버리는 유동적 정의를 따른다.

사유와 행위의 이상理想인 진실 안에서 사는 것, 무엇이 그보다 더 고귀하겠는가? — 그러한 진실의 위엄은 이 단어 안에서 작동되고 있는 정신적 투입과 의미의 변동을 감춘다. 특히 담론을 청취하는 철학자 미셸 푸코는 *주관적 진실*의 관례에 따라 진실의 개념을 연구했다. 그의 성찰은 적어도 두 가지 이유로 중요한 준거를 제공한다. 하나는 철학적인 삶에 대한 가치 부여다. 푸코는 고대 사상가들의 학설에만 관심을 두는 기존의 '철학사'와 거리를 두고, 그들의 행동과 삶의 방식에서 출발한다. 다른 하나는 논증의 실천 행위에 대한 그의 섬세한 분석이다. 그것은 법적 또는 종교적 고백의 방식으로 진실을 말해야 하는 제도적 상황에 대한 분석, 그리고 주관적 진실의 형식에 대한 분석을 의미한다. 그렇지만 우리가 푸코를 준거로 삼는 것은 그가 분석의 모델이라서가 아니라 그가 진실이라는 단어를 사용하는 특유한 용법 때문이다. 그가 버클리 대학에서, 이어서 콜레주 드 프랑스에서 진행했던 마지막 강연의 제목은 '진실의 용기'였다. 이 강연은 자기 통치에 관한 일련의 연구에 뒤이은 것이지만, 어떤 단절 또한 드러낸다. 푸코가 에이즈로 죽어 가고 있는 가운데 열렸기 때문에, 강연의 실존적 맥락이 거기에 특별한 위상을 부여한 것이다. 그가 대학의 청중을 넘어 거둔 성공 또한 진실이라는 단어를 사용하는데 있어 변화를 보여 준다. 이 단어는 갑자기 도덕적 위엄으로 치장한다. 그가 표명해 온 지적 입장에도 거의 부합하지 않는다. 역설적이지만, 주관적 진실이 어떻게 조작되는가를 분석해 온 푸코조차 진실의 함정에 빠지는 것을, 거기에 최후의 거짓말을 쏟아 붓는 것을 피할 수 없었다.


## 거짓말의 용기 : 푸코

철학사의 명성을 드높인 진실의 장면 중 가장 유명한 장면이 제공하는 가르침이 있다. 바로 죽기 직전에 주어지는 교훈이라는 주제이다. 《소크라테스의 변명》은 이러한 철학적 태도의 본보기를 제공한다. 나아가 그것은 담론으로서의 철학과 연출로서의 철학의 본보기 또한 제공한다. 담론과 연출은 진실을 보여 주고 *현실化하는* 퍼포먼스를 만들어 내기 위해 서로를 완성시켜 준다. 소크라테스의 이 장면은 죽음에 관한 성찰을 집요하게 연극적으로 드러냄으로써 소멸의 시간을 마주한 실존에 관한 담론이 탄생하는 것을 보여 준다. 죽음의 순간은 진실을 소환하고, 세계의 사실성을 넘어서는 어떤 말을 불러온다. 쇼펜하우어에 따르면, 철학 담론은 바로 거기서 원천을 발견한다. "죽음은 철학에 영감을 주는 진정한 정령이자 철학의 뮤즈를 이끄는 아폴론이다."* 프로이트는 사유의 불안과 쾌락을 강조하면서 이 해석을 계승했다. 철학이 욕망하는 것은 정신의 전능한 힘을 빌려 죽음의 공포를 몰아내는 것이다.** 다소 공격적이기는 하지만 이 담론의 정신적 기능을 검토하려 시도하면서, 이 정신분석가는 철학 담론을 물활론物活論과 연결했다. 비非지식을 몰아내는 것, 사유 불가한 것을 설득시키는 것, 모든 것에 의미를 부여하고자 하는 것…… 프로이트에 따르면 이 태도들은 수많은 영혼의 표상을 불러일으키는 죽음의 관념에서 생겨난다. 《파이돈》에서 소크라테스는 육체의 비본질성과 영혼의 자유에 대한 최후의 가르침을 남기기 위해 제자들을 증인으로 삼았는데, 그 숭고한 담론은 이러한 주술적 진실의 차원에서 이해될 수 있다.

*죽음 직전의 진실*과 철학 담론의 소환이라는 점에서, 푸

* 아르투르 쇼펜하우어, 《의지와 표상으로서의 세계》 2권, Christian Sommer & Vincent Stanek & Marianne Dautrey 옮김, Gallimard, Folio essais (no.523), 2009, p.1875.
** 지그문트 프로이트, 《토템과 타부》, 《전집》 11권, PUF, 1998, p.297.

코의 마지막 강연은 여러 면에서 제목 이상의 관심을 끈다. 이 강연은 '용기'라는 미덕을, 그리고 청자와 독자가 공유하는 정서를 진실 개념과 결부시켰고, 이를 통해 진실 개념에 관한 수많은 분석과 실천을 낳았기 때문이다. 용기를 언급하는 것은 열정, 감탄, 존경, 모방을 불러일으킨다. 청중은 고대 철학자들이 구현한 삶의 양식이라는 애초의 주제에서 벗어나도록 자극을 받는다. 그렇지만 용기라는 주제로 초대된 자는 누구인가? 틀림없이 힘겨운 시련에 부딪힌 자들일 것이다. 이때 문제가 되는 것은 어떤 진실인가? 설교는 발언자가 그 자신에게 건네는 것일까? 그때 어떤 진실이 문제인가? 개념적 설명이 주는 명증함 아래에, 담론이 주는 긴장에 집중하는 탐구가 필요하다. 진실이라는 단어가 어떤 용법으로 쓰이고 어떻게 발화되는지, 거기에 어떤 정신적 노력이 투입되는지, 그것이 어떻게 왜곡되는지를 추적해야 한다.

푸코가 진실의 개념에 관한 연구에 착수하자 들뢰즈는 격정했다. 친구가 이 구닥다리 '낡은 달빛'*을 어떻게 재사용할지에 대해서 말이다. 콜레주 드 프랑스에서 푸코가 진행했던 마지막 세미나는 확실히 1980년대 초에 전환점이 되어서, 진실이라는 단어는 형이상학을 고발하거나 해체하기 위해 니체 주위로 다시 모여들었던 한 세대의 철학자들에게 기묘한 방식으로 울림을 주었다. 당시 프랑스 철학계는 위대한 니체의 시

---

* 프랑스어 'vieille lune'은 시대에 뒤진 구태의연한 개념이라는 뜻으로 사용되는 관용구이다. —옮긴이

대였다. 데리다, 들뢰즈, 리오타르, 코프만, 낭시가 모인 1972년의 스리시 콜로키움은 그 정점이었다. 푸코 자신도 니체의 계보 개념을 가져옴으로써 니체 다시 읽기 운동에 가담했다. 언뜻 봐도 푸코가 형이상학적 진실이나 플라톤의 이원론을 복권하려 했던 것이 아니었으므로, 들뢰즈가 딱히 염려할 필요는 없었을 것이다. 당시 푸코의 관심은 진실을 말한다는 것, 그리고 권력이 통제력을 발휘하는 수단인 '주관적 진실'의 조작 방식이었다.

하지만 강연이 진행되는 동안 진실이라는 단어의 의미와 도덕적 가치가 달라졌다. 푸코는 타자의 통치라는 생명정치학적 분석에서 자기 통치라는 윤리적 접근으로 옮겨 갔다. 죽기 몇 달 전인 1984년 봄에 열린 그의 마지막 강연에서는 상당한 변화가 나타난다. 〈진실의 용기〉는 특별한 위상을 가진다. 푸코의 마지막 공개 발언에 해당하기 때문이기도 하지만, 표현의 흐름 속에 *파토스*의 형식을 도입하기 때문이다. 그것은 *진실의 파토스*이다. 푸코는 당시까지 냉정하고 깔끔한 문체를 구사하며 광기나 감옥에 관한 자신의 분석을 시체 부검에 비유하곤 했는데, 이 *진실의 파토스*는 그런 그에게 익숙하지도 않고 별로 흔치 않은 지지를 전제로 한 것이었다.

이러한 생각이 이후 발표되어 성공을 거둘 수 있었던 것은 사회와 전제권력 앞에서 용감하게도 *진실한 말하기*를 담당했던 인물들을 중시한 덕분이다. 더 은밀히 말하자면, 이 강연은 푸코가 몇 단계에 걸쳐 소크라테스의 죽음을 연기하는 일종의 소극장이었다. 우리는 고전적 주해와는 다른 방식의 읽기, 더 정확히는 다른 방식의 '청취'를 통해 이중 효과를 내는 어떤 목소리를 들을 수 있다. 그 방식이란 강연의 주장 자체, 그리고 그 주장을 뒷받침하기도 하고 은폐하기도 하는 강연의 역할을 분리해서 보는 것이다. 푸코는 다른 죽은 사람들에 대해 말했지만 이를 통해 스스로에게도 말을 한 것이다. 자신에게 곧 죽음이 닥친다는 사실을 두려워하고 있었기 때문이다.

진실의 용기에 관해 소크라테스가 던졌던 대사는 재조정되고 새롭게 연출될 필요가 있었다. 콜레주 드 프랑스의 원형극장에서 소크라테스의 가르침을 그대로 재연할 수는 없었다. 사람들이 상상하는 것은 고통의 비명을 내지르는 육체의 모습이 아니라 순수한 이데아의 세계로 승천하는 모습이다. 푸코는 이를 믿지 않았으며, 그런 진실은 패러디의 영역에나 속할 뿐이다. 진실과 용기가 진실한 말하기와 말하기의 불가능성 사이의 긴장에서, 그리고 언어의 규약과 정신적 억압 사이의 긴장에서 유래하는 것이 아닌 한─이것이 우리의 가정이다─그렇다. 푸코는 자백이나 고백 같은 용어들의 전형성과 기만성을 너무나 잘 알고 있었다. 만약 푸코가 이러한 용어들로는 진술할 수 없어 말하기를 결심할 수 없었던 어떤 것을 말하려 노력했다면? 그는 자신이 아프다는 것을 알았고, 시간이 얼마 남지 않았음을 두려워했다. 그는 에이즈에 관해 말하고 싶어 하지 않았다. 당시 사람들은 에이즈를 '게이 암'이라고 했는데, 푸코는 이를 비웃으며 에이즈와 동성애를 연결시키는 것을 끔찍하고 왜곡된 함정으로 보았다.

마지막 강연에서의 목소리를 분석해 보면, 진실에 대한 부인과 찬사 사이의 긴장을 들을 수 있다. 푸코는 자신의 병을 숨기려 애쓰는 동시에 진실의 용기에 대해 아름답고 설득력 있는 강연을 펼친다. 모순, 나약함, 비탄 등등은 그저 상황을 설명하는 단어일 뿐이다. 우리는 이 비틀림 속에서 이론적 담론의 더 근본적인 특징을 간파하고자 한다. 철학 언어의 정신적 기능 중 하나는 주체의 체험을 감추고, 나아가 진술자가 체험한 것과 반대되는 것을 전시하고 주장하는 것이다. 지금 우리에게는 도덕적인 거짓말을 고발하는 것이 중요치 않다. 중요한 것은 '사색적인 거짓말'의 풍성한 생산력을 관찰하는 것이다.

〈진실의 용기〉에서는 두 개의 시간성이 겹쳐진다. 하나는 전기적 시간성으로 고대 사상가들의 인생을 펼쳐 보여 준다. 다른 하나는 진술적 시간성으로 고대 사상가들의 삶 속에서 푸코의 현재 삶을 거울로, 화면으로, 가리개로 반사하여 비춰 준다. 철학자가 다른 철학자들에게 주석을 달 때 전유와 전이가 일어나는 것이 특별한 일은 아니다. 그런데 푸코의 현재 삶은 그가 진술하는 주장과는 반대 방향으로 진행된다. 이 철학자는 진실을 말할 용기가 없었던 것 같다. 이 사실은 도덕적 판단을 넘어 일종의 역설, 즉 푸코가 거짓말의 형식으로 진실을 말한다는 역설을 보여 준다. 이 거짓말은 개념을 한껏 부풀림으로써 암시된 진실의 다른 모습일 뿐이기 때문이다.

진술 행위에 앞서 진술 내용을 구별하자. 푸코는 강연 주제가 '진실한 말하기' 또는 '솔직하게 말하기'에 기초를 두고 있다고 공표한다. 그는 진실성, 진정성, 투명성에 대해 의문을 제기해 온 오랜 철학적 전통과 마주친다. 하지만 그는 주관적 진실의 방식을 분석하는 데, 그리고 개인이 진실을 말하도록 이끄는 관습을 분석하는 데 여전히 충실하다. "주체는 진실을 말하면서 자신을 드러냅니다. 이 말인즉슨, 주체가 자신을 진실을 말하고 있는 것으로 스스로에게 재현하고, 또 다른 사람들에게 그런 것으로 인정받는다는 것을 의미하지요."* 푸코는 이렇게 진실의 생산, 그리고 진실이 청중에게 전달되면서 실현되는 수행逾行적 행위**를 분석했다. 그는 자신의 학문적 여정을 설명하며 자신의 방법을 정당화했다. 그는 (광인, 범죄자 같은) 어떤 주체에 대해 공식적으로 선언된 진실뿐만 아니라, 주체 자신이 (자백, 고백, 성찰을 통해) 공식화한 진실도 흥미롭다고 주장했다. 이는 종교적 고해와 법정 진술의 제도화를 연구하면서 이미 시도했던 방식이었다.

여기서 '용기'라는 단어는 독특한 방식으로 굴절된다. 이 단어는 푸코의 철학적 분석을 피할 수 있게끔 선언적인 방식으로 사용되었다. 용기의 정의는 거의 의문시된 적 없으며, 자연스럽게 찬미의 대상이 된다. 하지만 용기는 미덕이고 성격적 특징이고 타고난 자질인가? 합리적 의식의 차원인가 정념

---

* 미셸 푸코, 《진실의 용기》, Gallimard/Éditions du Seuil, Hautes Études, 2009, p.4.
** 수행적(performative) 발화는 영국의 언어철학자 존 랭쇼 오스틴의 화용론에 나오는 용어로, 문장에 담긴 내용에만 국한하지 않고 발화를 표출하는 행위 자체에 주목하여, 발화 행위 자체가 발화된 문장이 표상하는 행위를 수행하고 있음을 지시하는 개념이다. ─옮긴이

과 정서의 차원인가? 어떤 의지나 상황이 용기를 촉발시키는가? 모든 개인은 용기 앞에서 평등한가? 우리는 마음대로 용기를 가질 수 있고, 용기를 발휘하거나 하지 않을 책임이 있는가? 푸코는 이런 문제들은 다루지 않았다. 그는 철학자들의 태도 속에서 드러나는 용기를 분석하기 위해, 전제군주 앞에 선 스토아학파 철학자처럼 용감한 철학자들의 사례를 보여 주기를 더 좋아했다. 우리에게는 이런 식으로 용기에 대해 말하는 이 자신은 과연 용감한지 질문할 권리가 있다.

여기서 진실은 고대의 장면에서 무대 중앙을 차지한 개인들, 푸코가 청중에게 호의적으로 소개한 개인들에 의해 구현된다. 특히 푸코는 소크라테스의 담론만이 아니라 인성까지 강조하기 위해 진실한 말하기에 대한 자신의 접근 방식을 부각시킨다. 그는 자아에 관한 담론에 차츰 다가가기 위해 정치적 담론으로서의 *파레시아*parrhesia, 즉 진실을 말하는 용기에 대해 먼저 말했다고 설명한다. 그는 진실한 말하기의 몇몇 행위자들을 구별했다. 이들은 자신을 위해 말하는지 그들을 초월하는 어떤 원칙을 위해 말하는지에 따라 예언자, 현자, 교수, 기술자로 구별된다. 이어서 푸코는 그들이 감수하는 위험에 따라 '용기'의 등급을 매겼다. 이 등급표에서 자기 지식의 진실을 말하면서 어떤 위험도 무릅쓰지 않는 기술자는 가장 아래에 위치한 듯하다.

푸코는 의사를 기술자에 포함시켰다. 이 사실은 상당히 중요한데, 의사였던 아버지와 남동생, 그리고 가까이 지냈던 다른 의사들을 떠올리게 하기 때문이다. 이에 관해서는 나중에 살펴볼 것이다. 푸코에게 기술자란 애초부터 *파레시아스트*par-rhesiaste를 대조적으로 부각하기 위해서 쓰인 말이었다. 파레시아스트는 죽을 때까지 진실만을 받아들임으로써 대화 상대자들로부터 소외되는 것을 감수한다. 진실한 말하기의 모든 기능을 집대성한 소크라테스처럼 말이다. 소크라테스는 죽음을 진실의 경험, 진실의 현시로 만들었다. 동시에 푸코는 말이 검열당하는 전제군주 사회와 모든 것을 말로 표현할 수 있는 민주주의 사회에서, 진실을 말하는 용기의 가치가 같지 않다는 사실을 깨달았다. 한편 그는 *파레시아*가 민주주의 사회에서 가장 실천되기 어렵다는 역설을 암시했다. *파레시아*는 다른 사람들의 무관심 속에서 주체를 그 자신과 대면시키기 때문이다. 이렇게 푸코는 개인의 *에토스*ethos 와 *정신*psyché 의 실현이라는 관점에서 파레시아를 정의해 갔다.

　니체와《우상의 황혼》을 읽은 사람이 육체를 고치는 의사보다 소크라테스를 높이 샀다는 사실이 매우 의외로 보일 수도 있다. 하지만 이는 푸코가 철학적 전통을 어느 정도로 받아들이고 있는지를 알려 준다. 그때까지 철학자라는 용어와 거리를 두었던 푸코는 이후로 스스로를 철학자라 칭한다. 그는 다수에 의존하게 마련인 민주주의에, 사람들의 무지와 불의에 맞닥뜨린 진실의 상징 소크라테스의 죽음을 계승했고, 또한 그의 모범적 극작법을 계승했다. 이렇게 '진실'이라는 명사를 통해 푸코는 자신의 최종 정체성을 규정하고, 자신이 작성해 오던 계보의 전통에 스스로를 등록하게 되었다. 이제 그는 정치를 다루지 않는다. 한 인간이 죽음을 선택하고 술책을 거부함으로써 *파레시아스트*로 처신하는 방식과 미덕에 흥미를 갖는다. 그리고 푸코는 스스로 주장한 자유 속에서, 의사를 마주하고 이 소크라테스의 상을 재연할 것이다. 의사가 기술적 지식으로 진실을 강요할 수도 있다("솔직히 말씀드리면, 몇 달 남지 않았습니다"). 하지만 용기는 이런 식의 솔직함에 기반하는 것이 아니다. 자신이 직접 진실을 짊어지고, 삶과 죽음에 관련된 만큼 더 용감하게 그것을 드러내는 방식 속에서 유지되는 것이다.

경험된 것과 말의 간극을 살펴보려면, 철학의 이러한 모범 사례와는 다른 인물들 또한 살펴볼 필요가 있다. 우리가 살펴볼 첫 번째 인물은 푸코의 친구, 밀고자이자 화자인 증인 에르베 기베르다. 그는 몇몇 곳에서 진실이 거짓의 겉모습으로 싸인 극적 순간들을 보고했다. 그중 가장 유명한 것이 《내 삶을 구하지 못한 친구에게》이다. 하지만 이런 책에서는 '증언'의 위상이 모호하다. 저자가 작가이지 역사가가 아니기 때문이다. 또한 에이즈에 걸린 그가 친구 철학자의 고통을 자신이 앞으로 겪을 고통의 예행연습으로 간주함으로써 이 역사에 가장 먼저 연루되었기 때문이기도 하다. 기베르는 푸코를 기억하기 위해, 그리고 같은 병으로 죽게 될 스스로를 위해 증언하는 증인의 입장에서 진술한다. 이처럼 신중한 방법을 취했음에도, 기베르가 자신의 에이즈에 대해 한 말이 푸코가 택했던 말과 얼마나 대척점에 있는지 검토해 보는 것은 매우 시사적이다. 푸코가 죽은 6년 뒤, 기베르는 책, 시각 작품, 미디어를 통해 자신의 질병을 고백했다. 1980년대의 사회적·의학적 맥락을 상기시키는 것은 물론 중요하다. 당시 에이즈는 명백히 규명되지 않은 질병이어서 온갖 억측이 난무했다. 최초의 환자가 발생한 것이 1981년, 레트로바이러스가 분리된 것이 1983년이었다. 비밀에 대한 푸코의 염려는 당연한 것이었다. 그가 진실을 부인했다는 것이 문제가 된다면, 진실의 용기에 관한 강연을 진행하면서 그랬다는 이유 때문일 것이다.

충실하면서도 불충실한 제자 기베르는 거꾸로 된 거울상의 태도를 택했다. 그는 진실한 말하기의 철학을 고수하여 자신의 질병과 스승의 질병을 폭로함으로써 푸코에게 불충했고, 진실의 용기를 찬양하면서도 스스로의 삶은 숨겼던 푸코를 따르지 않음으로써 푸코에게 충실했다. 그는 동료들, 제자들에게 주어진 침묵의 계율을 파기하고, 자신에게 닥칠 죽음을 정당방위의 근거 삼아 진실을 털어놓았다. 그것은 곧 폭로였다. 이 책이 출판된 이후 푸코의 측근들 대부분은 침묵을 지켰지만, 푸코는 자신이 곧 죽는다는 생각도, 강연이 3월에 중단될 수 있다는 생각도 하지 않았다고 주장한 이들도 있었다. 푸코가 1984년 1월에 모리스 팽게에게 보낸 편지에 의하면, 다음과 같은 가정을 주장해 볼 수 있다. "나는 에이즈에 걸렸다고 생각했지만, 열심히 치료해서 회복되었다고 생각했다."

푸코는 당시 '진실한 말하기'를 했던가? 여섯 달 뒤 죽게 될 사람이니만큼 많이 아팠을 것이고 강연을 시작할 상황도 아니었을 것이다. 그런데도 친구에게, 또 자신에게 거짓말을 한 것이다. 동료이자 연인이었던 다니엘 데페르에 따르면, 푸코의 관심사는 살 시간이 얼마나 남았는지를 아는 것이었다.

죽음이 가까워진 기베르는 푸코가 숨겨 온 고통뿐만 아니라 성생활에 관한 그의 진실 — 채찍, 가죽 복면, 끈, 재갈, 수갑으로 가득 찬 그의 가방 — 까지 주저 없이 '공개'했다. 기베르는 "죽음이 임박해서" 글을 쓴다는 핑계로 친구들의 '부르주아적' 수치심을 짓밟았다. 독자들은 뮈질이라는 등장인물에게서 푸코를 보았으나 뮈질의 태도는 푸코가 콜레주 드 프랑스에서 강의했던 것과는 정반대였다.

공표되는 철학적 가르침과는 반대로, 이제 용기는 진실을 말하는 데 있지 않고 반대로 진실을 감추는 데에 있다. 기베르는 "뮈질처럼 나도, 우정이 공기처럼 자유롭게 또 걱정 없이 영원히 지속될 수 있도록, 아무에게도 진실을 고백하지 않을 힘과 몰상식한 자만심, 또한 관대함을 갖고 싶어 했을 것이다"*라고 썼다. 여기서 칸트의 윤리는 뒤집힌다. 가까운 사람들에 대한 존중은 보편적인 도덕법에 대한 존중과 다르기 때문이다. 다른 사람들의 삶을 망가뜨릴지도 모르는 진실, 특히 진실의 주인과 맺은 참된 관계를 앗아갈지도 모르는 진실로부터 사람들을 보호해야 한다. 그들에게 환자의 질병을 알라고 강요하는 것은, 이 견디기 힘든 진실은 공유가 되지 않는데도 우정이라는 이름으로 환자를 위로하게끔 떠민다. 타인들에게 의무를 부과하지 않기, 그들을 불가능한 상황에 빠트리지 않기, 그들을 고통스러운 도덕적 선택에 처하도록 하지 않

---

* 에르베 기베르, 《내 삶을 구하지 못한 친구에게》, Gallimard, Folio (no.2366), 1990, p.15.

기……. 이런 배려들은 비밀과 부인의 단계를 거치는 관대함의 영역에 속한다. 그럴 때는 거짓말이라는 단어가 별로 적합하지 않은 것 같다. 비밀을 지킨다는 것은 거짓말하는 것이 아니라, 이른바 말해지지 않은 일부의 진실을 지켜 준다는 것이다. 뱅자맹 콩스탕이 관찰했듯이, 모든 것을 말할 의무란 모든 것을 알 타인들의 권리가 남용되지 않고서는 성립할 수 없다. 고해하고 자백하라는 명령에 맞서 비밀보장권을 강력히 요구해야 한다. 그렇지만 기베르의 글은 또한 비밀이 주는 사악한 쾌락을 암시한다. 이는 가학과 피학이 뒤섞인 수치심 속에서 공유된 거짓말을 언급했던 루소의 경우와 비슷하다. 떠벌이들은 치욕을 즐기고 수치스러운 병을 떠벌리면서 진실을 내걸어 놓곤 한다. 이 질병은 연인에게 사실을 말하거나 하지 않을 자유를 가진 환자 본인만 알고 있어야 하는데도 말이다.

감춰진 진실과 교활함과 수치심이 뒤섞인 이런 종류의 비밀은 전도된 윤리가 된다. 그것은 사르트르와 보부아르가 구현했던 것과 반대되는 모델을 제안한다. 기베르의 책이 출간되기 4년 전에, 보부아르는 《작별 의식》에서 사르트르가 겪는 죽음의 고통과 허물어지는 그의 육체에 대해 별 시시콜콜한 이야기들을 늘어놓은 바 있다. 푸코의 그늘에서 기베르가 체험하고 암시한 진실은 모두에게 권유되는 투명성이라는 이상 대신 소수의 비밀 속에서 공유된 일종의 배타적 향유가 되었다. 이 향유는 드러나지 않은, 격리되고 유보된 어떤 진실에 토대를 둔 우정의 관계를 그려 보였다. 이제 진실에 보편적인 것은 없다. 특별한 진실은 진실성의 의무에 따르기 위해서가 아니라, 비밀을 알고 있는 사람들의 특권을 넓히기 위해 공유된다. 비밀을 공유한 공동체에는 저주받은 자들의 사회 같은 아름다움이 있다. 기베르는 다음과 같이 자백했다. "나는 이제 오로지 알고 있는 사람들과만 흥미로운 관계를 갖게 되었다는 느낌을 받았다."*

비밀, 부인, 거짓말은 *진실한 말하기*의 윤리와 대립한다. 푸코는 기베르에게 자신도 에이즈의 위험을 알고 있다고 말했다. 둘이 사우나에서 대화를 나눌 때 그 주제는 끊임없이 등장했다. 이 철학자는 진실에 관해 가르치는 동시에 자신의 비밀을 세심하게 준비했다. 담당 의사는 그의 병을 진단할 수단을 확보했고, 환자의 뜻에 따라 익명을 지켜 줄 수단도 마련했다. 푸코는 이 거짓말을 유산으로 남길 것이고, 그런 만큼 친구들은 비밀을 지킬 것이며, 사인死因은 병원 기록에서 지워질 것이다. 그러기 전에 필요한 것은 바로 '용기'일 것이다. 대중에게 거짓말을 하고 헛소문을 규탄하고 진실에 반대되는 허위를 퍼트리면서까지 비밀을 지키려는 용감한 마음 말이다. 이렇게 스승의 거짓말에 대한 의무와 충심 때문에 거짓말을 할 수도 있으며, 이는 또 다른 버전의 의로움이라 할 수도 있다. 하지만 이러한 용기에 도덕적인 것은 전혀 없다. 그 용기는 친구 또는 연인을 향한 사랑에 근거를 두고 있다. 진실을 숨기는 것이 그의 명예를 지키는 수단이 된다. 이 앎을 *사후에* 더 잘 가로채려고 숨겨 놓는 것이 아니라면 말이다. 비밀을 손에 쥔 자

* 위의 책, p.16.

는 선택된 자의 입장이 되고, 거짓말할 권리와 의무를 갖게 된다. 그 자신도 그것을 잘 안다. 앎의 수령권자, 덕스러운 제자는 가장 충실한 거짓말쟁이이다.

거짓이 유산처럼 상속되는 이러한 시나리오는 가문의 비밀 식의 유구한 역사와 결합한다. 자손 대대로 전해지다가 후손 하나가 그 중심을 달리 해석하여 자신의 욕망과 트라우마로 그것을 왜곡해 버리는 식 말이다. 기베르는 진실을 폭로함으로써 모든 것을 배신했다. 그는 우리에게 철학자의 삶과 말 사이에 이루어지는 재조정을 생각해 보게 한다. 진실을 말할 적기를 결정하고 싶은 자의 망설임을 차분히 검토해 볼 단어와 이미지도 제공한다. 푸코와 나눈 대화를 통해 푸코와 의사 사이에 오간 진실을 알려 준다. 푸코는 기베르에게, 의사가 진실을 알거나 모를 수단과 자유를 제공해야 한다고 설명한 바 있다. 기베르에 따르면, 푸코는 아무것도 모르지 않았지만, 투명하라는 요구에 직면하여 숨기거나 거짓말할 가능성을 대비하고 있었다. 그는 가까운 시일 내에 에이즈로 죽게 되리라는 것을 알고 있었고, 인도주의 단체와 함께 세상 끝으로 가 죽고 싶은 유혹을 받았다. 기베르의 폭로는 솔직함의 극치인가 마지막 순간의 배신인가? 기베르는 이렇게 썼다. "내가 스파이처럼…… 일기에 이 모든 것을 기록했다는 사실을 뒤질이 알았더라면, 그 또한 매우 괴로워했으리란 것을 알고 있다. 나의 일기는 분명 그보다 더 오래 살아남아, 그가 자기 삶에서 지워 버리고 싶었을 어떤 진실을 증언하며, 이미 부정확한 오류로 가득 차 골치 아픈 그의 전기가 될지도 몰랐다. 그는 그 진실을 지우고 자기 비밀이 밀봉된 영롱하고 단단한 검은 다이아몬드의 잘 닦인 모서리들만 남겨 놓으려 했을 것이다."*

기베르의 폭로가 어떤 결정적 진실을 제공하지는 않았지만, 푸코의 마지막 강연을 해설자들과는 다른 귀로 들을 수 있는 새로운 스펙트럼을 보여 준 것은 사실이다. 강연을 둘러싼 정황들은 상당히 중요하다. 첫 강연에서 푸코는 사과하고 소문을 바로잡는 것으로 서두를 떼며 거짓말을 고발하고 싶어 했다. 푸코는 몸이 아파 제시간에 강연을 시작하지 못했다고 자백했다. 이는 일부 청중을 걸러 내기 위한 것이 아니었다. 그는 피로에 지친 육체를 드러내고 질병을 슬쩍 언급한다. 그렇지만 그것을 폭로하지는 않았다. 눈앞에 있지만 보이지 않는 편지처럼, 그는 더 잘 감추기 위해 자기 모습을 드러낸 것이다. 그가 "'제가 그때' 아팠습니다"라고 털어놓으면 청중은 지금은 병이 나았다고 생각하게 된다. 솔직하게 말하기에 관한 강연을 시작하기 전에, 그는 사람들이 그것을 믿도록 "맞습니다"라고 말해야 했다.

몇몇 회차의 강연은 다른 때보다 더 길었다. 특히 한 회차에서 푸코는 청중을 너무 오래 붙잡아 두었다며 사과하면서, 죽음 앞에서의 용기에 대해 결론을 내렸다. 강연 말미에 그는 이렇게 말했다. "자, 잘 들어 보십시오. 이러한 분석의 일반적인 틀에 대해 드릴 말씀이 많았는데 이렇게나 늦었군요. 그러니 이것으로 마치겠습니다. 감사합니다."** 그는 시간이 없

* 위의 책, p.103.

어 이야기하지 못했던 것을 보충하기 위해 나중에 책에 주석을 달았는데, 여기서 *파레시아*는 "모든 것에 대해, 그리고 모든 것에 맞서서 자신의 진실을 표명하고 그런 자기 모습을 보여 주는 용기"***로 정의된다. 죽음을 앞두고 죽음에 대해 강연했던 푸코야말로 마지막 순간까지 철학자였음에 틀림이 없을 것이다. '자신의' 에이즈에 대해 말하건 말건, 그것을 어떻게 말하는 것이 정당한지에 대해 누가 그에게 훈계할 수 있겠는가? 그럼에도 이 마지막 강연은 문자 그대로가 아닌 다른 방식으로 들리고 이해될 수 있다. 강연을 실천 행위로, 그것도 철학사의 고전적 장면을 연출하는 실천 행위로 복권시킴으로써 말이다.

죽기 전에 발설된 진실의 말을 그것이 지닌 힘과 복합성까지 온전히 이해하기 위해서는 그 말들이 품은 고뇌를, 완곡어법과 가식을, 적극적 거짓말을 모두 함께 고려해야 한다. 곧 죽게 될 화자는 언어를 사용해 자신도 알지 못하는 어떤 동기를 표현한다. 그런데도 그 말을 충실하고 진실하다고 간주하는 것은 순진한 일이다. 이른바 진실의 말은 알려지지도 통제되지도 않는 많은 다양한 기능을 수행한다. 거기에 포함될 수 있는 함정과 미끼를 따져 보기 위해 푸코의 강연을 죽기 전 '마지막 강연'의 다른 버전과 비교해 보면 뒤얽혀 있는 진실과 거짓을 밝혀낼 수 있다. 미국의 한 대학교수의 강연 〈죽기 전

** 푸코,《진실의 용기》, p.309.
*** 위의 책, p.310.

에〉는 〈진실의 용기〉를 비추어 볼 두 번째 거울을 제공한다.

어떤 강연이 '마지막'이라고 할 때, 거기에 어떤 의미를 부여해야 할까? 미국 카네기멜런 대학은 '마지막 강의'라는 제목의 강연을 정기적으로 열어 왔다. 그것은 어떤 지식이나 사상의 본질에 대해 마지막으로 알려 주는 방식으로 행해졌다. 랜디 포시 교수는 이 대학의 초청을 받았을 때, 자신이 췌장암 때문에 몇 개월 뒤면 죽는다는 사실을 알고 있었다. 그는 흔쾌히 초청을 받아들였고, 말 그대로 인생의 마지막 대규모 강연이었던 만큼 강의를 더더욱 구체적으로 연출했다. 2007년에 이루어진 그의 강연은 수백만 명의 관심을 끌었고, 이후로도 수백만 명의 네티즌이 영상을 시청했다. 혹시 모를 불건전한 관음증도 죽음 직전의 가르침이라는 철학적 입장을 살펴보는 것을 막지는 못했다.《파이돈》에서 친구들에게 영혼의 불멸성에 대한 최후의 사유를 *생생히* 제공한 소크라테스의 전통에 따라서 말이다.

포시는 형이상학자가 아니라 정보처리과학자였지만, 삶의 의미에 대한 성찰을 풀어냈다. 강의 제목은 '여러분의 어릴 적 꿈을 정말로 실현하기'였다. 강연은 논리정연하고 구조화된 대학 수업의 스타일을 따랐다. 75분 동안 청중의 관심을 붙들어 매기 위해 새로운 전개가 거듭되고 간간이 농담이 섞였다. 이러한 미국식 배려와 함께 주제를 뒷받침하는 도표와 삽화가 곁들여졌다. 감정을 초월하기 위해 소크라테스가 로고스에 호소했다면, 포시는 유머와 공감에 의존했다. 그는 자신이 살아온 삶의 여정과 희망, 맞닥뜨린 장애물, 거기서 얻어 낼 수 있었던 가르침을 하나하나 되짚었다. *긍정적이 되어라*라는 교훈은 정해진 운명에 맞서게 하고, 꿈이 실현되든 되지 않든 삶은 여전히 살 만한 것임을 확신시켜 준다.

소크라테스의 죽음은 생명과 육체의 비본질성에 대해 성찰할 거리를 제공했다. 육체란 아무런 공감 능력도 없는, 무시해도 될 껍데기일 뿐이다. 그는 당부했다. 내가 사라지는 것을 슬퍼하지 말라고, 내 얼굴에 나타나는 이 마지막 경련은 내 영혼이 하늘나라 이데아의 세계로 떠나는 것을 드러낼 뿐이니 그것을 그대로 믿지 말라고. 육체soma의 감옥은 이미 저승을 향해 신호sema를 보낸다. 하지만 랜디 포시와 함께, 죽음은 더 이상 영혼의 해방이 아니게 되었다. 그렇다면 죽음은 무엇인가? 정보처리과학자인 포시가 그에 대해 말할 수는 없었을 것이다. 질문에 접근할 수 없으니 *죽기 전* 그의 가르침은 미디어를 통한 볼거리로 바뀌었다. 임박한 죽음에 대한 유머는 관객의 웃음과 눈물을 자아냈다. 추억의 이야깃거리를 위해 아버지, 어머니, 학생들, 동료들이 잇따라 무대로 소환되었고, 아내를 향한 생일 축하가 이어졌다. 죽음에 관한 보편적 교훈의 장은 특이하고도 평범한 한 인생의 전시회로 변했다. '리얼리티 쇼'의 방식으로 말이다. 물론 표현 방식이 어떻든, 우리는 당사자가 겪고 있는 고통에 대한 최소한의 존중심을 불러일으키는 정서적 상황 속에 놓인다. 하지만 지금 문제는 사람들을 심판하는 것이 아니고 강연의 규약을 분석하는 것이다. 포시는 영원히 살고 싶은 꿈에 대해 말할 수도 있었겠지만, 한 미국인의 삶의 행복에 대한 몇 가지 바람직한 진실을 나누는 편을 택했다. 그는 주저 없이 그 역할을 맡아 충실하게 해냈고, 생의 마지막을 위엄 있는 말의 틀에 맞춰 기록함으로써, 문자 그대로 이 *마지막 강의*를 '실현했다'. 그는 훌륭한 대학교수로서, 또한 방송에 적합한 진행자로서 충실히 관례를 따랐다.

포시의 수업은 우리를 이별극 앞에 세웠다. 그는 〈할리우드에 간 소크라테스〉라는 한 편의 연극을 공연한 셈이다. 방송으로 복음을 전파하는 세속의 예언자 같은 이미지도 이 공연에 들러붙었다. 또한 이 *마지막 강의*는 예수의 마지막 설교인 *최후의 만찬*과 공명한다. 그렇다고 해서 타인들의 의식儀式을 조롱해도 되는가? 사유가 불가능한 것을 피하기 위해 우리는 누구나 자신의 불안과, 크고 작은 해결책들과 타협한다. 라로슈푸코는 태양과 죽음은 서로 마주 바라볼 수 없다고 경고했다. 이 사람의 마지막 순간에, 죽음의 순간에 무슨 일이 일어났는가? 아무도 그것을 말할 수 없으며, 이 내밀한 부분은 보여 줄 수도 표현될 수도 없다. 그럼에도 여전히 남는 것은 마지막 말에 진실의 권위가 씌워진다는, 이미 확인된 사실이다. 그 마지막 말 또한 불가능한 어떤 것을 생각하지 않기 위해 다른 사람들과 스스로에 관해서 하게 되는 사회생활용 거짓말과 함께 작용하는데도 말이다. 어떤 사상가도 죽기 직전이라는 순간이 주는 진실한 허구를 피해 가지 못할 것이다. 거의 통제할 수 없는 이 순간에, 그의 말과 삶 사이의 긴장은 많은 인물과 논거와 개념을 양산한다. 철학적 가르침은 이 정서를 모른 채로도 전달되고 설명될 수 있지만, 언어적 형식과 이론적 구성물을 만들어 내는 것은 바로 이 정서이다. 이 점을 고려한다면, 독자와 청자는 진실과 거짓을 분리할 수 없는 지점에, 보편적인 것과 개별적인 것의 복잡한 뒤얽힘에 도달하게 된다.

개인적 맥락을 떼고 이론적 명제에만 귀 기울이는 논리 지향적 태도로는 죽음이 임박했을 때 선택된 이야기를 제대로 들을 수 없다. 그때 철학에 기대는 것은 그의 정신적 동기를 드러낸다. 그것은 제어, 환상, 중독, 평정, 위로 등 여러 기능을 담당한다. 6세기에 동고트 왕의 명령으로 가혹한 형벌을 받고 처형당한 원로원 의원 보에티우스는 죽기 전에 《철학의 위안》을 썼다. 여기서 그는 결정적으로 마음의 평정을 가져다준 한 만남에 관해 이야기했다. 뮤즈들은 시적 표현으로 그를 유혹했지만, 철학은 그와 대화를 나누면서 그가 더는 자신이 누구인지 알려 하지 않기 때문에 아픈 것이라고 설득해 온다. 그는 불의를 겪고 있다고, 재산을 몰수당했다고 한탄하지만, 더 중요한 것은 삶의 진정한 의미를 잊어버렸다는 사실이었다. 그때 철학이 지혜의 길과 죽음의 초월을 가르쳐 준다. "우리는 세계 통치에 대한 네 생각의 진실을 너를 구원할 최고의 자극제로 여긴다. 너는 그것이 우연한 사건들이 아니라 신의 이성을 따른 것이라고 믿기 때문이다. 그러니 아무것도 두려워 말라. 이제부터 이 아주 작은 불씨로 너의 생명의 열기가 다시 불타오를 것이니."* 진, 선, 그리고 **제1원리**\*\*는 유죄선고를 받은 사람이 정신 건강을 회복함으로써 불안을 극복할 수 있게

---

* 보에티우스, 《철학의 위안》, Jean-Yves Tilliette 옮김, Livre de Poche, Lettres gothiques, 2005, p.81.

해 주는 개념들이다. 보에티우스가 감옥에서 상상한 소크라테스식 대화는 본질과 환상을 구분하는 지혜를 성찰하는 것이자 불운을 부차적인 고통으로 격하시켜 줄 추상적 수단을 찾는 것으로 읽힌다. 죽음이라는 유령은 이런 식으로 철학 담론의 의미를 수정한다. 그리고 그것을 진술하는 주체는 삶의 의미를 의심하는 만큼 더더욱 진실을 갈구함으로써 엄청난 심적 고통으로 가득 찬다.

저자가 임박한 죽음을 기다리고 있다는 것을 알고서 철학 강연을 듣는 것은 그 연설의 의미를 변화시킨다. 자크 데리다의 마지막 발언들이 바로 그렇다. 2003년부터 많은 측근들이 그가 췌장암에 걸렸다는 사실을 알았다. 데리다가 계보, 유산, 미래에 대해 보여 준 다양한 성찰은 이들에게 죽음이라는 유령을 의미했다. 이전부터 그의 사유를 특징짓고 있던 우수 어린 어조에 강렬한 비극성이 스며들었다. 다른 사람들을 위해 이전에 여러 번 한 적 있던 고별 강연들을 이제 그 자신이 '실현'하기라도 하듯이. 엘렌 식수가 남긴 원고들 가운데 사라져 간 꿈들에 대해 말했던 데리다의 강연***에서부터, 《마침내 사는 법을 배우기》라는 제목의 거의 유언 같은 대담****에 이르기까지, 모든 발언은 그에게 *마지막 강의*와 다를 바 없었다.

** 고대 그리스 철학자 플로티노스의 개념으로, 존재하는 모든 사물이 파생된 궁극의 원리를 가리킨다. ― 옮긴이
*** 자크 데리다, 《기원, 계보, 장르, 정령: 아카이브의 비밀》, Galilée, 2003.
**** 자크 데리다, 《마침내 사는 법을 배우기: 장 비른바움과의 대화》, Galilée, 2005.

세상을 뜬 친구들을 위해 그가 썼던 수많은 애도사들에 되비추어 보았을 때 말이다.

이런 죽음의 위협 안에서, 진실은 광기 어린 외침을 피해 어떤 목소리를 붙잡으려는 필사적인 노력으로 이해된다. 그러려면 진실은 많은 이야기를 통해 말해져야 하고, 언어의 의미 작용 속에서 들을 수 있고 탐지될 수 있는 악보를 따라야 한다. 마지막 연설이라는 장례 음악을 망치는 데 유독 더 뛰어난 재능을 가진 사상가들이 있다. 그렇지만 진실은 내용 속에 있다기보다 죽음에 가장 가까워졌을 때의 어떤 목소리 속에서 떨리고 있다. 확신에 찬 교훈조일 때조차 그렇다. 말하는 자의 갈라진 음색을 감지하고 그것이 떠들썩한 주장에 묻히게 내버려 두지 않으려면, 거짓말의 곡조에도 귀 기울여야 한다. 이런 상황에서도 자신과 거리를 두는 현학적인 말은 *진실의 거짓말*로 들어야 한다. 엄청난 자제력을 발휘한다 해도, 지극히 형식적인 고별사 위로 의심이라는 유령이 맴도는 것을 막지는 못한다. 이제 목소리와 의미는 같은 속도로 나아가지 않는다. 진실은 진실을 주장하는 자의 속삭임과 탄식과 침묵 속에서 부스러지는 일개 단어에 불과하다.

'죽기 전 마지막 담론들'의 부조화스러운 역사를 추적한 푸코의 마지막 강연은 결국 진실에 대한 철학적 성찰의 완성에 다다르지 못한다. 또한 그의 마지막 강연은 위엄 있는 연설을 철학의 모범적 장면에 대한 해석 — 연극적 의미에서 — 으로 변형시키는 표준적인 진술에 그친다. 이 두 차원은 지혜로운 대위법을 마련하는 대신 서로 모순되고 서로를 교란시킨다. 상상의 무대는 그때까지 멀찍이 떨어져 있던 소크라테스 같은 인물을 소환하면서, 철학적 논증에 삐걱대는 잡음을 일으킨다. 니체의 영향을 받은 푸코는 사실 겉모습 뒤의 진실이라든가 숨은 배후 세계를 지지하는 이들에게 별 가치를 부여하지 않았다. 니체는 소크라테스가 최초의 배우를 맡았던 서양 철학극의 토대를 정면으로 공격했다. 그는 반反변론을 통해 소크라테스를 인생이 도덕에 이끌려 가는 빈약한 실천 철학의 주창자로 삼았다.《우상의 황혼》에서는 소크라테스의 죽음을 탈신비화했는데, 그에 따르면 소크라테스는 법원에서 유죄선고를 받으리라는 사실을 알고 있었으면서도 이를 방어할 준비는 아무것도 하지 않았다. 그는 삶을 일종의 질병으로 간주했기에 떠나는 데 만족했고, 이제 죽을 순간이 왔다고 생각했다. 소크라테스의 철학이란 삶의 회한을 표출한 것에 불과하다. 이는 곧 사람들에게 당신들은 병에 걸렸으니 '치료'가 필요하다고 역설하는, *보편적 효력을 지닌 거짓말*이다.《즐거운 학문》에서는 소크라테스의 죽음이 어느 정도 위대하다는 것을 인정했지만, 니체라면 죽는 순간에 말을 멈추었을 것이다. 그편이 더 숭고한 정신의 차원에 속할 테니까.

의외로 푸코는 니체와는 반대로 소크라테스의 시나리오를 현실화했지만, 그런 식으로 말하지는 않았다. 푸코는 *치유* 개념을 더 높이 평가했고, 죽음에 관한 마지막 교훈의 플라톤적 해석에 더 큰 신뢰를 부여했다. 그는 소크라테스가 제자들에게 부탁했던, 의학의 신 아스클레피오스에게 바치는 제물 닭의 존재에 초점을 맞추었다.* 거기서 푸코는 신체의 치료에 대한 고도의 아이러니를 읽어 내는 대신 정신적 고통을 치유하는 '치료' 가설을 옹호했다. 그에게서 철학자란 거짓 관념에 맞선 투쟁이자 거짓 믿음과 무지에서 인간을 치유할 필연성을 의미한다. 이런 고전적인 해석을 계승하여 국민의 교정矯正과 통제에 관한 사회적 논리를 폭로하기 위해 환자, 광인, 범죄자를 연구하는 데 일생을 바쳤던 푸코, 바로 그 푸코가 이후로는 병든 실존에 관한 소크라테스식 관념에 토대를 둔 치료의 표상을 정당화한 것이다. 그에게는 우화가 하나 필요했는데, 니체는 더 이상 좋은 이야깃거리를 제공해 주지 못했다.

치유와 치료는 병리학 용어로서 울림을 갖는다. 영혼의 의학이 문제일 때도 푸코는 이 단어들에 담긴 고유의 의학적 의미를 잊을 수 없었다. 그동안에 그는 병원에서 진료를 받고 있었다. 푸코가 진료에 관해 오랫동안 성찰해 온 것은 여기서 그의 전기적 이야기와 겹치게 된다. 그는 의사 가문 출신이자, 담론 따위는 헛되고 불필요한 것이라고 여겼던 외과 의사의 아들이었고, 자신이 벗어나기를 원했던 의학 용어의 인식론적 쟁점들을 알고 있었다. 《상당한 위험》에서 푸코는 의사들의 간결한 말, 진단과 처방의 말들을 겨냥했다. 그네들은 "한 단

---

* 《파이돈》에서 플라톤이 묘사한 소크라테스의 최후에 나오는 말이다. 소크라테스는 죽기 직전에 "크리톤, 아스클레피오스에게 수탉 한 마리를 빚졌는데 잊지 말고 갚아 주게"라는 말을 남겼다고 한다. 당시 사람들은 병이 나으면 의학의 신 아스클레피오스에게 감사의 뜻으로 닭을 바쳤는데, 소크라테스는 자신의 죽음을 삶이라는 질병으로부터의 치유로 여겼던 것이다. ─옮긴이

어로 진실을 말하고 처방을 내리기 위해서만 말한다". 반면 푸코 자신은 끊임없이 고인들에 관해 이야기했다. 글쓰기와 죽음의 긴밀한 관계를 분석하면서 그는 "나는 어떤 점에서 타인들의 시신에 관해 말하고 있다"*라고 털어놓는다. 역사학자로서 그는 "삶과 죽음에 대한 진실을, 삶에서 죽음으로의 이행을 설명할 비밀스러운 질병을 동시에 발견하기" 위해 여러 종류의 부검을 시행했다. 반성적 담론에 비추어 볼 때, 푸코는 마지막 강연에서 본의 아니게 자기 자신의 해부학자가 되었다. 그의 메스 아래를 지나간 고대의 인물들은 벌거벗은 그 자신의 육체의 대체물이었다.

진실을 가르치는 데 있어, 물의를 빚을 정도의 신체 노출과 나신은 푸코의 견유학파 해석에서 핵심을 이룬다. 푸코는 강연의 한 부분을 이에 할애하여 그들의 삶의 방식에 관해 이야기했다. 거기서 그는 견유학자들을 부러워할 만한 용기의 모델로 삼았다. 푸코 자신은 직접 그런 진실을 지지할 수도 없었고 그런 대담함을 보여 줄 수도 없었지만, 그는 그들에게서 치욕의 잠재성을 발견해 낸다. 그것은 동물의 벌거벗은 삶이 가진 잠재성으로, 허약하고 병든 인간도 유사한 조건에 놓여 있다. 견유학파는 스스로를 진실의 의사라고 소개한다. 자신들이 "너 자신을 알라"라는 명제를 생명 즉 *비오스*bios로, 실존의 미학으로 이끈다는 것이다. 디오게네스는 공공장소에서 자위행위를 하며, 음식도 사람들 앞에서 먹지 않느냐고, 이 모

---

* 미셸 푸코,《상당한 위험》, EHESS, 2011, p.38.

두는 언제나 모두의 눈앞에 내보일 수 있는 자연스러운 행위라고 주장했다. 푸코는 이 더러운 자들, 반쯤 벗고 다니며 털이 덥수룩하고 고래고래 고함을 지르면서 스스로에게 '동물적 진실'을 씌우는 이들의 태도를 묘사했다. 그럼으로써 푸코는, 동물은 거짓말을 할 수 없고 수치심을 느끼지 못하며 거짓된 몸짓을 할 수 없기 때문에 진실한 존재일 것이라는 진부한 생각을 널리 알렸다. 푸코는 이런 전제들을 검토해 보지 않은 채, '벌거벗은' 본성을 내보이는 것과 진실을 내보이는 것을 연결 지었다.

푸코는 스스로의 육체와 질병에 대해서는 극도의 신중함을 유지하면서, 자신들의 네 가지 진실을 타인들에게 강요하는 이 견유 사상가들을 부각시킨다. 그는 그들을 묘사하면서 여러 고대 철학자들에게서 나타나는 진실의 *파토스*를 이용했다. 프로이트는 이 비장한 로고스에서 철학 체계의 어떤 징후를 탐지한 바 있다. 그에 따르면, 정신은 자신의 힘을 찬양하는 진실들을 만들어 내고 과시함으로써 사변적인 능력을 키워 나간다. 프로이트는 〈세계관에 대하여〉라는 강연에서 진실 연출이 나르키소스적 행위와 같다고 주장했다. 그것은 말하는 주체가 자신의 진정한 동기를 모르는 만큼 더 즐거운 행위다. 진실은 타자와 세계에 대해 전제하고 상상한 것에 꼭 맞는 즐거움을 낳는다. 냉소적인 철학자는 청중에게 충격을 주는 것을 즐긴다. 자신이 보여 주는 것이 교육적이고 발견적인 미덕을 갖고 있다고 확신하기 때문이다. 그가 전시하는 진실은 토의되거나 세심하게 표현될 필요가 없다. 그것은 전시됨으로써 스스로 자양분을 얻는다. 진실은 개념의 마력을 과대평가한 데서 비롯되는 일종의 언어적 물신으로 작동한다. 진실 노출증 환자의 밑바닥에는 언어를 통해 타인들에게 깊은 인상을 남기는 능력을 갖고 싶은 나르키소스적 환상이 있다.

'용기'라는 단어는 그것이 가진 도덕적 의도보다는 그것이 주는 효과를 통해 위엄을 갖게 된다. "용기를 내!"는 용기가 부족한 사람들에게 힘을 주기 위한 명령이다. 하지만 진실을 말하기 위해 용기가 필요한가? 만약 이 진실이 모두에게 가치 있고 사물의 참된 의미를 드러내 준다면, 큰 노력 없이 그것을 말하면 그만이다. 그러한 진실의 권위는 어렵지 않게 인정받는다. 학교 선생님이나 사제는 "진실을 말해야 한다"라고 주장한다. 반대로 진실이 유독 그것을 말하는 사람과만 관련이 있다면, 그때 진실은 말하기의 불투명성에 맞닥뜨린다. 이 불투명성은 보편적 진실을 솔직하게 말하는 것보다 덜 투명하며, 동기가 모호하기 때문에 도덕의 명령 아래 간단히 선언될 수 없다. 니체가 《선악의 저편》에서 제시한 바에 따르면, "유일한 용기는 자신에게 거짓말을 고백하는 것이다". 거짓말이 그러한 방식으로 받아들여지고 진실과의 이항 대립에서 벗어나면, 진실과 비非진실은 함께 유지된다.

이제 진실의 용기는 고대 사상가들의 모범적 태도로 이해되지 않는다. 삶의 방식의 윤리적 지평을 구성하지도 않는다. 진실의 용기란 진실을 결정적으로 말하는 것의 불가능성에 걸려, 그리고 말하는 자가 타인과 자신을 위해 쓴 거짓 표현에 걸려 일시 중지된 표현이다. 진실의 용기에 관한 푸코의 강연은 잘 유지된 자신의 비밀과 진실한 말하기를 옹호하는 주제 사이의 긴장에 기초를 두고 있다. 이러한 모순을 동력으로 품고 있다고 해서 성찰의 가치가 떨어지는 것도 아니고, 표현의 아름다움이 약해지는 것도 아니다. 그것은 오히려 푸코를 교육적 해석에서 물러나 철학 담론의 심리적 작용을 관찰하도록 '부추긴다'. 마지막 강연의 독특한 말하기 방식은 푸코가 철학 최초의 장면을 재연했던 무대로 그를 데려갔다. 이 완곡한 변론은 **절대 진실**을 제공한다. 그것은 배신도 패러디도 아니었다. 위대한 담론의 심연에서 보여 준, 진실한 거짓말하기의 비장한 창조 행위였다.

진실의 용기에 관한 이 독특한 강연을 들으면, 철학적 '교훈들'만큼이나 죽기 전 진실한 이야기의 시나리오가 쏟아져 나온다. 죽음에 관해 생각할 수 있는 진실이 없으니 철학자는 자신도 모르게 정서의 차원으로 물러서서 상상 속 진실을 구상하게 된다. 그 진실은 내세를 향하지 않고 실존의 모순을 껴안는다. 의심과 비일관성을 넘어서 존경이 담긴 마지막 인사를 받고 용기 있는 자로서의 시그니처를 만들어 내기 위해서 말이다. 그를 불안하게 하고 파면시키려 하는, 다가올 공포와 무지도 그것을 막을 수 없다. 죽음 이야기 또는 어떻게 죽을 것인가 하는 이야기의 표면상의 비非시간성은 한순간에 사라진다. 끝이 가까워짐에 따라 그 근거를 찾을 필요성이 더 커지는 바로 그 순간에 말이다. 진실은 하나의 신화적 근거가 되어 개념을 구성하고, 초감각적 피안이나 삶의 방식을 정의한다. 진실에 대한 믿음 ― 마음과 용기 ― 이 신화에 마법을 거는 정서를 제공한다.

　확언하는 말들과 그것의 주된 근거로 쓰이는 **절대 진실**의 실체에 관해 심리학적으로 살펴보았으니, 이제 우리는 "진심으로……", "진실로……", "여러분께 솔직히 말하건대……" 같은 구절로 서두를 떼는 사람을 언제나 의심해야 한다. 문자 그대로의 의미든 수사적 표현이든, 소리 진폭이 크고 확신에 차서 진실을 말하는 자의 모든 말과 글에는 불안이 감춰져 있다. 어떤 진실은 왜 진실이란 이름의 지지를 받을 필요가 있는가? 버팀대가 필요하다는 사실은 곧 그것이 그만큼 허약함을 가리킨다. 이 사실이 우리를 의심하게 만들고 전능을 운운하는 말을 거리를 두고 다시 보게 한다. 이 의심 덕분에 우리는 말의 의미를 잠시 정지시킬 수 있고, 개념에 투입된 정신적 작용을 숙고해 볼 수 있고, 어떤 생각의 주장과 그 생각에 포함된 자기주장의 기초가 되는 목소리를 들을 수 있게 된다. 과장된 문장으로 보편의 권위에 기대어 말하려는 욕구에서 우리는 긴장과 내몰기, 몰래 빠져나오기를 감지해야 한다.

　솔직하게 말하기라는 확신에 찬 파토스를 몰아냄으로써, 우리는 또한 진실의 외관을 한 거짓말이 가진 사변적인 힘과 계략을 발견해 낸다. 이 거짓말이 진실의 부정이라는 의미에서 오류나 허위로 귀결될 수는 없을 것이다. 반대로 부인, 비밀, 지어내기는 경이로운 창작의 길을 연다. 신화라는 용어는 문학의 영역을 넘어선다. 문학은 진실한 거짓말하기를 독점하지 않으며, 철학은 이 특권을 두고 문학과 경쟁한다. 물론 따르는 규칙은 다르지만 말이다. 개념은 그것을 구성하는 상상계와 거기에 활력을 불어넣는 정서를 가리는 저 나름의 방식을 가지고 있다. 비밀과 진실한 말하기 사이의 긴장은 서로 겹치고 섞여들면서 충돌하는 다양한 목소리들을 소환한다. 이제, 모호한 거짓말에서 유래하고, 이론가의 삶과 반대되는 것을 이론화하고, 체험과 반대되는 것을 사유하고 주장하는데도 이성의 빛 속에서 논증되고 토의되고 설명될 수 있는 허구적인 작품들, 아름답고 강력한 이론적 장치들을 분석할 시간이다.

# 2장

## 삶과 반대되는 이론

한 번도 결혼해 보지 못한 어떤 사상가는 결혼을 예찬했고, 자존심으로 유명한 다른 사상가는 겸손에 관한 책을 썼다. 이타주의 철학자는 삶을 자신에게 집중했고, 자본주의를 고발한 철학자는 쉼 없이 부를 쌓았으며, 여행을 예찬한 사상가는 고질적인 칩거 생활자였다. 공식적인 말과 개인적인 삶 사이의 간극을 이런 식으로 소개하면, 사람들은 놀라고 충격받는다. 거기서 위선을 집어내는 것은 도덕적 반응 방식이다. 하지만 이러한 '모순'을 꼭 사상에 대한 불성실이나 부인과 연관시킬 필요는 없다. 도덕적 잣대를 들이대지 않고 거짓말에 접근한다면, 말과 삶 사이의 복잡한 연관성을 발견할 수 있다. 어떤 이론에 자기를 투입하는 것에는 보상심리, 기만, 꿰맞추기가 뒤따르며, 주체는 그 덕에 스스로에 대한 상상력을 발휘하고 여러 인격을 시도해 볼 수 있게 된다.

철학자들이 꿈꾸는 삶 : 피에르 아도

　이론가의 논거에만 초점을 맞추면 그의 개념들이 어떻게 만들어지는지를 보지 못하게 된다. 사상가들의 일대기가 사상의 진화를 토대로 연속성이 세워진다는 이상주의적 해석에 여전히 기대고 있는 것도 이 때문이다. 마치 그 사상이 살아 있는 유기체인 양 나이 들고 성숙해지면서 스스로 발전해 가는 것처럼 말이다. 다른 사안들은 모두 일화에 대한 저속한 호기심으로 귀결된다. 하이데거가 아리스토텔레스의 철학에 더 집중하기 위해 그의 삶을 "태어났고 일했고 죽었노라"라고 단순화한 것은 삶과 사상을 연관 짓는 데 대한 하이데거의 반발을 드러낸다. 하지만 이는 나치에 부역했다는 사실과 연결 지어 읽힐 수밖에 없었던 하이데거 자신의 억압 기제처럼 보인다.

　전기적 시선이 빈약한 이유는 '인생'이 곧 일상적 사건을 가리키고 그 사건들이 인생을 구성한다고 보기 때문이다. 사상가들의 삶을 평범한 이들의 삶과 결부시키는 것은 별 의미가 없다. 헤겔이 어떤 음식을 좋아했는지, 비트겐슈타인의 성적 취향이 어땠는지 안다고 해서 그들의 작품에 대해 별반 대단한 걸 알게 되는 것도 아니다. 칸트의 판에 박힌 일상을 묘사한 토머스 드 퀸시 같은 작가 몇몇이 철학자들의 삶에 대해 놀랍고 의외인 상像들을 만들어 내긴 했지만, 이러한 정보는 그저 흥밋거리, 나아가 조롱으로 소비될 따름이다. 이러한 엉뚱한 시시콜콜함의 목표는 위대한 우상들을 평범한 이들의 진부한 일상으로 끌어내리는 것이다. 그러면 독자들은 자신이 위인의 내밀한 삶으로 들어간다고 믿으면서, 그 사람들이 뛰어나긴 해도 '우리와 다를 바 없는' 사람들이라고, 때로는 우스꽝스러운 데도 있다고 내심 생각하게 된다. 사상가들의 '인생'과 관련하여 이런 식으로 폭로된 '진실'은 객관적 사실로 소개된다. 이 진실들은 평범한 인간적 현실로 이루어지는 소위 보통의 삶과 정신적이고 지극히 숭고한 삶을 대립시킨다. 하지만 그런 '삶들'은 존재하지 않으며, 이러한 진실들은 과장된 표상에 불과하다.

어떤 사상과 그것이 만들어진 사회적·정신적 환경 사이의 관계를 살펴보는 것이 더 생산적일 것이다. 그때 전기 작가는 사상가의 삶과 이론 사이에서 드러나는 우연적 모순을 관찰할 수 있다. 이 모순들은 사상이 주장하는 바를 무효로 만들지 않으면서 또 다른 해석의 열쇠를, 이론에 대한 또 다른 이해를 제공한다. 그렇게 삶의 '진실'을 이해할 때, 우리는 사상이 만들어지는 과정에 들어갈 수 있고, 꼬아서 표현된 복잡한 매듭—상상, 정서, 기회 같은—에 가닿을 수 있다. 사르트르가 요실금을 앓느라 말년에 바지를 더럽혔다는 사실을 아는 것은 그의 작품을, 심지어 그의 삶을 이해하는 데도 전혀 도움이 못 된다. 반대로 참여를 주장한 사상가라는 공식적 이미지를 가진 그가 이면에서 심각한 우울증을 겪었다는 사실을 아는 것은 꿈, 상상력, 문학에 대한 그의 글들을 달리 해석하게 해 준다. 온갖 국제정치 이슈에 개입한 이 과도한 활동가가 쇼팽을 연주하기 위해 매일 시간을 비워 두었다는 사실을 통해, 우리는 그의 사상의 핵심에서 밀려나긴 했지만 끈질기게 그를 괴롭혔던 것이 분명한 수동성의 개념에 다가갈 수 있다. 비밀, 말해지지 않은 것, 은밀한 행동 등은 사상가의 미심쩍은 사생활을 엿보려는 관음증을 부추기는 게 아니라 이론이 형성되는 데 작동하는 정신적 과정으로 향하는 문을 열어 준다.

공언한 것과 반대되는 삶을 영위하는 행위, 또는 삶과 반대되는 것을 찬양하는 이론을 세우는 행위는 도덕뿐 아니라 사상에게도 하나의 도전일 수 있다. 이 간극이 자주 나타난다는 사실은 자아에도 그만큼 다양한 입장이 있을 수 있음을 암시한다. 인류학적이고 '심리학적인' 접근은 이것이 그저 상황이나 우연한 모순 때문은 아니라는 역설적 이해의 길을 열어 준다. 단, 심리학이라는 단어를 끌어오려면 심리학에서 쓰이는 용어들을 정확히 규명해야 하겠다. 철학자와 문인 들이 '심리주의'에 경멸을 보이니 말이다. 19세기, 개인의 성격에 관한 다양한 견해들과 함께 널리 알려졌던 심리학은 지적 생산물에 '표현된' 개인의 자아를 전제했다. 1970년대에 일어난 인간 개념과 저자 개념의 해체는 텍스트와 담론의 생산을 다른 방식으로, 즉 생각하고 말하는 주체들을 가로지르는 구조의 차원에서 사유할 수 있게 해 주었다. 오늘날 *자기 자신*과 같은 개념으로 회귀한다 하더라도, 삶과 작품 사이의 조화를 가정했던 그러한 이원성에 대한 이론적 해체를 잊을 수 없다. 바르트와 신비평 사상가들이 선언한 저 유명한 '저자의 종말'은 사실상 작품의 전기적 동기를 비춰 온 심리학의 진부한 개념에서 비평을 해방하는 수단이었다. 한편 이 *이론적 타격*은 글 쓰는 주체에 대한 의문을, 그 주체의 투사와 분열과 변형에 대한 의

문을 결정적으로 지우지는 못했다.

이런 의미에서 심리학의 정당성을 유지시켜 주는 이는 17세기 모럴리스트*들, 혹은 심리학이야말로 우리를 근본 문제들로 이끄는 학문의 여왕이라고 주장했던 니체다. 심리학은 전능한 자아라는 허구가 우리의 눈을 가리도록 내버려 두지 않으며, 파악하기 힘든 자기의 변형태들을 쫓기 위해 가식을 끊임없이 추격한다. "오늘날까지도, 모든 위대한 철학은 저자의 고백이었다"**라고 썼을 때, 작품 속에서 저자의 삶을 보았던 생트뵈브***가 그랬던 것처럼 니체가 사상의 이러한 전기적 실체를 이해하고 그렇게 말한 것은 결코 아니었다. 정확히 말하자면, 니체는 '자아'도, 심지어 '자기'도 '나'도 믿지 않았다. 그는 이 단어들을 문법의 결과물로 분석했다. "나는 생각한다"라는 문장에 문법의 주체/주어가 전제되어 있는 것은 분명하지만, 여기에 사상의 주인인 생각하는 주체의 존재가 반드시 함축되어 있는 것은 아니다. 여러 영혼 혹은 의식이 "나

---

* 주로 수필, 격언집, 단장 등의 형식으로 인간성에 대한 성찰을 남긴 프랑스 작가들을 일컫는다. 16세기에 《수상록》을 쓴 몽테뉴를 필두로 17세기 고전주의 시대에 모럴리스트 문학이 절정을 이루었다. 《잠언집》의 라로슈푸코, 《팡세》의 파스칼, 《성격론》의 라 브뤼에르 등이 대표적 인물이다. ─ 옮긴이

** 프리드리히 니체, 《선악의 저편》, §6, Geneviève Bianquis 옮김, U.G.E., 10/18, 1973, p.33.

*** Charles Augustin Sainte-Beuve(1804~1869). 프랑스의 비평가, 시인, 작가. 17세기 모럴리스트의 전통을 잇는다. 전기적·실증적 방법과 더불어 작가의 창작 과정을 역사적·심리적으로 해명하려 함으로써 근대 비평을 확립했다고 평가받는다. 대표 비평집은 《월요한담》이다. ─ 옮긴이

는 이렇다", "나는 원한다", "나는 결정한다"라고 말하는 '나'를 넘나든다. 니체는 차라리 다음과 같이 말하는 편이었다. '어떤 것'이 생각한다고, 또 이 '어떤 것'이 다양한 힘에서 비롯된 사유 과정을 과도하게 표현하고 왜곡한다고. 위대한 원칙을 주장하고, 영원한 진실을 강요하고, 세계의 제1원리를 설파하는 이 저자들, 이 전능한 '나'들은 연극을 하는 거짓말쟁이들이다. 그렇다고 니체가 자신에게 위대한 이론가들의 거짓말을 고발할 수 있게 해 준 절대적 통찰력의 편에 선 것도 아니다. 도리어 그는 철학자들이 자신도 모르게 드러내는 악의와 위선을 꼬집었다.

사상가들의 권위적 주장과 이론적 무장은 독자가 사상의 정신적 원동력에 접근하는 것을 훼방 놓는다. 니체가 가장 단호하게 비판한 것은 역시 철학자들의 계보, 그리고 그들이 세운 체계들의 계보에 관한 것이었다. 순수하게 이성적인 구성물을 믿지 않으려 했던 니체는 개념이 만들어지는 중에 작동되는 관심, 정서, 상상계를 탐지했다. 철학자들은 "모두 순수하고 냉철하고 지고한 어떤 논법을 자연적으로 실현해서 자기 견해를 발견하고 얻은 것처럼 군다. [……] 하지만 그 근거란 대부분 나중에 만들어 낸 것이며, 이를 통해 그들이 옹호하는 것은 임의적인 주장, 엉뚱한 생각, '직관', 그토록 애지중지하면서 극히 정교하게 다듬고 정성껏 체에 걸러 낸 소망일 따름이다. 이들 모두는 자신들이 '진실'이라고 명명한 어떤 편견의 변론자, 심지어 교활한 옹호자이다. 자신의 거짓말을 스스로 시인하는 영웅적 행위와도 동떨어져 있다".* 니체는 철학의 거대 우상들에 맞선 논쟁적인 심리 분석을 멈추지 않았다. 그는 이처럼 자아에 대한 환상에 기대지 않고 '전기적' 독해를 정당화했다. 그 자아가 사상가들 스스로가 내보이는 자아든, 논평가들이 전제하는 자아든 말이다.

니체의 도발적 제안은 당대에는 별 반향을 얻지 못했으나, 철학자의 전기에 관한 관심은 수십 년 전부터 미디어와 학계에서 되살아나고 있다. 이 관심에는 '삶'이라는 단어의 용법을 둘러싼 여러 모호함이 포함되어 있다. 어떤 사회적 환경에서 철학이 우연히 거둔 대중적 성공의 측면에서 보자면, 철학적 삶의 개념은 사상의 교육적 버전과 일치한다. 철학의 이름 아래 상연되는 콘텐츠들은 잘 살 수 있는, 개인의 지혜를 북돋울 수 있는, 속세의 대화를 살찌울 수 있는 비법을 제공하리라 기대된다. 철학자들의 삶과 주장은 몇 개의 개념어나 이론으로 요약되며, 수많은 콘텐츠를 낳는다. 플라톤, 스토아학파, 데카르트, 사르트르 등은 소위 '의미를 추구하는' 독자들이 동시대의 토론에 참여할 수 있도록 논리정연한 자료를 제공한다. 사상가들을 담은 그림, 사진, 조각이 심오한 문체의 문장들과 결합한다. 삶은 일화와 인용을 곁들인, 교과서에 실릴 법한 위인전에 적합한 기준에 따라 납작하게 요약되어 버린다. 디오게네스와 등불, 벽난로 속의 데카르트, 술통 위의 사르트르……. 일대기의 구성 요소라 여겨지는 것들로 꾸며진 삶은 사상을 재미있게 이해할 수 있게 해 주고 저자의 지위도 확고히 해 준

* 니체,《선악의 저편》, p.32.

다. 그러면 그들의 난해한 저작에도 접근할 수 있을 것처럼 보인다.

철학자라는 인물이 문화적으로 만들어지는 것은 '철학적 삶'을 이론적으로 부활시키는 것과 이중의 의미에서 화음을 이룬다. 고대 사상가들이 이 철학적 삶의 모범적인 사례다. 소크라테스 같은 위인들을 그리스·로마 세계의 사회적 실천 행위로 복귀시킨 피에르 아도와 미셸 푸코가 이런 학문적 부활에 역할을 했다. 피에르 아도는 학파를 이루기도 했는데, 그의 작업은 '철학적 삶'의 복권에서 하나의 전환점이 되었다. 철학을 삶의 한 방식으로 다루고 고대의 인물들을 사상의 구현체로 논의하는 이러한 접근법에는 어떠한 심리주의도 없다. 아도가 기여한 바뿐만 아니라 그의 모호함까지 함께 살펴보려면, 먼저 그의 비판적 차원을 강조하는 것이 중요하다. '철학적 삶'을 부각하는 것은 대학 교육에서, 적어도 '대륙' 전통의 대학 교육에서 오랫동안 지지해 온 소위 순수 이론의 특권적 위치에 이의를 제기하는 것을 목표로 한다.

아도는 담론으로서의 철학과 삶의 방식으로서의 철학이라는 이분법을 비판했다. 그에 따르면 이야기하는 데서 쾌락을 느끼고 언어를 통해 자기만족을 찾는 철학자들의 성향 때문에 언어가 과도하게 확장되어 버린다. 그는 이 확장에 이의를 제기한다. 철학자들은 수사와 논증의 아름다움에 완전히 사로잡혀서는, 철학의 토대가 무엇보다도 삶의 수행이라는 사실을 잊고 있다는 것이다. "가르침의 담론이든 내면의 담론이든, 우리 행동의 방향을 이끄는 것은 그 자체가 수행인 모든 철학이다."* 아도는 철학적 삶을 망각하거나 가치를 깎아내리는 데 반대하며, 철학의 '일인자' 소크라테스가 가르치지도 글을 쓰지도 않았다는 사실을 지적했다. 소크라테스는 실제로 담론을 텍스트가 아닌 실천 행위로 간주했다. 고대 그리스에서는 사변적 언어도 언제나 실존적 목표를 가지고 있었다. 아도는 철학적 수행을 추상 담론을 적용하는 문제로 보는 게 아니라 그 담론을 구성하는 요소로서 뒤집어 보기를 제안했다. 고대 사상가들에 정통했던 그는 추상적 관념조차 하나의 '실천'이었다는 것, 아리스토텔레스가 물리학을 다루며 사물의 운동을 고찰한 것 또한 각각이 전체 속에서 차지하는 위치를 더 잘 이해하기 위해서였다는 것을 상기시켰다. 자연에 관한 이론에도 자연의 자기 성찰, 생성, 도덕적 지향이 함축되어 있었다. 따라서 철학의 트레이드마크인 '진실 추구'는 곧 정신의 수행이며, 학설들은 언제나 정신과 육체를 교육하는 것을 목표로 삼아 왔던 것이다.

철학자의 삶이 '철학적 삶'에 진실로 부응하면, 그 삶은 전기적 일화를 넘어서는 위상을 획득하게 된다. 하지만 어떤 것이 진실된 부응이냐를 정의할 필요가 있는데, 정신 수행이 곧 철학을 거부하는 것은 아니며 종교와도 연관될 수 있기 때문이다. 아도는 영혼의 평안을 향한 삶의 양식을 따르며 사는 데 만족했던 시라쿠사의 디온이나 카토 같은 인물도 고대 철학자에 포함시켰다. 이처럼 확장된 시각은 철학의 이름 아래 자기

* 피에르 아도, 《삶의 방식으로서의 철학》, Le Livre de Poche, 2001, p.145.

절제, 현재에의 집중, 존재 앞에서의 경외 등과 같은 실천을 연결함으로써 정당성을 얻었다. 하지만 고대 세계라는 혼란스러운 상황에서 선택된 이 사례들은, 오늘날의 삶에 반향을 던져 주기는 하지만, 역사적 맥락을 넘어서까지 확인되기는 어렵다. 그럼에도 고대의 개념들, 즉 고대에 사후적으로 적용된 많은 개념들은 우리에게 가까운 것처럼 보이며, 나아가 오늘날 세계의 씨앗인 것처럼 보인다. 이질적인 심성과 별개의 문화적 맥락에서 생겨난 것인데도 말이다. 오늘날에는 어떤 철학자 형상이 그들과 일치할 수 있을까? 어떤 이들은 이론가 역할을 하고 다른 이들은 현자, 교사, 예언자, 지식인, 조언자 역할을 한다. 그들의 기능 ― 가르치기, 계몽하기, 질문하기, 사례 들기, 불안하게 하기, 참여시키기 ― 은 시대정신을 따르며, 고대의 모범을 참조하는 것은 그들에게 사후 정당화용 구실이 된다.

  '철학적 삶'이라는 표현 아래서 삶을 복권하는 것과 관련하여 가장 모호한 점은 철학자의 실제 삶을 모범적인 것으로 보려는 데서 기인한다. 정확히 말하자면, '모범 사례'가 삶의 이야기 형식으로 주어지며, 그것은 수사학의 한 장르가 되었을 정도다. 그것은 의미 있는 통합된 여정을 통해 하나의 행동 모델을 제시한다. '삶'은, 이론과 실천을 결합시키고 말과 행동을 조화시키며 실존의 진실 속에서 삶을 살아낸 한 사람의 정체성과 의미를 확립시키는 일관된 도정 속에서 유지된다. 그러나 이런 삶의 모범성은 무엇보다도 이야기에서 생겨난다. 그것은 선형적인 서술 구조 덕에 통합성을 얻는다.

철학적 삶이라는 개념을 정당화하기 위해 사람들은 진부한 것들, 우연한 일들, 저속한 짓들로 이루어진 평범한 실존은 중요하지 않다고, 본질은 이론과 실천의 합치에 있다고 말할 것이다. 하지만 철학적 삶의 이야기는 수많은 전제, 이를테면 자아의 의지, 통일성, 연속성 같은 것들 위에 세워져 있다. 이러한 통합적 접근 방식은 안타깝게도 철학적 담론의 심적 동기를, 담론과 삶 사이의 비틀림을 살펴보지 못하게 한다. 모범성이라는 기만적인 겉모습 때문이다. 신중하면서도 과감했던 푸코는 행동의 선택을 통해 드러나는 주체화에 대해 말하기를 택했다. 그가 분석한 것은 정신의 수행을 통해 통합 또는 재통합된 내적 자아라기보다는 사유하는 존재가 '자기 배려'를 표현하고 주체성 속에 참여하는 방식이었다.

철학 텍스트를 연구하면서, 이론적 담론이나 추상적 담론을 삶의 한 '표현' 내지는 결과로 간주함으로써 삶의 개념을 복권하는 것은 결정적이고 전복적인 제안이다. 이 제안은 삶을 통합된 자아로 재현하지 말 것을 요구한다. 모범적이고 전기적인 이야기는 주인공, 그리고 새로이 결합하거나 분해되어야 하는 담론 사이에 단단하게 연결된 끈이 있다는 기만적인 이미지를 제공한다. 스토아학파 철학자들이 이성의 제국을 주장하고 자기 절제를 찬양하도록 부추긴 동기에 대해 우리는 무엇을 알고 있는가? 독재자의 폭력에 저항하거나 임박한 죽음 앞에서 초연함을 보인 현자의 명예로운 태도 아래에는 어떤 비합리적 동기들 — 공포, 사리사욕, 이기심, 광신 — 이 그 자신도 모르게 작동하고 있는 건 아닐까? 회의주의자인 섹스

투스 엠피리쿠스는《학자들에 반대하여》에서 이론적 선택이라는 것이 고귀한 미덕과 이성의 가면을 쓰고 있지만 결국에는 개인적 열정, 과도한 자만심, 독특한 취향에서 비롯된 것은 아닐까 의심한 바 있다. 따라서 정신 수행의 실천과 철학 담론의 선택에 작용하는 동기와 이해관계를 체계적으로 검토해야 한다.

텍스트와 담론의 비평사를 살펴보면, 저자의 자아를 해체하는 작업은 철학보다는 문학의 몫이었다. 프루스트가 쓴《생트뵈브에 반대하여》는 저자의 다양한 *자아*를 구별하라는 엄명을 내림으로써 문학비평에서 일원론적 심리학과의 단절을 표명했다. 반면 이론적 언어를 도구로만 이해하는 철학사가들은 생각하는 주체 또는 개념의 창시자에 대해 그다지 질문하지 않는 편이다. 하지만 철학적 글쓰기의 내부에서, 말하는 이는 과연 누구인지, 보편의 이름으로 이런저런 진실을 권장하는 우리 혹은 비인칭 주체는 과연 누구인지를 물어야 한다. 철학적인 글에 담긴 이러한 추론적 쟁점에 관한 연구는 종종 부차적이거나 '문학적인' 것으로 간주되곤 하는데, 언어 규약을 가지고 노는 다양한 진술자들을 드러내 보여 준다. 철학적 말의 권위는 언어적 형식—논문, 에세이, 대화 등—에 따라 글을 쓰는 주체의 비명碑銘에서 유래한다. 이 언어적 형식들은 모두 철학자 저자의 정체를 확인시켜 주는 역할을 한다. 그 역할들 뒤에 또는 안에 누가 있을까? 그 자신의 주인인 자율적 사상에 부여된 특권은 다양한 *자아*를, 나아가 관념의 생산에 자양분을 제공하는 익명의 힘들을 잊어버리게 만든다.

개념적 작업물에 담긴 주체의 참여와 사유 과정을 함께 이해하려면, 통합된 삶과 일관된 담론의 조화를 좇는 것보다 견해를 구상하고 논문을 쓰고 공적 발언을 하면서 그 주체가 어떻게 형성되고 변화하고 가장하고 빠져나가고 꾸며지는지를 분석하는 편이 낫다. 문학작품은 작가가 자아를 재구성하는 장소가 된다. 이는 상상력의 힘을 빌리기 때문인데, 작가는 이곳에서 환상적인 장면을 공들여 만들고 대리 체험을 실험해볼 수 있다. 철학적 텍스트 또한 다른 복합적인 방식으로 그러한 재구성의 기회를 제공한다. 어떤 사상을 쓰거나 구상하는 통합적 활동을 하더라도 다음 사실을 잊어서는 안 된다. 그 통합적 활동은 자발적이든 아니든 하나의 선택이며, 생각하는 주체로서의 자신을 구성하는 일종의 자기 투사다. 어떤 사상가를 그의 주장과 동일시하는 것은 매우 강력한 자기소개가 되는데, 단호한 주장과 진실의 논증 그리고 보편적 언어를 통해 이루어지기 때문이다. 이러한 보편적 언어의 사용이 불러온 익명 화자로의 전환은 추상화된 주체가 개인적으로 투여한 노력을 가리고 비인칭적 관념을 만들어 내게 한다.

보편성이라는 가면은 독자가 저자와 담론 사이의 실존적 관계를 의문시하지 않도록 막아선다. 하지만 철학하기란 자신을 규정하고 변화시키는 것이기도 하지 않은가. 몽테뉴, 니체, 키르케고르, 사르트르, 푸코 같은 사상가들이 그 역할을 담당했던 것처럼 말이다. 니체는 한 텍스트에 '이 사람을 보라'라는 제목을 붙이면서, 자신의 깨달음과 내면적 격변을 환기하며 자신의 사유를 심리적이고 생리학적인 분야에 위치시켰다.

그렇다 해도 고백은 투명성의 증거가 되지 못한다. 도리어 그 반대이다. 고백은 적어도 철학적 활동이 단지 진실에 가닿겠다는 순수의지만은 아니며 자기 구성을 촉구한다는 사실을 인정한다.

철학의 심리적이고 자기 구성적인 차원을 일단 받아들이고 나면, 사상가의 담론 속에서 생각하는 주체를 끌어들이고 주체의 분열에 의문을 제기하는 것이 정당해진다. 그때 그의 삶과 이론 사이의 간극은 모순이나 약점, 혹은 무시해도 될 일화로 여겨지지 않을 것이다. 이 간극을 통해 우리는 이른바 철학적 사유의 공개성 — 글쓰기로든 발언으로든 — 에 함축된 언어적·사회적 재현 속에서 자기를 구성하는 내면의 제작소에 접근할 수 있다. 거짓말이라는 단어가 도덕적 차원에서는 경멸적 뉘앙스를 갖지만, 이 단어가 가리키는 것은 입장의 다양성이다. 여기에는 어떤 행위와 그에 명백히 반하는 담론들을 묶어 주는 해법과 긴장이 모두 포함되어 있다. 이론이 항상 체험을 미리 표현하는 것도 아니고, 삶을 나중에 안내하는 것도 아니다. 이론은 또한 사유의 중심에서, 체험된 진실을 부정하고 억압할 수도 있다. 이론이 부인하고 변형시킨 바로 그 진실을 말이다.

거짓말을 이처럼 심리적 결합물로 분석한다면, 삶과 일치하지 않는 위선적 담론이라는 관점에서 보지 않게 된다. 이 새로운 접근법에서 거짓말은 체험 — 계기, 정서, 성향에 의해 판별되는 — 과 언어 산물 사이의 이음새를 가리키게 될 것이다. 담론이 단번에 '거짓말'로 규정되지는 않을 것이다. 담론이 명백한 진실을 말하는 동안 삶이 간혹 거짓말을 한다고 말할 수도 있을 테니까. 일대기적인 관점이나 사회적 기준에서 보면 이런 삶에는 아무런 진정성도 없을지 모르고, 삶의 일관성과 의미라는 것도 가공된 자아의 정체성 아래 인위적으로 결합한 것일 뿐인지도 모른다. 하지만 삶에는 구멍이 있으며, 또한 삶은 뜻밖의 상황들, 말로 표현할 수도 없고 재현할 수도 없는 미미한 시간으로 구성되어 있다. 철학서들에 대한 고고학적 연구는 관념적 주장의 일관성에 취해 정신을 놓는 것이 아니라 그 저서들을 관통하는 모든 것에 관심을 기울인다. 개념의 확고부동함보다는 철학자가 어떤 길을 선택하는지를 결정하는 친분, 우정, 기회 등에 관해서 말이다. 때로 잘 감지되지 않는 이러한 화음과 불협화음은 허약한 주체가 체험하는 내면의 시련처럼 나름의 역할을 한다. 결핍, 우울, 가사상태, 이미지 없는 몽상 역시 분열된 삶을 구성하는 요소다. 이것들 역시 전기 작가들이 부각하는 좋은 시절들만큼이나 사유에 생산적인 역할을 할 수 있다.

이제부터는 행위와 담론의 강력한 분리에서 유래하는 이론의 역할을 이해하기 위해 이러한 이음새를 구체적으로 분석할 것이다. 거짓말이 열정적 주장에 실리는 에너지를 더 북돋운다는 가정을 뒷받침할 증거들로, 꾸려 온 삶과 명백히 모순되는 이론을 세운 다음의 두 경우를 선택했다. 루소의 교육론과 사르트르의 참여 이론이다.

## 거짓말이 탄생시킨 걸작 : 《에밀》

　그보다 더 진지했던 사람도 없었고, 그만큼 진실을 추구한 사람도 없었는데, 온 세상이 그를 고발하는 법정이 되었다! 우리는 이미 루소의 선언을 들었고, 그가 아이들을 버린 중죄를 숨기기 위해, 아니 해명하기 위해 쏟은 필사적인 노력을 알고 있다. 진실의 파토스는 곧 타인들과 스스로에게 저지른 거짓말의 징후이다. 그렇지만 모범적 자아상을 만드는 데 에너지를 쏟는 것이 이론적 구성물을 더 풍성하게 만들기도 한다. 그것이 거짓말의 위력이다. 루소의 경우, 죄의식과 *자기 자신을 위한* 변론 사이의 긴장이 《에밀》이라는 명쾌하고도 부적절한 책을 탄생시켰다. 철학사와 교육사에 이름을 올렸다는 점에서 이 책의 명쾌함은 입증된다. 루소의 분석과 제안은 오늘날에도 여전히 논의되고 있으며, 교육 분야의 여러 이론적 입장을 판별해 준다. 한편 글이 그다지 균질하지 못하고 구성이 난잡하다는 점에서 이 책을 부적절하다고 할 수 있겠다. 루소는 몇 가지 문체와 장르 사이에서 망설였던 것 같다. 그러다가 서로 상충하는 힘들이 뒤섞인 방대한 개론서를 내놓은 것이다. 가장 흥미로운 점은 자기 아이들을 키우려 하지도 않았던 저자가 너무도 인간적인 교육론을 만들어 냈다는 것이다. 이런 태도를 비난하는 것은 핵심을 놓치는 일이다. 중요한 것은 보기보다 더 복합적인 이 텍스트에서, 명료한 주장들 이면에서 일어나는 루소의 *자아*들의 확장이기 때문이다.

　《에밀》 사건은 이렇게 요약될 수 있다. 루소는 아이들을 버렸음에도 불구하고 교육론을 썼다. 하지만 우리는 이렇게도 가정해 볼 수 있다. 루소는 자기 자식들을 버렸기 *때문에* 교육론을 썼다고. 프루스트는 "*그럼에도 불구하고란 언제나 제대로 평가받지 못한 때문에이다*"*라고 말했다. 그래도 한 인간으로서의 루소가 책을 써서 아이들의 행복에 이바지함으로써 속죄하고자 했다는 식의, 지나치게 단순한 보상 가설은 냉큼 머릿속에서 지워 버려야 한다. 인과관계가 흥미로운 경우는 의식적이든 아니든 거짓의 전략을 실행에 옮길 때뿐이다. 이론은 이론가가 부인하는 힘의 세기에 비례하여 발전해 간다. 그가 교육에 관한 진실을 주장하면 할수록, 교육적인 면에서의 자기 결함을 점점 더 숨기는 것이다. 그가 과장되고 장황한 논증을 펼치면서 개론서를 쓰는 데에 들인 엄청난 에너지는 아이를 버린 진실을 감추고픈 욕망에서 비롯된 것이다. 우리는 내면의 긴장과 명백한 거짓말의 증거로서 담론의 과도한 확장을 지적한 바 있다. 여기서 부인은 잘못을 숨기고 싶어 하는 초등학생의 잔꾀 정도에 그치지 않는다. 부인은 가짜 진실을 위해 온 정신을 쏟는다는 사실을 보여 주는 증거이며, 이 가짜 진실은 지적 생산물의 동인動因이 된다. 철학에 기대는 것은 보편적 언어로 거짓말을 단언하고, 끝없이 수사를 동원하며 거짓말을 전개하는 데 요긴한 수단이 된다.《에밀》이라는 이론서는 곧 이러한 속임수의 장소이자 무대이자 소재다.

* 마르셀 프루스트,《꽃핀 소녀들의 그늘에서》,《잃어버린 시간을 찾아서》 2부, Gallimard, Bibliothèque de la Pléiade, 1987, 1권, p.430.

이 속임수 덕분에 저자는 되돌릴 수 없는 잘못을 감추면서도 자신은 결백하고 선하고 투명하다고 죄책감 없이 단언할 수 있게 된다.

　삶과 모순되는 이론서를 쓰는 것은 글쓰기 속에 긴장의 흔적을 남긴다. 주의 깊은 독자라면 텍스트 안에서 이상함이나 불완전함을 느끼고 흔적을 찾아낼 것이다. 거짓말은 진실과 반反진실의 힘겨운 연결을 보여 주는 바느질 같은 것이다. 글이라는 옷감에 꿰매진 이 자국은 간혹 눈에 띄지 않기도 한다. 거짓말은 자명한 주장에 덮여 자국이 완전히 지워진다. 그때 독자는 심리학자가 되어, 언어 속에 사용된 모든 술책을 검토해 봐야 한다. 이를테면 어떤 개념의 맹목적 우위, 과장된 논증, 반복이나 생략, 엄청나게 긴 문장, 과도한 복잡화, 완성되지 않은 혹은 장황하게 이어지는 추론 등을 말이다. 저자가 여러 '나'를 언급하는 것도 '나', '우리', '여러분' 등 다양한 인칭 대명사와 비인칭 또는 허구적 대명사를 구사하는 주체의 가면을 추적할 자취가 된다. 사례, 각주, 삽화 등 부속물도 검토해야 한다. 이처럼 명백한 의미 앞에서 지워지기에 무시되기 일쑤인, 거짓말의 흔적을 보여 주는 형상이 여럿 있다.

　루소가 쓴 교육론에는 이런 흔적이 많이 포함되어 있다. 심지어 글쓰기 자체가 그 흔적의 일부다. 저자는 이 흔적으로 영원히 벌어져 있는 상처를 은폐하려 시도한다. 텍스트는 거짓말로서 만들어졌지만, 그 사실 때문에 이론적 타당성이 약해지진 않는다. 거짓말은 오류와는 구별되기 때문에, 책 속의 아이디어들은 정당하다고 할 수 있다. 물론 거짓말을 통해 진실에 가둥을 수 있다고 생각하는 것은 확실히 무리가 있지만, 여기서 진실은 다른 차원의 이야기이다. 진실하지 못한 의도에 근거를 두고도 논리적으로 납득할 만할 진술이 있을 수 있다. 그렇다면 남은 문제는 일반적인 도덕과는 매우 상반되는 생각, 즉 거짓 의도에서 진실이 나올 수 있다는 생각을 받아들이느냐 하는 것이다. 자아와 말의 합치는 통일성의 신화 속에나 처박혀야 할 것이다.

누가 말하는가, 누가 '나'라고 말하는가, 누가 생각하는가, 누가 진실을 생산하는가? 단언하는 자가 스스로를 진술하는 것에는 의심의 여지가 있기에, 위 질문들에 대한 대답은 결코 명료할 수 없다. 루소는 자신의 교육론의 모호한 위상을 의식하고 있었다. 그는 편집자에게 이 책이 아이들 교육 비결을 밝힌 개론서가 아니라, 인간 본성을 성찰한, 또한 인간이 어떻게 시민사회로 진입해야 하는지 성찰한 본격 철학서라고 분명히 말한다. 이 책은《학문예술론》과《인간 불평등 기원론》의 연장선상에 있다고 소개되며, 허구적 작품과는 구별된다. 그렇지만 루소는《에밀》을 쓰면서 여러 차원의 난관에 부딪혔는데, 짧은 논문을 쓰겠다는 애초의 기획을 넘어 메모가 쌓여 갔기 때문이다. 4년의 작업 끝에 논문은 매듭을 지을 수 없을 만큼 방대해졌다. 그 결과, 교육 사상에다가 여행에 관한 자유분방한 고찰, 교회 제도에 대한 비판, 감성 소설의 초고가 잡다하게 뒤섞였다. 4권에 포함된 '사부아 보좌신부의 신앙고백'은 거의 따로 노는 별도의 텍스트로서, 루소를 향한 여러 교회의 음모를 초래한 것으로 유명하다. 5권은 에밀과 소피의 만남 및 애정 생활에 관한 이야기인데, 이 이야기에 고무된 루소는 미완의 서간체 소설 형식으로 《에밀》 후속편을 쓰기에 이른다. 소피에게 배신당한 에밀이 나폴리로 떠났다가 해적들에게 붙잡혀 북아프리카에서 항해를 계속하는 식의 역경 이야기로 말이다. 마치 루소 자신이 통제하지 못하고 애초의 기획 의도를 넘어선 대모험을 향해 배에 오른 것처럼 보인다. 루소는 최초의 목표에서 벗어났음을 인정하고 출간을 많이 망설였다. 그러니 《에밀》의 독자가 다음 질문을 제기하는 것은 정당하다. 이 교육론의 목표는 진정 무엇인가?

이 책의 방대한 분량과 이질성에서, 그의 글쓰기 속 엄청난 긴장을 추측해 볼 수 있다. 이론적인 틀은 루소가 기분 따라 주제를 옮겨 다니며 횡설수설하게 해 주는 것이 아니라 그가 억제하고 변형시키며 계속 가다듬는 진실을 끊임없이 억압한다. 때로 진실은 저 아래 바닥을 덮고 있는 대양 같은 담론의 한가운데서 불쑥 솟아오른다. 그 안에서 들끓어 흘러나오는 거품 때문에 루소는 위장할 수밖에 없었고, 또 때로는 개인적 이유가 있음을 인정할 수밖에 없었다. 논증 중에 루소는 자신의 상황과 유사한 사례, 특히 다섯 명의 아이를 가졌던 스파르타 여인 이야기를 인용한다. 진실의 거품이 가장 생생하게 드러나는 순간은 루소가 역설의 형식으로 자백을 꾸며 낼 때이다. "아버지의 의무를 완수할 수 없는 자는 아버지가 될 권리도 없다. 가난도, 일도, 체면도 아이를 키우고 직접 교육하는 일을 면제해 주지 않는다. 독자들이여, 그 점에 대해 나를 믿어도 좋다. 깊은 인정을 가졌으면서 그토록 성스러운 의무를 저버리는 자에게 예언하노니, 자신의 잘못에 대해 오랫동안 비통한 눈물을 쏟을 것이며 어떠한 위로도 받지 못할 것이다."* 여기서 화자는 누구인가?《학문예술론》과《인간 불평등 기원론》의 철학자 루소인가, 아니면 개인 장자크인가? 그 순간에 저자는 자신의 죄를 고백하고 끝없이 뉘우치려는 것처럼 보인다. 이 반쪽짜리 고백의 열쇠이자 텍스트 전체의 열쇠로 죄의식이라는 것이 불쑥 떠오른다.

그럼에도 루소는 개념과 보편적 논증을 통해 한 권의 교육론, 그것도 눈물로 쓰인 교육론을 완성했다. 그는 아버지의 의무를 저버렸으면서도 강력한 교육 사상을 보급하는 자의 입장에 선다. 긴 담론에 감춰진 이러한 자백은 실제로는 완강한 부인에 의해 저지당한다. 루소는 어린아이란 무엇이고 이들을 어떻게 교육하는 것이 좋은지 알고 있는 사람처럼 말한다. 그는 지식을 가지고 가르치는 이의 입장에 서서, 아버지의 형상을 교육자의 형상으로 대체하려 한다. 그는 책임을 저버린 만큼이나 확신도 강하다. 자신의 의무, 그가 모든 아버지에게 요청한 바로 그 임무를 저버린 것을 잊게 해야 하는 만큼 그는 더더욱 스스로를 확신한다. 완성된 자신의 교육론을 루소가 다시 읽을 때, 매우 주목할 만한 일이 발생한다.《고백록》에서 그는《에밀》의 주장들을 읽고 양심의 가책이 밀려왔다고 말한다. 마치 자신이《에밀》의 저자가 아니고 그 책을 우연히 손에

---

* 장자크 루소,《에밀 또는 교육론》,《전집》4권, Gallimard, Bibliothèque de la Pléiade, 1969, p.262.

넣기라도 한 것처럼 말이다. 그리고 그가 궤변을 부리는 이유가 이어진다. 《에밀》에 포함된 "거의 공개적인 자백"*이 모든 독자에게서 그를 비난할 용기를 꺾었을 것이라고.

속죄의 증거로 루소는 테레즈와의 성관계를 그만두겠다고 선언한다. 금욕이 일종의 도덕적 행위로 내세워진 것이다. 아내에게서는 성욕이 느껴지지 않는다느니 루소 자신에게도 건강 문제가 있다느니 하는 구차한 설명들이 덧붙긴 하지만 말이다. 인간 루소는 도덕으로 치장한 이 결심을 지키지 못할 것이고, 그가 실수라고 여기는 잘못에 대해 또 다른 변명거리를 찾을 것이었다. 그에게는 불행한 일이지만, 그의 적들, 심지어 몇몇 친구들마저도 이를 잊지 않았다. 볼테르는 1764년에 출간한 《시민들의 의견》에서 루소가 "테레즈에게서 어머니가 될 기회를 박탈하고 자식들은 빈민구호소에 내다 버리고는 저 불행한 여인을 이 마을 저 마을, 이 산 저 산으로 끌고 다닌"** 나쁜 아버지이자 비열한 남편이라며 위선을 규탄했다. 이런 비난 앞에서 루소는 가장 큰 잘못을 가려 줄 여러 다른 사소한 잘못들만 계속해서 뉘우친다. 《대화》에서 루소는 낌새를 통제하고 다른 사람들에게서 비판의 기회를 빼앗아 오면서, 가장 신랄한 주제는 회피한 채 극도로 흥분해서 자기비판을 해 댄다. 죄를 과하게 자백하는 것은 타인이 자신을 비난하지 못하게 하는 한 방법이다.

* 루소, 《고백록》, p.594.
** 볼테르, 《시민들의 의견》, 《글 모음》, Gallimard, Bibliothèque de la Pléiade, 1961, p.717.

부인과 자백 사이의 긴장은 이성과 상상력의 결합을 통해 창조적인 해법을 낳는다. 루소는 그의 교육론을 설명하기 위해 상상의 제자를 만들어 냈고, 주장을 적용한다는 구실로 논증에 허구를 섞었다. 그렇기에 '에밀 또는 교육론'이라는 이 개론서의 제목 또한 애매하다. 책은 이론의 상징과도 같은 인물에게 무게를 두고 있다. 에밀이라는 인물이 완벽한 교육의 예시인가, 혹은 이 아이의 이미지 속에서 교육을 찾아야 하는가? 개론서에 사람 이름을 붙이는 게 자연스러운 일은 아니다. 루소는 그럼으로써 이 이론서를 직전에 썼던 서간체 소설 《쥘리 또는 신엘로이즈》의 연장선 위에 놓는다. 에밀이라는 아이를 부각하는 것은 논문과 소설 사이를 오가는 이 책의 독특한 위상을 내포한다. 사실 루소는 교육론을 구축하기 위해 이 아이와 그의 발달 단계를 상상하는 데 공을 들였다.* 물론 이론과 실천을 연결하는 것은 중요하다. 그렇지만 루소는 인물 묘사를 통해 하나의 삶, 그리고 어떤 아이와 어떤 어른 사이에 존재했을 수도 있는 관계를 상상하는 방향으로 텍스트를 유도한다. 그가 선택한 방법은 다음과 같이 요약될 수 있다. 즉, 루소는 스스로를 교육자로 상상하기 위해 상상의 제자를 만들어 낸 것이다. 하지만 숨은 내막은 우리에게 또 다른 문장을 넌지시 건넨다. 루소는 스스로를 아버지로 상상하기 위해 상상의 아들을 만들어 낸 것이라고.

* 말제르브에게 보낸 편지에서 루소는 자연에 살 만한 자격이 있는 사람들로 자연을 가득 채우고 상상하는 즐거움을 묘사했다(장자크 루소, 《자전적 단편들》, 《전집》 1권, p.1140).

부인의 단계를 넘어선 거짓말은 확언이 되면서 창의성을 얻고, 거짓말하는 사람은 이를 통해 새로운 정체성을 만들어 간다. 루소는 자신이 실천해 본 적도 없는 것에서 지식을 끌어와 교육자-스승이 된다. 《에밀》의 해석자 중에는 가정교사 노릇을 했던 루소가 자기 아이들은 가르치지 않았지만 다른 집 아이들을 가르쳤던 사실을 짚는 이도 있을 것이다. 하지만 《에밀》 속에 그에 대한 반박이 존재한다. 그런 식으로 교사와 아버지를 분리하는 것은 거짓된 일이라고 말하고 있기 때문이다. 루소는 아이를 교육하는 것이 아이를 낳은 자의 의무라고 끊임없이 제시한다. 아기가 태어나자마자 응당 받아야 할 관심을 일러 주기 위해, 육아법이라 해도 무방할 세세한 사항들을 시시콜콜 알려 주기도 한다. 아기를 포대기로 감싸는 관습에 반대하고, 유모의 고용을 만류한다. 돈벌이가 목적인 여성에게, 옆에서 지켜볼 필요가 없도록 아이를 포대기에 싸 고정해서 아이를 학대할 권리를 주는 '타락한' 관행이라는 것이다. 루소는 젖먹이에게는 진짜 어머니의 젖과 보살핌이 필요하다고 일갈한다.

《에밀》의 주제가 자연 친화적인 교육 사상이라면, 그 글을 쓴 목적은 다른 곳에 있을 것이다. 아버지의 잘못을 덮고 그것을 대체할 상상의 친자 관계를 구성하는 것이 그것이다. 루소는 교육적 견해에 자기 이야기를 투사함으로써 모순된 흐름 속에서 항해해 나간다. 실제로 이야기 사이에 간간이 뒤섞인 논증에서 이상한 것이 불쑥 나타난다. 독자는 에밀이 고아이고 그래서 유모가 필요하다는 사실을 알게 된다. 루소의 실제

아이들은 부모에게 버림받았지만, 루소가 상상한 어린아이는 부모가 죽었기 때문에 부모가 없다. 대체 작업은 아이를 낳은 아버지의 명예를 회복시키고, 심지어 그를 고결한 교육자로 환생시키기 위한 것이었다. 확실히 에밀은 어린 루소가 그랬을 것 같은 모습을 닮아 있다. 상상의 아버지는 자신이 기울여야 할 정성의 목록을 세심하게 작성하는 것처럼 보인다. 아이를 잘 키우는 데 관심이 많은 그는 유모의 출신지에 따른 젖의 품질을 연구했다. 루소는 초식동물이 제공하는 젖처럼 건강한 모유를 가진 시골 여성을 원한다. 영양사의 마음으로 가짜 자식에게 식이요법을 시행하는 이 대체 아버지는 걸쭉한 죽 대신 말린 과일을 권하기도 한다.

《에밀》에서 교육론을 제안하는 저자는 루소의 허구적 자아이다. 우리가 그에 반대되는 루소의 다른 자아의 정체를 더 잘 안다고 말하기야 힘들겠지만, 최소한 그가 자기 아이들을 버렸다는 사실은 알고 있다. 루소의 이름으로 말하는 '나'는 허구적인 '나'이다. 보편적 진리의 언어로 스스로의 권위를 세우는 주체라 하더라도 말이다. 철학적 견해를 진술하는 주체라고 해서 소설을 쓰는 저자나 화자보다 더 진정성 있는 것은 아니다. 《에밀》의 경우 '나'는 자신을 완벽한 교육자로 과시하고, 또 다른 '나'는 잃어버린 아버지의 책임을 숨기기 위해 거짓말을 지어낸다. 부끄러움, 자만심, 상실감, 전능감 같은 많은 모순된 정서가 《에밀》 속 화자 '나'를 가로지른다. 저자는 사라졌지만, 그는 알고 있고 단언하는 자의 입장을 가져간다. 그가 더는 독자를 겨냥하지 않고 상상의 어린아이에게 가닿으려 시도하는 '너'에게 말을 걸 때, 그의 고뇌가 감지된다. 상상 속 아이는 육체를 가졌고, 루소는 그 아이가 마치 실제로 존재했던 것처럼 묘사한다. 루소는 다음과 같이 쓰고 있다. "나는 그를 보고 있다. [……] 어린아이인 그를 주시하고 있는데, 그가 마음에 든다. 그를 인간으로 상상하면 한층 더 마음에 든다. 그의 뜨거운 피가 나의 피를 다시 끓어오르게 하는 것 같다. 나는 그의 삶으로 살고 있다고 생각하며, 그의 강한 생동감이 나를 다시 젊어지게 만든다."* 글을 쓰고 있는 '나'는 스스로의 철학적·소설적 창조물과 동행하며 다시 태어나기를 원하고 있다. 인물의 이러한 신분 변동은 루소가 자신이 최고의 가정교사라고 단언하며 그를 부를 때 명백해진다. "오! 그런 것쯤 전혀 두려워하지 않는 너, 너에게는 어떤 삶의 시간도 곤혹스럽거나 권태로운 시간이 아니니 [……] *오너라. 그가 온다.* 그가 다가오자 나는 샘솟는 기쁨을 느끼고 그도 이 기쁨을 함께하는 것이 보인다. [……] 우리는 그 누구와보다 둘이 함께일 때 가장 좋다."** 문체는 때때로 어떤 죽은 사람, 저자가 살려내 말을 거는 잃어버린 아이에 대해 말하는 양 활유법에 가까워진다. 교육에 관한 이 철학적 에세이는 저자가 스스로의 유령들과 대면하는 내면의 무대가 된다.

　철학자가 말을 할 때, 말하는 이는 누구인가? 이 엉뚱한 질문은 사변적 글쓰기의 동기를 의심하게 한다. 어떤 견해의

---

　* 루소,《에밀 또는 교육론》, p.419.
　** 위의 책, p.419.

저자가 구현해 낸 인물들, 그가 말을 건넨 인물들, 그의 사상의 뒷이야기에 들러붙어 있는 인물들이 이론의 무대 위를 흘러 다닌다. 철학자는 정해진 글쓰기 형식을 하나 선택함으로써 단번에 보편적 주체의 자리를 차지하지만, 그러면서도 자신의 개념들 속을 은밀히 배회하는 여러 역할들을 실험해 본다.《에밀》은 많은 형상들로 가득 차 있으며, 쓰는 주체가 자신을 재창조하고 시험하고 변형시키는 책이다. "우리 중 누구도 어린아이의 처지에서 생각할 줄 알 만큼 냉철하지는 못하다"*라는 루소의 문장에서는 여러 겹의 의미가 울려 퍼진다. 이 문장은 철학에서는 과소평가되어 왔지만 강력한 질문을 하나 소환한다. 그것은 사상가들이 미래의 성인이자 완성해야 할 인간으로 간주해 온 어린아이의 지위에 관한 질문이다. 아이를 덜 자란 성인으로 보는 관점은 아이 고유의 특수성을 부인하는데, 루소는 어린 시절 그 자체에, 그 시기의 즐거움과 상상계에 초점을 맞춤으로써 새로운 관점을 가져온다. 아이를 교육하는 일은 물론 언제나 중요하다. 하지만 있는 모습 그대로, 아이의 독특한 본성에서 출발해야 한다. 이렇게 할 때 어린아이는 인간 사회를 위해 얼마든지 가공해도 되는 소재로 환원되지 않는다.

　　철학이 어린아이의 상태에 접근하는 방법을 안다면, 어린 시절의 세계를 수용함으로써 한 단계 더 높은 차원에 도달할 수 있을 것이다. 하지만 루소의 문장은 '우리'라는 단어를 써

* 위의 책, p.355.

서 묘하게 들린다. 이 단어는 어린아이의 처지에서 생각하는 것이 루소 자신에게 매우 힘든 일임을 암시한다. 아이들을 버린 그는 자신의 이론적 기획의 모순을 은연중에 자백한다. 그는 이 새로운 철학적 작업을 하면서 어린아이의 발달 과정을 상세하게 따라가지만, 자신이 여전히 자기 세계를 벗어나지 못했음을 인정한다. 더욱이 아이의 '처지에서 생각한다'라는 표현은 여전히 모호하다. 다른 누군가의 처지가 되어 말한다는 것은 사람들이 그에게 통상적으로 인정하지 않는 어떤 말을 그가 발언하게 하는 것이다. 하지만 이는 그를 대행하는 것이기도 하다. 여기서 루소는 감정이입과 투사를 통해 어린아이의 입장을 채택한다. 우리는 루소가 자신을 아버지로 상상하기 위해 어린아이를 만들어 냈다고 가정했다. 이를 보충할 만한 가정을 더 해 본다면, 그가 그 자신이 될 수도 있었을 어린아이를 만들어 냈다는 것이리라.

교육론이 필요해서 교육할 아이를 만들어 내는 것은 루소 자신의 어린 시절을 고치는 것이 된다. 에밀은 루소가 대리의 부자 관계를 통해 되찾고 싶어 하는 잃어버린 아이이다. 아버지와 아들의 역할을 오가는 그는 이론의 거울 속에서 끊임없이 둘로 분열된다. 루소는 그가 키울 수도 있었을 아이에게서 자신의 어린 시절을 상상한다. 그는 "어린아이에게서 어린아이"*를 찾아야 한다고 말하지 않는가? 여기서 루소는 분명 어린아이에게서 어른을 발견하고자 하는 교육학에 이의를 제기

* 위의 책, p.242.

122　철학자의 거짓말

하고 있지만, 그 역시 에밀처럼 어머니를 빼앗기고 아버지의 보살핌을 받지 못했다. 루소는 등장인물을 통해 자신이 가져 보지 못한, 보호자 아버지의 지도를 받지 못한 어린 시절과 교육을 자신에게 돌려준다. 루소가 상상으로 만들어 낸 것은 자신과 다르지 않은 어린아이였다. 그는 가정교사에게 이 아이와 놀아 줄 것을, 마치 꼬마 친구인 것처럼 함께 놀도록 권유하지 않는가? 대조적으로 그는 여자아이의 교육에는 이러한 투사를 허용하지 않았다. 5권에서 어린 소피를 상상하긴 하지만, 그녀의 교육은 미래의 남편의 몫으로 남겨 두고 그저 "자기 성별에 맞는 일들", 특히 바느질을 정해 둘 뿐이다. 루소는 여성의 운명을 출산과 남자에게의 헌신으로 못박는다. 테레즈에게 소박하고 유순하기를 바랐던 것처럼 말이다. 루소는 이런 식으로 가족의 역할을 구성하고는, 서로 사랑하며 자식에게 헌신하는 부모를 가지고 싶었다는 회고적인 소망을 독자에게 보내는 편지 형식으로 표현한다. "아이가 태어나자마자 아이 옆에 꼭 붙어 있으라. 그리고 아이가 어른이 될 때까지 떠나지 말라. 그러지 않으면 결코 성공하지 못할 것이다. 진정한 유모가 어머니이듯이, 진정한 가정교사는 아버지이다."* 이 요청은 다시 태어나려는 헛된 희망 속에서 생의 출발점으로 되돌아가고 싶은 늙은 아이가 상상의 부모에게 띄우는 간절한 외침으로 들린다.

여기서 철학적 구성물의 깜짝 놀랄 만한 기능이 발견된다.

* 위의 책, p.261.

글 쓰는 주체의 가계도를 재구성하게 해 주는 것이다. 실천적 교육론을 위해 창조된 개념적 인물인 에밀은 창조주의 선택을 받은 양자라 할 수 있다. 그는 루소에게 버림받은 아이의 환생이다. 루소는 그를 부르고 그를 살려내고 그에게 말을 건다. 저자는 스스로를 통제하지 못하고 철학적 창조물에 스스로를 투사함으로써 분신을 만들어 냈고, 이를 통해 자신의 어린 시절을 재창조했다. 그는 제자이자 대체 아들이라는 간접적인 방식을 통해 새로 태어나고픈 자신의 욕구를 채우는 한편, 교육 방식을 구상한다. 이는 가계도상의 다른 변용들에서도 확인된다. 바랑스 부인을 엄마라고 칭했던 것은 유명하고, 자기 자식들의 어머니인 테레즈를 고모나 누이로 칭하기까지 하지 않았던가. 이런저런 정신분석적 해석이 어느 정도로 타당하든, 자신의 악령에 맞닥뜨린 글 쓰는 주체의 떨림이 이론적 언어의 의도와 그 결과물에까지 영향을 미치고 있음을 볼 수 있다.

　　가장 진지한 글쓰기 중 하나인 철학적 글쓰기에서 작동하는 이러한 환상은 삶과 담론 사이의, 개인적 거짓말과 보편적 진실 사이의 관계를 해결되지 않은 채 남겨 둔다. 《에밀》의 독자는 텍스트와 저자를 철저히 구분하기로 선택할 수도 있다. 이는 보편적으로 받아들여지는 방식이며, 교육 사상에 지대한 기여를 한 이 저작을 설명하고 토론할 수 있게 해 준다. 그렇지만 이론적 논증이라고 해서 저자의 정신에 내재된 모순이 담겨 있지 않은 것은 아니다. 우리는 글 쓰는 주체의 신경이 뻗쳐 있는 여러 *자아*의 내적 갈등을 은폐함으로써 모순에 대한 이해를 포기할 수도 있다. 하나의 예만 들어 보자. 그것은 자연 친화적 교육과 이러한 교육이 시민 양성에서 갖는 유용성 사이의 관계다. 거기서 거짓말이 논증을 뒷받침해 준다. 루소는 나약하고 무능한 부모를 비난하는데, 아이의 건강을 해치고, 아이에게 공익적 관심을 북돋워 주지 못한다는 두 가지 근거를 댄다. "집에서 멀리 떨어져 기숙사나 수도원, 학교 등지에 흩어져 있는 아이들은 아버지가 계신 가정에 쏟을 사랑을 다른 곳에 쏟을 것이다. 아니, 정확히 말해서 그들은 그 무엇에도 애착을 갖지 못하는 습성을 갖게 되고 그런 채 가정으로 돌아올 것이다."* 아마도 루소는《정치학》에서 아리스토텔레스가 한 말, 즉 아이들은 반드시 그들을 책임져야 할 부모와 묶어 두어야 한다는 주장을 기억하고 있었을 것이다. 자연은 특히 닮은 외모를 통해 아이를 생부모에게 맡긴다. 어른이 아이의 교육에 대한 책임을 맡는 것은 정치적 관점에서도 중요하다. 익명의 교육자는 이 자연스러운 유대를 절대 갖지 못하지만, 부모는 이 의무를 느낀다.

아리스토텔레스는 플라톤식 유토피아, 즉 가족이라는 테두리 없이 오로지 국가만이 아이들을 교육하는 도시국가에 반대했다. 루소도《에밀》을 쓸 때 아리스토텔레스를 지지했다. 루소는 뻔뻔하게도 "자연은 아이들을 사랑받고 보호받도록 만들었다"라고 썼다. 또 부모가 아이를 양육할 때 부부 관계가 더 돈독해진다고 주장했다. 남편과 아내는 아버지와 어머니가 되는 것이 자연의 전제이기 때문이다. 이런 의미에서 루소의

* 위의 책, p.262.

교육론은, 에밀의 목표가 아버지가 되어 자식의 교육을 맡는 것이라는 결론으로 맺어진다. 부모에게 교육받은 아이는 타인들에 대한 책임감과 사회적 유대에 대한 관심을 갖게 된다. 좋은 아버지가 훌륭한 시민을 키워 낸다. "큰 조국에 애착을 갖게 되는 것은 가족이라는 작은 조국을 통해서"*이기 때문이다. 자연적 관계가 차후의 사회적 관계들을 보증한다. 하지만 또 다른 루소가 있지 않은가. 교육론을 정립하면서도 아이 유기를 정당화해야 하는 루소 말이다. 《에밀》을 집필하기 전에 프랑쾨유 부인에게 그 사실을 해명했던 루소는 《고백록》에서는 플라톤의 권위에 기대어, 아이들은 공공 제도를 통해 훨씬 더 잘 양육된다는 《국가》 속 교육론을 따른다. 그리고 그것을 자신의 상황에 적용한다. 적절한 가정이 없어서 가족적 유대를 전혀 모르는 아이들이 더 훌륭한 시민이 된다고 말이다. 결국 《에밀》의 견해와 이 변론은 충돌하고 만다. 루소는 스스로 모순되는 말을 하고 자신의 삶, 자신의 말과 반대되는 방향으로 이론을 세운 것이다.

말하는 것은 행동하는 것이지만, 때로는 행동하지 않는 것이기도 하다. 가상의 교육자이자 사변적인 아버지 루소는 글쓰기로 행동을 대체했다. 루소 또한 이를 인정한다. "나는 활동하지 않고 펜을 잡을 것이다. 해야 할 일을 하는 대신에 그것을 말하려 노력할 따름이다."** 하지만 거짓말의 에너지는

* 위의 책, p.700.
** 위의 책, p.264.

다른 방식으로 기능한다. 글쓰기는 아무것도 대체하지 못한다. 실천을 대신하지 않으며, 뒤집힌 인격에서 광채를 길어 올려 또 다른 인격을 창조해 낸다. 그것은 부인과 모순에 의해 벼려진다. 루소가 이상적 교육론을 서술하고 과잉보호하는 아버지의 이미지를 연출하는 데 엄청나게 몰입했다고 해서, 이것이 그가 이러한 책임을 맡기를 좋아했다는 것을 의미하지는 않는다. 그는 자신의 개와 고양이를 끔찍이도 챙겼다. 여행을 떠날 때면 안전한 곳에 맡겼고 돌아올 때 데려오는 것 또한 잊지 않았다. 하지만 그는 자식들을 되찾기 위해서는 진정으로 노력하지 않았다. 뒤늦게 테레즈를 위해 룩상부르 공작 부인에게 첫딸을 찾아봐 달라고 요청했지만, 아이와 우연으로라도 만나게 될까 봐 두려워했다. 그는 자신이 쓴 이 위엄 있는 교육서가 실제 교육과 같은 가치를 가질 수 있다고 믿은 걸까? 역설적이게도 그는 이 책에서 다른 책들이 자연 친화적 교육에 관심을 두지 않는다고 비꼰다. 따라서 그가 자신의 글쓰기에서 과시하는 에너지는 보상심리 때문이 아니다. 이 에너지는 살아온 삶을 억누르는 데서 생겨난다. 주장하면 할수록 점점 더 거짓말을 하게 되고, 점점 더 자신을 영향력 있는 철학자로 만들어 가게 된다.

조금씩 책과 일체가 되어 가는 루소에게서, 이론의 구성은 이처럼 결정적인 심리적 역할을 한다. 부인과 변형의 위력은 루소가 이 교육론을 자신의 사상과 인격과 삶의 완결판처럼 여기도록 이끈다. 《에밀》의 출간에는 오랜 시간이 걸렸는데, 그동안 그는 인쇄를 어디서 할 것인지나 배신의 낌새는 없는

지 등의 걱정을 온몸으로 겪었다. 마치 그의 신체적 건강이 이 책과 연결되어 있기라도 한 것처럼 말이다. "나의 상태가 나빠지는 동안, 《에밀》의 인쇄는 지연되더니 완전히 중단되고 말았다."* 루소는 이 교육론을 후세에게 남기지 못한다는 생각에 잔뜩 겁먹었다. 이 책은 모든 음모를 딛고 승리해야 했으니까. 그는 이 책이 출간되어야 은퇴할 수 있다고까지 주장했다. 설령 그가 나중에 대작을 쓰더라도, 그는 언제나 이 책으로 평가받기를 원할 것이다. 그의 내면의 삶을 가장 잘 보여 준 것은 《고백록》이지만, 가장 노력을 기울인 이론적 자화상은 《에밀》이다.

철학적 글쓰기의 심리적 기능이 자아상을 만들어 내는 것이라고 여겨지는 경우는 거의 없다. 그렇지만 철학적인 글도 문학작품처럼 이러한 역할을 한다. 물론 철학자들이 사용하는 언어 재료는 소설이나 희곡 작가들이 쓰는 것과는 차이가 있다. 하지만 거기서 생성되는 *자아*들의 순환은 글 쓰는 주체가 자기를 구성하고 독자들이 읽고 보게끔 내주는 장면과 거울을 마련해 준다. 의식적인 것이든 그렇지 않은 것이든, 이러한 자화상들은 합리적 사유의 영역에 속하는 동시에 실존적 선택의 영역에도 속한다. 자신을 변형시키고, 인격을 재구성하고, 과거의 짐을 되찾아 재정비해 주는 상황과 기회를 따라, 이 자화상은 완성되어 간다. 그 과정에서, 체험과 담론 사이의 불일치로 이해되는 거짓말이 이론적 타당성을 무너뜨리지 않으면서

* 루소, 《고백록》, p.565.

도 결정적인 역할을 한다. 철학서 또한 '진실한 소설'이다. 철학적인 만큼이나 문학적인 글쓰기를 하는 사상가들을 통해 더 많은 단서를 얻을 수 있을 것이다. 그렇지만 이론서의 구성에 세심하게 주의를 기울여 보면, 순수하게 사변적인 것과 그 반사상 사이의 이러한 관계를, 심지어 가장 '추상적인' 글에서도 짐작할 수 있을 것이다.


## 현재의 자신과 다르게 존재하기 : 사르트르의 참여

자신을 진실의 순교자로 여기는 것, 스토아주의적 영웅으로 간주하는 것, 급진적 이론의 고독한 발명가라고 상상하는 것. 관념의 무대에서는 이 모든 것이 가능하다. 이론적 글쓰기에서의 이러한 자기 연출은 사상의 측면에서만 보자면 사상가의 진정성을 의심케 할 수 있다. 자기 연출이 타인의 시선에 강력한 자아를 과시하려는 것에 불과하다면, 그것은 사기와 다를 바 없을 것이다. 하지만 사상에 대한 정신적 투입은 자기 자신과 또 다른 자기 자신 사이에서 이루어지며, 주체가 자기 표상을 언제나 의식하지는 못한다. 저자는 주장을 세우는 과정에 작동하는 이기심의 존재를, 또는 그를 이리저리 몰고 가는, 악의적은 아니더라도 심술궂은 정령의 존재를 때때로 의심하게 된다. 사르트르는 확실히 이런 종류의 자기기만 내지는 거짓말에 반대하는 조예 깊은 철학자였다. 그는 자기 글과 행동의 중심에 스며드는 비非진정성을 끊임없이 추격했다. 사르트르의 자기 성찰은 '야릇한 전쟁'* 시기에 군 복무 중이었던 그의 수첩에서 읽을 수 있다. 그는 끊임없이 자기비판을 하면서 자신의 도덕적 태도나 철학적 입장 하나하나가 스스로에 대해 좋은 이미지를 주기 위한 계략이 아닌지 의심한다.

자기비판의 전문가 사르트르는 겸손함이나 자제력에도 자만심이 들어 있음을 알았다. 그는 모든 것을 분석하고, 쉽게 속지 않으려 하면서, 지성과 수사학의 필터로 현실을 걸러 낸다. 1940년에 갑자기 사병으로 징집되었을 때, 그는 단어들 속으로 피신함으로써 자신이 겪고 있는 상황에 대해 철저한 무관심을 택했다. 그렇게 거리를 두면서, 사르트르는 역사가 그를 덮쳤다고, 그러므로 자신이 할 수 있는 건 아무것도 없다고 생각한다. 사람들은 자신이 좌지우지할 수 있는 것에 대해서만 책임을 질 수 있기 때문이다. 거리를 두겠다는 선택을 보면 결코 순진하지 않은데도, 그는 아이러니하게도 자신의 사상을 설명하는 글에 '어느 금욕주의자의 고난'이라는 제목을 달았다. 그리고 극히 사소한 자신의 도덕적 동기까지 냉혹하리만치 철저히 분석했다.

자기 자신에 대한 이토록 체계적인 의심이 데카르트식의 이론적 깨달음에 가닿을 수도 있겠지만, 위험이 없는 것은 아

---

* 제2차 세계대전 초기, 독일의 폴란드 침공에 맞서 영국과 프랑스가 선전 포고를 한 1939년 9월 3일부터 독일군이 공격해 온 1940년 5월 10일까지 한 건의 전투도 벌어지지 않았는데, 이를 '야릇한 전쟁(drôle de guerre)'이라고 한다. 프랑스 기자가 영어 표현 'phony war(가짜 전쟁)'를 'funny war'로 잘못 듣고 'drôle(야릇한, 우스운)'로 옮긴 데서 유래했다. ─옮긴이

니다. 최소한의 확신에도 이르지 못하고 생각하는 주체의 통일성을 위협할 수 있기 때문이다. 그럴 때 자기비판은 저자가 스스로의 파괴 대상이 되기 때문에 알맹이 없는 활동이 되어 버린다. 실제로 자아에 대한 모든 확신과 신뢰를 잃어버린 사르트르는 자신의 도덕적 견해를 세워 가는 동시에 그것을 불안정하게 만든다. 이를 깨닫고 사르트르는 다음과 같이 지적한다. 나는 나인 동시에 또 다른 사람이며, 사정에 따라 매번 다른 가능성에 속한다고. 사르트르는 그 사정을 '상황situation'이라 불렀다. 전쟁 시기에 겪은 실존에 대한 태도 및 사상의 변화를 성찰하며, 사르트르는 자아의 현실에 대해 늘상 느껴왔던 의심을 다시금 활성화한다. 속내를 털어놓은 한 메모에서 열여덟의 사르트르는 이미 이렇게 쓴 바 있다. "나는 자아를 찾으려 애썼다. 내 친구들과 자연과 내가 사랑했던 여성들과의 관계에서 자아가 모습을 드러내는 것을 보았다. 나는 자아 속에서 공동의 영혼, 그 집단의 영혼, 지상의 영혼, 책들의 영혼을 발견했다. 하지만 엄밀한 의미에서 인간과 사물들 바깥에 있는 나의 자아, 아무런 조건의 제약도 받지 않는 나의 진정한 자아, 그것을 발견하지는 못했다."* 물론 어떤 사르트르 해석자는 지금 이 철학자가 낡은 자아의 죽음을 애도하며, 결코 현재의 모습도 아니고 더 이상 과거의 모습도 아니며 아직은 미래의 모습도 아닌 자유로운 의식에 관한 이론을 확립

* 장폴 사르트르, 〈미디 수첩〉, 《젊은 날의 글》, Gallimard, Blanche, 1990, pp.471~472.

하고 있다고 주장할 수도 있을 것이다. 하지만 사르트르에 따르면, 그는 늘상 투기投企 상태의 의식을 주장해 왔으면서도 자기 자신과의 연대감을 느껴 본 적은 한 번도 없었다.

자기 확신이 강하고 정치적 메시지를 던지는 사르트르의 이미지를 간직한 사람들은 이토록 확신 없고 심지어 경솔하기까지 한 그를 발견하고 놀랄 것이다. 하지만 그의 의심은 여러 글에서 발견된다. 삶에 동조할 수도 없고 거기서 자신을 인정할 수도 없지만, 그래도 삶을 수용하려 애쓰는 그의 노심초사 또한 마찬가지다. 그는 자신이 "진흙으로 빚어져야 하는데, 바람으로 빚어졌다"*면서, 납 깔창을 깐 무거운 신발이라도 신고 싶을 지경이라고 한탄했다. 사르트르는 이러한 비일관성에 죄의식을 느낄 때조차도, 주저하고 망설이고 또 이런저런 생각을 오가는 사람이다. 사실 책임의 문제는 인간이 스스로의 선택을 통해서만 자신을 규정할 수 있다고 주장하는 자유론으로부터 파생된 명제로, 사르트르의 텍스트에서 도덕적 강박관념을 이룬다. 온 세상이 자신을 비난한다고 의심하는 루소처럼 과대망상에 빠지지는 않지만, 그 역시 희곡 작품 속에서 죽음이 불러오는 삶의 심판을 연출했다.《파리 떼》부터《알토나의 유폐자들》까지 사르트르 희곡 속 주인공들은 타인들의 판단에 복종하며, 자신이 저질렀거나 더 대개는 완수하지 못한 행위에 대해 해명한다. 가장 유명한《닫힌 방》은 자신들의 행동과 비행동을 변명하려 애쓰는 세 명의 등장인물 사이의 끝

* 장폴 사르트르,《야릇한 전쟁 수첩》, Gallimard, 1995, p.539.

없는 토론을 일종의 고문으로서 보여 준다. 이 작품이 전쟁이 끝날 무렵에 쓰였다는 사실, 작품 속 남성이 스스로의 거짓말에 매여 옴짝달싹 못 하는 비겁자를 구현하고 있다는 사실은 타인에 대한 사르트르의 주장뿐 아니라, 이 저자와 그의 1944년 상황에도 귀 기울이도록 이끈다.

《닫힌 방》의 등장인물들은 자신들을 지옥으로 데려온 오심을 규탄한 뒤에 마침내 진실을 말해야 한다는 것을 받아들인다. 하지만 정확히 어떤 진실일까? 사실들의 진실로는 충분하지 않다. 사르트르는 진실이란 언제나 의식과 시간에 매달려 있기에 확정될 수 없다고 암시한다. 진실은 그것을 말하는 사람에 의해 진실로 체험되어야 하며, 현재의 위치에서 과거를 되돌아볼 수밖에 없다. 사르트르는 진실과 거짓의 근거를 객관적인 참-거짓이 아닌 자기와의 관계에 두려 한다. 루소와 마찬가지로, 그 역시 끊임없이 이러한 생각을 다듬고, 마음 깊은 곳에서 진실 또는 거짓을 말하는 동기를 끌어낸다. 철학서 《존재와 무》는 독일 점령하의 파리에서 그가 학생들을 가르치던 1943년에 출간되었는데, 여기에 거짓말에 관한 대목이 나온다. 의도적인 거짓말 — 진실을 아는 사람이 실행한 사기 — 과 그가 '자기기만'이라고 명명한, 자기와 관련된 거짓말을 구별할 것을 제안한 것이다. 훗날 유명해질 이 주장의 목표는 의식이 인간을 사물의 양태에 따라 살게 하기 위해 자유를 포기하게끔 이끈다는 것을 명확히 밝히는 것이었다. 기만적인 개인은 어떤 행동에 대해서, 상황 때문에 혹은 본성이라 추정되는 무엇 때문에 달리 행동할 수는 없었다고 믿어 버리게 된다. 자기 자신에게 속은 그는 책임을 면피해 주는 준準확신을 이용한다. 스스로 회피한 자유 때문에 여전히 고통받고 있는 의식은 결국 기만의 태도를 취하게 된다. 하지만 사르트르는 이 의식을 비난하면서도, 루소처럼 그것을 '정직성'이나 진실성과 대립시키지는 않았다. 그것들 역시 똑같이 신비화에 속한다는 것을 알았기 때문이다.

사르트르가 자기 자신에 관한 거짓말을 보여 주기 위해 든 사례들은 유명 인사가 되었다. 특히 카페 종업원이라는 인물이 그렇다. 그는 자기 직무로 여겨지는 동작들을 지나치리만치 강조하면서 그 역할을 수행한다. 그는 그 자신에게 동조하고, 그 자신의 재현에 합치한다. 이 작은 철학적 연극에서 종업원 주변에 있는 이들은 짐짓 정숙한 척하면서 손을 만지도록 내버려 두는 교태 많은 여자나, 진실의 챔피언들에게 커밍아웃을 강요받는 동성애자다. 사르트르는 '일상생활'에서 취한 평범한 인물의 사례를 매우 복합적인 자신의 철학적 견해에 통합시킨다. 1942년, 그는 카페에서 글을 쓰면서 종업원들과 풍경들을 관찰한다. 그러한 논증의 길목에서 역사적 울림을 갖는 어떤 의심이 솟아오른다. "나는 [……] '실제로' 비겁한데도 자신을 *비겁하지 않은* 것으로 이해하려고 시도할 수는 없다."* 대명사 '나'는 물론 교과서적인 주어 역할을 하지만, 여기서 비겁자의 외관을 취한 한 철학자의 인격을 짐작해 볼 수 있다. 보부아르에게 보낸 편지에 썼듯, 사르트르의 철학 에

* 장폴 사르트르, 《존재와 무》, Gallimard, 1943, p.107.

세이는 중요한 장들이 펼쳐 놓은 타자의 시선에 관한 판단의 관점과 의식의 검열에 암암리에 강박적으로 사로잡혀 있었다. 그가 개념을 만들어 내고 몹시 기뻐할 때조차도 그랬다. 그는 자문하듯 말한다. "스스로의 확신을 위해 공들여 벼린 개념들에 어떻게 그렇게 기만적인 믿음을 가질 수 있단 말인가?"*

비겁하든 용기 있든, 거짓말을 하든 진실하든······《닫힌 방》의 탈영병은 정말로 무슨 행동을 했는가? 사르트르는 무엇을 하지 않았는가? 사건은 결코 정리되지 않는다. 우리는 언제고 그것을 다시 들여다보고 거기에 새로운 의미를 부여할 수 있기 때문이다. 철학자는 진실이 변하는 것을 관찰한다. 과거의 행위는 오로지 현재의 행위를 통해, 새로운 실존의 기획 속에서의 재연을 통해 가치를 갖게 된다. 탈영이 그저 자기 생명을 지키기 위한 것일 뿐이었다면 비겁함으로 간주될 것이다. 하지만 세상을 바꾸기 위해 기존 질서에 이의를 제기하고 거기에 참여하려는 의도로 감행되었다면, 그것은 용기다. 따라서 개인의 행위는 그가 죽은 뒤에야 심판받을 수 있다. 새로운 관점에 맞춰 과거의 삶을 수정할 수 없게 되었을 때에만 말이다.

진실을 둘러싼 재판은 항상 진행 중이다. 삶이 뒤죽박죽이었던 전쟁 시기, 사르트르는 존재론적이고도 도덕적인 이 성찰을 심사숙고하며 구상했다. 징집 후 포로로 잡혔다가 석방되어 파리로 돌아온 그는 교사 자리를 얻었고, 일기, 편지, 소설, 희곡, 철학 에세이, 영화 시나리오 등 많은 글을 썼다. 나치

* 위의 책, p.108.

독일 점령하에서 글을 쓴다는 것은 곧 모든 단어가 정치적 울림을 갖는 예외적 상황에서 글을 쓴다는 것이고, 그렇게 쓰인 텍스트에는 의미가 강하게 부여된다. 전후에 사르트르는 이런 방식의 독서를 하도록 스스로를 자극할 것이다. 작가가 자기 시대에 관해 쓰든 쓰지 않든 '작가의 책임'을 강조하면서 말이다. 그의 주장에 따르면, 비참여 또한 각자에게 책임이 있는 일종의 참여다. 따라서 사르트르의 많은 텍스트를 그의 '참여' 개념에 비추어 다시 읽는 것은, 범위가 문맥을 다소 넘어서더라도 정당한 것으로 보인다. 문제는 역사주의적 환원보다 그의 지적 생산물에 관한 분석이다. 우리가 얻어 내야 할 것은 개념적 성찰의 동인이며, 혹자는 이를 그의 '계보학'이라 부를 수도 있겠다.

기만의 이론은 진실, 진실성, 진정성 등 많은 개념을 도입한다. 그리고 사르트르는 레지스탕스 조직에 들어가려는 계획을 포기한 뒤 글쓰기에 집중했던 1942~44년에 이 개념들을 더욱 날카롭게 다듬었다. 그는 25세에 이미 진실에 관한 글을 한 편 썼는데, 거기서는 오히려 영구 보편의 진실을 의심하고 재검토하면서 니체에게서 영감을 받았다. 1930년에 쓴 〈진리의 전설〉에서 사르트르는, 기존의 진리가 역사에서 도출되어 구성된 것인데도 그 실체를 명백히 밝혀야 한다고 주장한 과학과 합리주의 철학에 이의를 제기했다. 하지만 그는 전설이 될 자격이 있는지에 대해서는 규탄하면서도 진리 개념을 포기하지 않았고, 오히려 그 개념을 실천에 부치도록, 즉 반드시 검증 절차를 거치도록 만들었다. 사르트르는 이러한 탈신화화에 힘입어 비판에 다시 몰입할 수 있었고, 전쟁 시기를 거치면서, 완결되고 이중화된다는 두 가지 의미에서 끊임없이 추월당하는 진실의 개념을 이론화할 수 있었다. 한 시대에 생산된 진리는 나중에 다른 의미를 획득할 수 있다. 사르트르는 1948년에 《진리와 실존》에서 다시 이 문제로 돌아와 하이데거의 《진리의 본질》을 자세히 검토한다. 그는 진실은 수동적 관조나 찰나의 빛 같은 것이 아니라, 인류에 의해 역사적 성격을 띠게 되는 적극적인 차원에 있음을 환기한다. "모든 진리는 위험, 노력, 모험으로 체험된다."* 진위를 결정할 수 없는 진실은 아직은 시험대에 있는 것이다. 그것이 자기 자신에 관한 거짓말일지라도 말이다.

진실의 저자와 그가 자기 시대의 진실을 체험한 방식에 관해 생각하지 않고, '검증된' 진실에 대한 지속적 성찰을 읽어내는 것은 어려운 일이다. 사르트르는 무지를 택하는 것이 자유롭기를 거부하는 것이자 책임지기를 거부하는 것이라고 썼다. 도살장에 대해 아무것도 알고 싶어 하지 않는 고상한 육식 동물은 기만의 전형과도 같다. 소가 어떻게 도살당하는지 끝까지 지켜본다면, 즐겁게 음미한 스테이크는 더 이상 고기라 불리는 익명의 물질이 아니라 동물의 죽은 살이 될 것이다. 사르트르가 플로르 카페에 앉아 커피를 마실 때, 콩도르세 고등학교에서 학생들을 가르칠 때, 시립 극장이 된 사라 베르나르 극장에서 자기 작품을 연습시킬 때…… 우리는 그에게 묻고

* 장폴 사르트르, 《진리와 실존》, Gallimard, 1989, p.27.

싶어진다. 나치 치하의 삶에 대해 무엇을 알고자 했는지를. 하지만 무대 뒤를 보지 않겠다는 '선택'이 가능하긴 했을까? 사방에서 인종 청소가 벌어지고 있었다. 노란 별*에 대해서도 마찬가지였다. 사르트르는 그것을 주시해야 할지 아니면 외면해야 할지 자문했다. 별을 달게 한 자에게 지지를 표하는 것은 한 인구 집단에 낙인을 찍은 독일인들에게 본의 아니게 득이 되는 행동을 하는 것이다. 반면 그것을 모른 체하는 것은 무관심해지는 것이요, 점령당한 프랑스 땅에서 마치 모든 것이 정상적으로 진행되고 있는 양 행동하는 것이다.

사르트르는 거짓말에 관해, 주체가 직시하지도 수용하지도 행동하지도 않기 위해 스스로에게 제시하는 그럴싸한 핑계들에 관해 글을 쓰면서 스스로의 의식을 검열했다. 스스로의 알리바이와 허위 변론을 꾸준히 파헤친 《수첩》은 그 좋은 증거다. 포로수용소에서 풀려나 설립한 저항 단체 '사회주의와 자유'가 실패한 이후, 사르트르는 나치 점령기의 파리에서 자신의 상황을 어떻게 생각했을까? 정치 전단을 뿌리면서 그는 별 효과도 없는 일들에 엄청난 위험을 감수했다. 전투병 같은 신체 조건을 갖지도 못했고, 장 카바이예**처럼 탄탄한 조직망도 몰랐으며…… 그런 그가 레지스탕스에게 도움이 되는 길

* 나치 독일 점령하에서 유대인의 가슴에 붙이도록 강요된 노란색 별 표식. ―옮긴이
** Jean Cavaillès(1903~1944). 프랑스의 철학자. 소르본 대학에서 학생들을 가르치면서 대독 레지스탕스 투사로 활동하다가 게슈타포에 체포되어 사형을 선고받고 처형당했다. ―옮긴이

은 검열을 통과할 수 있는 책을 쓰는 것뿐이었다. 동기가 무엇이든, 오직 미래만이 그의 행동에 의미를 부여할 것이다. 현재의 과잉 행동이 과거의 비행동을 만회할 것이며, 과거의 도덕적·정치적 행보를 되감기해 줄 것이다. 이런저런 역사적 상황을 잘못 판단했다고 비난해 오는 적들에게 사르트르는 "이제 진실이 판명되었고"* 중요한 것은 실현된 여정뿐이라고 대답했다. 어느 정도 헤겔 철학의 잔향이 남아 있기는 하지만, 이 표현은 사르트르가 어떻게 역사에 주체적으로 연루되었는지, 행동하거나 행동하지 않았던 순간에 그가 회피했던 집단적 결정에 어떻게 마주하게 되었는지를 무엇보다도 잘 보여 준다.

스스로의 거짓말을 경멸했던 사르트르는 자기 자신과도 정기적으로 절연했다. 그는 양심 때문에, 또 역사적 흐름 때문에 끊임없이 자기 자신을 벗어나 *현재의 자기 존재에 찬동하지 않는 사람*이라는 역설적 자화상을 차근차근 내놓았다. 흔들릴지언정 사회 참여적이었던 사르트르는 진실을 추구하고, 자신의 오류를 인정하고, 그것을 의미의 연속선상에 끼워 넣었다. 뒤돌아보기 위해 멈춰 서서는, 삶을 잘라 맞추고 과거를 해부했다. 대상인 동시에 주체인 그는 일종의 자아 비판을 수행하며 이전에 쌓았던 단층들을 자신의 지적 여정 속 다른 시기로 재배치했다. 사르트르가 자신이 체험한 격변을 철학적으로 연출하는 목표는 이것이다. 과거를 회복하고 거기에 새로운 진실을 부과할 것. 이러한 회고적 자기 표상은 곧 자서전과

---

* 장폴 사르트르, 《상황 10》, Gallimard, 1976, p.183.

허구를 결합한 일종의 *이론적 팩션*이다.

자기비판은 이제 하나의 방법론이자 체계이다. 그것은 또한 역설적으로, 진실을 억제하는 역할을 한다. 실제로 자기비판은 선수를 쳐서 타인들에게서 비판할 권리를 빼앗는다. 그의 자유 철학이 집단적 현실을 고려하지 않았다고 반박하고 싶은가? 사르트르는 자유의 잘못된 관념을 직접 규탄했고, 새로운 이론을 통해 이미 이 반론에 답했다. 변화무쌍한 철학자 사르트르는 자신을 과거 속에 붙잡아 둘 수 없는 모순과 준거까지 제 것으로 소화해 냈다. 그는 후설, 하이데거, 마르크스와 함께 나란히 걸어가다가 그들을 지나치더니, 이들의 주석가들이 자신의 배신을 비난하든 말든 다른 곳으로 달려갔다. 종잡을 수 없는 사르트르는 그들에게 자기 행적의 지도를 남긴다. 그는 자신에게 찬동하지 않고, 자기 초월과 변신을 통해 이론적 정체성을 만들어 냈다.

사르트르는 자신의 삶을 둘로 나누는 중대한 단절기인 전쟁 시기를 극적으로 묘사했다. 전전과 전후에 따라 그의 작품들을 분류할 수 있고, 또 개인주의에서 사회주의에 이르는 변화에 비추어 작품들을 해석할 수 있다. 말년의 한 대담에서 이를 회고적으로 그려 내기는 하지만, 그가 이 변화를 체험하고 자신이 다른 사람이 되었다고 느끼는 바로 그 당시에 이미 그는 전기적 소설 연작을 집필하고 있었다. 《자유의 길》은 모든 참여를 거부하기에 스스로가 자유롭다고 굳게 믿다가 자신의 실패를 깨달은 한 개인의 여정을 보여 준다. 전쟁 전 사르트르의 분신인 마티외 들라뤼는 이 책 3권에서, 역사에 참여한 자유를 보여 주는 변증법적 여정을 끝내면서 다른 인물들에게 추월당하고 그들로 대체된다. 사르트르는 내면의 변화를 체험하는 동시에, 마치 역사를 기술하듯 그것들을 이론화하고 시기별로 구분해 연출한다. 그러면서도 이 인식론적 편집은 그의 개인적 현존에서 과거를 떼어내고자 한다. 자신의 의도와 무관하게 전쟁에 징집되어 참여하는 동안, 사르트르는 다음과 같이 썼다. "삶에서 아무리 강렬하거나 고귀한 순간이더라도, 지나가 버린 그 순간부터는 내 관심을 끌지 못한다. 타고나기를 나는 지금의 내가 과거의 나보다 더 나아졌다고 생각하기 때문에, 과거 순간들의 가치는 언제나 낮을 수밖에 없다. 스탕달은 자신의 최고의 순간에 대해 말하는 것이 그 순간의 가치를 떨어트린다는 이유로 그것을 묘사하지 않았는데, 스탕달이 그토록 감동했던 자기와의 연대감이 내게는 전혀 없다. 이것이 내 삶을 공개하는 이유 중 일부다. 모든 것은 나로부터 분리되었고, 나는 모두에게 모든 것을 준다. 나는 이미 모든 것에서 분리되었으므로."*

　　삶과 그것의 공개된 표상 ― 소설이든 이론이든 ― 사이의 분열은, 자신을 인정하지 않고 자기 과거를 타인들에게 물려줌으로써 거기서 벗어났다고 믿는 자의 불안한 정신적 불안정성으로, 또한 지극한 통찰력으로 설명될 수 있다. 어느 경우든 그것은 이론적 픽션의 역할을 강조한다. 지적 여정의 시기를 구분하고 전성기를 극화하는 것은 삶의 체험이 끝난 뒤에 이루

* 사르트르, 《야릇한 전쟁 수첩》, p.127.

어지는 것이 아니며, 그것들은 과거의 의미를 현재화하는 강제력을 발휘한다. 이론은 시대를 묘사하는 데 그치지 않고 시대를 구성한다. 이론을 통해 사르트르는 스스로와 불화하는 인위적인 연속성을 만들어 내고, 그 연속성 위에 화려한 단절점들을 배열한다. 이 철학자는 그 자신인 동시에 그의 개념적 인물이 되어, 진실의 무대에서 그를 마음대로 조작한다.

　이론적이면서 허구적인 이 자기 표상이 어느 정도는, 속이려는 의도가 아니라 정신적 해결책을 찾기 위한 거짓말에 속한다는 사실을 우리는 알고 있다. 훗날 사르트르는 그의 대조적 분신인 플로베르의 전기를 쓰면서 개인과 시대 사이의 '불연속성'을 제시하게 된다. 그러나 그는 여전히 총체화에 가려진 이 불연속을 자질구레한 사실과 태도 각각에 의미를 부여해 주는 변증법적 관계 속에 포함하고 싶어 할 것이다. 이러한 이론적 해결책은 말로 표현할 수는 없지만 작동하고 있는 체험, 그러니까 침체기의 체험이라든가, 옆걸음질로 도망치고 가까스로 버티고 실신할 지경에 이르는 체험 등을 은폐한다. 몽상, 우울, 낙담, 감정적 시련, 음악, 여행⋯⋯ 미화된 전기에는 누락되지만 그 또한 삶의 본질인 많은 다른 리듬이 있다. 한 사람의 삶을 전성기와 침체기로 구별하는 것은 편리하지만 별로 적절하지는 못하다. 더 우월한 삶에 대한 환상, 이성적 존재의 우월한 삶과 평범한 대다수의 삶이라는 환상을 그대로 유지하기 때문이다. 체험과 그것의 지적 재현 사이의 이러한 괴리는 모순 개념으로도 해명되지 않는다. 삶과 담론 사이의 긴장을 해소해 주는 것은 그러한 것들보다는 허구로 구성된 복합물들 — 미끼, 계략, 거짓말, 부인, 꾸며 대기 — 이다. 사르트르는 전쟁을 일련의 단절로 체험했고, 자신의 시나리오에 통합시켜야만 했다. 가장 비현실적이고도 가장 매혹적인 것은 그가 전쟁 말엽에 구성했던 시나리오, 은밀하게 저버려 놓고도 죽는 날까지 그에게 부과되었던 시나리오 — 바로 참여 이론 — 일 것이다.

　　1944년, 전쟁은 막바지에 이르렀고 사르트르로서는 전후에 어떤 의미를 부여해야만 했을 것이다. 그는 5월에《닫힌 방》을 공연에 올렸고, 8월에 파리가 해방되었으며, 프랑스 전국작가회의*에서 발간하는《프랑스 문학》에 글을 기고했다. 기고문에서 그는 시간의 단절과 인류를 위한 새로운 전망에 관해 사유하고자 했다. 1년 뒤에는 잡지《현대》를 창간하여 오랫동안 참여적 지식인의 등대가 된다. 그는 지구상의 모든 억압받는 자들의 대의를 채택함으로써 누구도 반박할 수 없을 만큼 열성을 다해 정치 영역을 점령해 간다. 1944년 9월 9일 은밀하게 출간된《프랑스 문학》창간호 1면에 발표된〈침묵의 공화국〉이야말로 정치로의 전향을 알리는 가장 눈부신 글이라 할 수 있을 것이다. 사르트르는 이 글을 다음과 같은 유명한, 하지만 그만큼 제대로 이해받지는 못한 문장으로 시작했다. "우리는 독일 점령하에서만큼 자유로웠던 적이 결코 없었다." 그는 이 글에서 자신이 구상한, 선택에 기반한 자유 개념

　　* 1941년에 프랑스 공산당이 창설한 문학의 레지스탕스 기관. — 옮긴이

을 밀고 나갔다. 프랑스인들에게 가해졌던 억압은 죽음을 무릅쓰고 점령군에 저항하면서 모두가 떠맡았던 그 행동들에 더 큰 중요성과 진정성을 부여했다. 나치 점령하에서의 선택은 "그렇긴 합니다만"이나 "그렇진 않습니다만"처럼 애매하게 대답할 수 있었던 평화 시기와는 달랐다. 그것은 사람들의 인생을 뒤흔들었다. 프랑스인은 협력자 아니면 저항자였고, 어중간한 태도는 불가능했다. 사르트르는 무장투쟁을 이끈 레지스탕스 활동가들뿐만 아니라 4년 동안 '아니'라고 말했던 모든 프랑스인에 대해 말하는 것임을 분명히 했다. 그는 모든 프랑스인이 어떤 처지에 있든 나치즘을 거부하고 자신의 자유와 모두의 자유를 택했던, 침묵의 공화국이자 밤의 공화국을 이상화했다.

사르트르의 글은 서정적이며, 파리 해방의 행복감을 담고 있다. 그가 부역에 찬성했다고 오해할 소지가 있는 첫 문장에만 집착하는 것은 오독이다. 하지만 마니교식 이원론적 세계에 대한 그의 서술에 동조하는 것 역시 오해하는 것이다. 저항과 협력이라는 엄격한 이분법으로 판단하기 어려운 행동이 많았고, 나치 점령기 동안 이는 일반적이었다. 행동하든 태만하든, 발언하든 침묵하든, 그것은 객관적 공모이기도 했고 수동적 저항이기도 했다. 사르트르 자신도 4년간 몸담은 활동에서 죽음의 위험까지 무릅쓸 필요는 없었다. 그런데도 그는 이 기고문에서 모두가 한마음으로 저항한 프랑스라는 신화를 구축했으며, 모두의 이름으로 말했다. 사람들은 독일 점령하의 자유에 대한 저 유명한 표현에서 '우리'를 사용한 것에 그다지 놀라지 않는다. 그 '우리'는 레지스탕스 활동가들을 말하는 것일까, 파리 시민과 프랑스인 전체를 가리키는 것일까? "우리는 집단으로서 강제수용되었다. 노동자로서, 유대인으로서, 정치 포로로서……." 사르트르는 이 집단 중 어디에도 해당되지 않았으면서, 순교자의 옷을 입고 있는 이 '우리' 속에 자신의 '나'를 슬그머니 끼워 넣었다. 타인들을 위해 말한다는 것은 관대함을 발휘하거나 언어를 남용해서 그들을 대신하는 것이다. 여기서 사르트르는 스스로를 레지스탕스 활동가로 상상하는 것이며, 미래의 사회 참여를 개시하는 이 글은 거짓말에 속하게 된다.

거짓말이라는 단어는 도덕과 무관한 의미에서 한 번 더 명확히 규정될 필요가 있다. 1944년에 쓰인 이 글에서 느껴지는 놀라움은, 많은 경우에 그랬듯이, 최후의 레지스탕스 활동가 한 사람이 보인 위선 때문이 아니다. 이는 오히려 담론과 체험 사이의 조화롭지 못한 결합을 이해하라고 부추긴다. 이 글은 개인 사르트르가 그 자신과 그의 과거에 대해 만들어 낸 표상에서 어떤 역할을 하는 걸까? 그 뒤를 잇는 참여 이론은 어떻게 현실 거부에, 그리고 뒤틀린 자백의 형식으로 자기를 재구성하는 작업에 기반하여 확립되었을까? 사르트르는 전쟁 전에 고독한 자유에 관한 자신의 사유 속에서 길을 잃었다는 사실을 인정하고, 1940년에 포로가 되었을 당시 갑작스러운 이론적 전향이 있었다고 이야기한다. 그렇게 해서 그는 정치적 철학과 정치적 행동에 쏟은 자신의 노력을 사후事後에 정당화하는 지적 행보를 밟아 간다. 그러나 이러한 자기 서술은 우리가 다른 글이나 증거를 통해 접하게 되는 그의 체험과 맞아떨어지지 않는다.

사르트르가 묘사한 실존의 비극, 거리에서 또 머릿속에서 영원히 배회하는 죽음, 타인들에 대한 극도의 책임 의식, 나치 독일의 점령에 대한 단호한 부정, 강력한 공포, 투옥, 고문, 강제수용…… 이러한 것들은 그의 몫이 아니었고 그의 운명은 더더욱 아니었다. 사르트르는 독일에서 포로가 되었을 때에도 불행해하지 않았고, 심지어 1940년 12월 10일의 편지에서는 시몬 드 보부아르에게 "이렇게 자유로운 적이 없었다"라고 털어놓기까지 했다. 파리에서의 그는 카페에서 시간을 보냈고, 극작가와 영화 시나리오 작가라는 새로운 직업에 열중했다. 비시에 위치한 국영 라디오 방송국에서 보부아르가 일할 프로그램을 찾아내고는 기뻐했고, 1943년 말 겨울 스포츠를 즐기고 돌아온 그녀의 그을린 피부를 보고 싶어 했다. 이 시기에 사르트르가 주고받은 편지들은 모두가 근심에 젖어 있던 전쟁 시기에 그가 행복하고 즐거워했음을 보여 준다.

나치 점령하에서 일부 프랑스 작가와 예술가 들의 행동을 두고 펼쳐진 악의적 논쟁의 영역에서 지뢰를 제거하는 편이 좋겠다. '점령군에 호의적이었던 사르트르'라는 가설도 반박할 필요는 있겠지만, 여기서는 그게 중요한 게 아니다. 사르트르가 써서 심지어 독일의 검열까지 통과했던 글들을 조금만 읽어 보아도, 그가 나치 점령 초기부터 마음속 깊이 레지스탕스 활동가였다는 것을 쉽게 알 수 있다. 포로수용소에서 돌아온 이후, 나치즘에 대항해 투쟁하겠다는 그의 의지는 온갖 곳에서 확인된다. 하지만 이 부당한 비방에 반대한다고 해서 그것이 곧 사르트르가 레지스탕스 영웅이라는 이야기는 아니다. 사르트르는 중립적 태도를 선택했던 것 같다. 나치 점령기에 레지스탕스의 승리를 바라면서도 연극과 영화 같은 문화적 분야의 발전에 적당히 참여해 온 지적인 프티부르주아 대부분이 그랬다. 우리의 목표는 이 자료함을 다시 열어 보는 것도 아니고, 이들을 도덕적·정치적 법정에 세우려는 것은 더더욱 아니다. 우리는 다만 여러 다양한 측면에 걸쳐 있는 문제를 하나 제기하고자 한다. 레지스탕스 활동가가 아닌데도 어떻게 레지스탕스의 이름으로 글을 쓸 수 있을까? 잘못된 걸 알고 있는 상황 위에 어떻게 자유에 관한 이론을 세울 수 있을까? 자신에게 죄가 있는 줄 알면서도 어떻게 도덕적인 저주꾼 역할을 맡을 수 있을까?

이러한 질문들이 도덕적 판단을 단념하게 해서는 안 된다. 그렇지 않다면 질문을 제기한 사람이 부당하게 양심의 입장을 취하고 자신의 해명을 정당화할 것이다. 그 '모순들'을 정신 구조에 속하는 것으로, 또 철학적 방편을 구성하는 것으로 사유하는 일은 더 복합적이다. 나치 점령기의 사르트르는 그의 행동에도 '불구하고'가 아니라 '그것으로부터' 참여 이론을 발전시켰다. 역설적이지만, 과거의 어중간한 타협들이 전쟁 이후 그가 내세운 급진성의 원천이 되었다. 루소의 경우와 마찬가지로, 여기서도 보상 이론은 충분한 설명이 되지 못한다. 보상심리라는 견해는 블라디미르 장켈레비치*가 제안한 바 있는데, 그는 프랑스 철학자들을 전쟁 중에 보인 태도를 기준으로 평가하려 했다. 학문과 예술 분야의 엘리트들이 나치 점령 하에서 보인 태도를 문제 삼은 것이다. 그는 이 성가시고 부담스러운 질문을 고수하면서, 무사히 이 시기를 통과하고 이후 자신들의 길로 나아간 이들의 재전향 전략을 분석했다. 장켈레비치는 사르트르를 견유학파나 출세주의자로 간주하지 않고 그의 참여 윤리가 오히려 일종의 과격론이라는 의견을 제시했는데, 그것이 진정한 저항의 수위에 이르지 못했다는 것을 수치스러워하는 철학자의 죄의식 때문에 만들어졌다는 것이다. 지상의 모든 고통받는 자들을 지지하겠다고 약속한 전후 사르트르의 정치적 몰입은 스스로의 불충분함, 나아가 비겁함 내지는 타협에 용서를 구하기 위한 것이었다.

양심의 가책은 도덕의 동력뿐 아니라 이론의 동력도 될 수 있다. 그러나 심리학적 설명만으로는 부인이나 거짓말의 이론적·사변적 위력을 충분히 보여 줄 수 없다. 살아온 삶과 반대되는 것을 이론화할 때 사용되는 이러한 전도의 심리적·철학적 쟁점은 담론을 통한 자기 변신을 전제한다. 보편 언어에, 말하고 글 쓰는 자아를 지워 보편성을 얻는 담론에 의존하는 현상은 강제력의 행사와 일종의 변환에서 유래한다. 사르트르가 선구자를 자처했던 개인적·정치적 동원은 이 전환에서 출발하여 사유되어야 한다. 그래야 그의 삶과 이론 사이의 명백

* Vladimir Jankélévitch(1903~1985). 프랑스의 철학자이자 음악미학자. 베르그송 철학에 대한 비판을 출발점 삼아 죽음으로 집약되는 부정성에서 삶과 사랑, 자유 등을 명확히 규정지었다. 저서로《앙리 베르그송》,《거짓말에 관하여》,《죽음》등이 있다. ―옮긴이

한 모순이 이해될 수 있다. 자신의 본성·변화·경박함에 대해 수천 번 자문했던 사르트르의 유일하고도 불확실한 '나'가 독일 점령군에게 짓눌린 프랑스인, 나치즘에 희생된 이들, 고문당한 레지스탕스 활동가들인 '우리'로 변환되는 출발점이 바로 그가 《프랑스 문학》에 기고한 글이다. 사르트르가 전후 지성계를 장악할 수 있게 해 준 그의 허세 이상으로, 이 글은 새로운 자아를 출범시켰다. 사르트르는 모두를 저항으로 불러 모을 대명사가 될 이 '우리'를 통해 스스로를 구성했다.

'거짓말'의 수사적·철학적 구축은 결핍에서 과잉으로의 변환을 거쳐 이루어진다. 해소되지 않는 어떤 긴장을 폭로하는 것은 바로 이 과잉이다. 과잉은 어떤 주장을 단언하려는, 혹은 은폐 의도를 품은 행동을 과시하려는 강박적 고집이다. 사르트르는 한 대담에서 자신의 삶을 종합적으로 평가해 달라는 제안을 받고 1936년에 에스파냐 공화파에게 느꼈던 죄책감만을 언급했는데, 실상 그는 공화파에 대해 아무런 영향력도 없는 미미한 공감을 느꼈을 뿐이었다. 나치 점령 시기의 삶에 대해서는 거의 이야기하지 않았다. 당시 그의 일과와 주된 관심사는 주고받은 편지들을 통해서만 알 수 있다. 1944년 12월에 쓰인 글 한 편이 사르트르의 자기 변론과 당혹감을 동시에 보여 준다. 영국과 미국의 독자들을 대상으로 한 이 글에서 사르트르는 프랑스가 독일에 일치단결해서 저항했다고 확신에 차서 찬양할 수 없었다. 그 글 〈나치 점령기의 파리〉에서 그는 반드시 행동으로 표출되지는 않은 프랑스인들의 '실감實感'을 인용했다. 그리고 독일 점령군 앞에서나 연합군의 폭격

앞에서 증오와 곤혹, 분노와 이성이 뒤엉켰던 그들의 감정을 강조했다. 프랑스인을 대상으로 쓴 글과는 반대로, "나치 점령 기는 대체로 전쟁보다 더 끔찍했다"라는 생각을 옹호하며 당시 삶의 '모호성'을 지적했던 것이다. 말과 몸짓은 여러 의미로 해석될 수 있었다. 이는 같은 시기에 사르트르가 프랑스 대중을 증인으로 삼으며 택했던 다음의 서정적 어조와도 대비된다. "우리는 쫓기고 있었기에 모든 발언은 원칙의 선언처럼 소중해졌고, 우리의 모든 행동은 참여의 무게를 가졌다." 사르트르가 사회 참여의 절대적 필요성을 주장하기 위해 과거의 모호성을 지우는 것은 저간의 이런 사정을 잘 알아서이다. 본래의 말뜻 그대로 적극적 행동주의자인 사르트르는, 인간은 억압자들을 궤멸시키고 새롭게 태어나야 한다는 혁명적 수사를 내세우며 극단으로 나아갈 것이다. 반폭력의 이름으로 폭력을 지지하면서. 사르트르의 과격화와 극단주의는 혁명이라는 대의를 위해 스스로의 삶을 바친 철학자의 유명하고도 대표적인 이미지가 되었다.

하지만 사상과 행동의 이러한 일관성은 자기 표상에 속하며, 부인의 결과이다. 참여 이론은 참여의 결핍 위에 세워졌다. 물론 《현대》지의 저 유명한 선언은 '작가의 책임'에 호소하면서 전후 프랑스에서 완벽한 자리를 발견하고, 1930년대에 가졌던 환멸적 무관심, 부르주아 휴머니즘에 대한 멸시와 단절했다. 하지만 사르트르가 1945년에 쓴 위협적인 문장들을 읽어 보면, 파리 해방기 소송들의 연속선에서 '문학의 법정'을 열어 그것을 이전 세기로까지 소급한 이 저자의 모범적 대표성에 독자는 의문을 제기할 수밖에 없다. 플로베르와 공쿠르를 "파리코뮌을 막기 위해 단 한 줄의 글도 쓰지 않은, 그렇기에 파리코뮌의 탄압에 책임이 있는 자들"*이라고 평가한 《현대》지 창간사〉가 그 경우이다.

　고발자 사르트르는 1942년에 벨디브 대량 검거**가 있었을 때 유대인들을 지지하기 위해서나 프랑스 정부가 유대인 강제수용에 협력한 것을 비난하기 위해서 단 한 줄도 쓰지 않은 작가 또한 그 사건에 책임이 있다고 판단할까? 하지만《유대인 문제에 관한 성찰》이라는 글이 보여 주듯, 그는 그 상황을 매우 잘 인지하고 있었다. 선언문을 휘갈기는 사르트르의 침착함과 에너지는 자신의 과거에 대한 의심을 압도한다. 그렇게 사르트르는 문학의 '진실'을 주장하는 무책임한 작가들을 고발하며 책임의 의미를 구현하는 권위를 갖게 된다. 결함에 낙인을 찍는 것은 고백하지 못한 죄의식의 징표다. 플로베르의 무책임함에 대한 비난은 여기서 일종의 경고, 나아가 자백처럼 울려 퍼진다.

　사르트르가 보여 주는 전도는 철학 이론과 그 뿌리가 되는 체험 사이의 정신적 불협화음을 강조한다. 이미 확고해진 자유의 사상에 기반하여 선택과 행동에 대한 책임을 정의하는

---

*　장폴 사르트르,《상황 2》, Gallimard, 1948, p.13.
**　1942년 7월 16~17일, 프랑스 경찰이 유대인 1만 3000여 명을 체포하여 파리의 실내 경륜장인 벨로드롬 디베르(Vélodrome d'hiver, 약칭 '벨디브')에 수용한 사건. 이들 대부분이 아우슈비츠 수용소로 이송되어 사망했다. ─옮긴이

《존재와 무》의 견해에는 자율적인 사변 능력이 있다. 그렇지만 이 견해들은 '우리', '나' 같은 몇 가지 대명사를 사용하는 철학자의 체험에서 생겨난 것들이다. 그는 보편적이고 공유할 수 있는 사상을 구상하겠다는 야망 속에 체험을 끌어들였다. 따라서 그는 전쟁과 관련하여 책임 개념을 언급했는데, 그것은 어쩔 수 없는 것이면서 동시에 선택된 것이었다. 사르트르는 설령 자신이 원한 것은 아니더라도 그가—그의 동시대인들도, 전쟁의 와중에 있는 모든 인간은—전쟁에 책임이 있다고 설명하려 했다. "전쟁을 '4년간의 휴가' 또는 '유예'로, '중단된 회차' 정도로 생각하는 게 문제는 아닐 것이다. 내가 책임져야 할 핵심 부분은 부부 생활과 가정생활, 직업 생활이니까. 하지만 내가 선택한 이 전쟁에서 나는 그날그날 나를 선택하고 나를 만들면서 그 전쟁을 내 것으로 삼는다. 만약 전쟁이 텅 빈 4년이어야 한다면, 나는 그에 대한 책임을 질 것이다."*
평화의 시기에도 누구나 책임에 관해 사유할 수 있게 해 주는 이러한 모호한 철학적 진술에서 우리는 사르트르가 1943년 쓴 글에 드러난 성찰을, 그리고 시간성이 부유하는 전형적 사례를 엿볼 수 있다.

　　사르트르 전문가라면 책임에 대한 이런 견해가 철학자 사르트르가 전후에 택할 도덕적·정치적 태도를 예비하는 것임을 깨달을 것이다. 참여 문학에 관한 글들이 그 서론이 될 것이다. 하지만 이런 이상주의적인 해석은 지나온 삶이 철학적

* 사르트르, 《존재와 무》, p.640.

결정에 따른 것이라는 생각에 근거를 두고 있다. 이를테면 사르트르는 책임에 관해 깊게 생각했고, 그래서 책임감 있는 사람이 되었을 것이고…… 하는 식이다. 하지만 언어와 체험 사이의 유기적 결합을 이해하려면 사유의 시간, 그것이 놓인 상황, 그것의 글쓰기, 그것을 키운 경험, 그것이 만들어 낸 변형에 관해 의문을 가져야 한다. 사르트르는 책임에 관한 글을 쓰며 스스로를 상상하고 꿈꾸었으며, 정체성을 만들어 냈다. 그는 《존재와 무》의 논증 속에서 인물들을 상상하면서, 개념적 인물들을 통해 역할을 연기하고 거기에 자신을 구현했다. 그는 관찰당하는 사람이면서 또한 열쇠 구멍을 통해 관찰하는 사람이었고, 마조히스트면서 사디스트였으며, 책임감 있는 사람이면서 기만적인 사람이었다. '현상학적 존재론을 위한 시론'*을 통해 사르트르는 후설과 하이데거를 잇는 훌륭한 후계자가 되었을 뿐만 아니라, 역할들을 통해 자신의 새로운 탄생을 실현하기 위해 노력했다. 사르트르는 철학적 사색 속에 자신을 투사했다. 추상적 사색이든 구체화된 사색이든 말이다. 무고한 희생자를 지켜 주려 기사騎士 같은 인물을 만들어 냈던 어린 시절의 그와 꼭 같이.

사르트르는 전쟁에서 빠져나오며, 책임감 있는 참여적인 작가라는, 죽는 날까지 견지할 행동 노선을 정했다. 그는 그것을 믿었고, 이후로 자신을 필요로 하는 모든 대의에 삶을 바칠 것이다. 이론적인 글과 시사적인 글을 통해, 이 지식인 형상의

* 《존재와 무》의 부제이다. — 옮긴이

철학적 정당성을 계속 확립시켜 갈 것이다. 자기 자신에게도, 그가 산 시대에도 진정으로 동조하지 못하고 방황하던 개인이 시대의 소용돌이 속에 뛰어들었다. 그렇기에 그는 1945년에 "우리는 물속의 물고기처럼 역사 속에서 살고 있다"*라고 선언할 수 있었다. 그는 총괄적인 기획 속에 기입하기 위해 과거의 의미를 회복하고 소화했으며, 그렇게 과거의 무책임함은 책임을 향한 여정의 일부가 되었다. 그렇지만 아무리 참여적 지식인이라고 해도 개인의 도피 행각과 예기치 못한 이탈과 의식하지 못한 시대착오까지 피할 수는 없다. 참여 이론이 행사하는 확신과 자기 확신의 힘은 자신을 낳은 부인否認의 크기에 비례한다. 그것은 무능력, 비행동, 타협의 체험 위에서 단련되었기 때문이다.

사르트르는 나치 점령기의 자기 행동에 대해 거짓말을 했는가? 분명 그렇진 않았다. 언제나 '투명한 공개'를 실천했고 속이려는 의도로 뭔가를 감추지 않았으니까. 심지어 그는 1974년 보부아르와의 대화 도중에 레지스탕스 활동가라는 평가는 자신에게 다소 과하다고 고백하기도 했다. 파리가 해방되었을 때, 받을 생각도 없는 자기한테 레지옹도뇌르 훈장을 주어야 한다고 농담하던 친구 이야기도 했다. 그는 이탈리아에서 '레지스탕스 지식인'이라는 명목으로 받은 상을 언급했는데, 보부아르는 그 단어를 말뜻 그대로 썼지만 사르트르는 그 의미를 축소했다. "레지스탕스와 관련된 상을 내가 받은 거

* 사르트르, 《상황 2》, p.41.

지. 하지만 신은 알 거요. 내가 했던 저항이란 게…… 별로 대수롭지 않았다는 걸. 나도 활동가였고 다른 활동가들을 보기도 했잖소[……]. 내가 이 영예에 썩 걸맞다고 생각하진 않지만 다른 작가들이 받을 수 있다면 나 정도도 자격이 있겠지."* 또다시 사르트르는 자신의 이름보다는 다른 사람들의 이름으로 말했다. 1944년 말에 쓴 글들 이후로, 그 자신 또한 녹아 들어간 '우리'가 사용된 것이다.

그렇지만 거짓말은 다른 방식으로 작동할 수 있다. 특히 진실과 진실성이라는 명사로 치장될 때 더더욱 그렇다. 의도적인 계략과는 성격이 다른 이러한 거짓말은 일종의 전향이다. 이를 통해 주체는 자기 환상을 품고, 스스로에 대해 가진 이미지를 변형시킨다. 따라서 투명성을 주장하는 데 모순적이거나 위선적인 것은 아무것도 없다. 스스로에게 거짓말을 하는 자는 온갖 이유를 전시하고, 심지어 자신의 의심마저 과시한다. 자신을 연출하며 무엇이 어떻게 보일지를 모두 알고 있기에, 대단한 위험을 무릅쓰는 것도 아니다. 아무 치장 없이 자신을 적나라하게 보여 준다는 말은 자서전의 오래된 넋두리이다. 루소 또한 몽테뉴가 스스로의 약점을 잽싸게 늘어놓으며 사소한 결함만 내보인다고 비난하지 않았던가.** 그렇지만 사르트르는 독자의 애정을 갈구하지 않았고, 투명성에 관한 그의 윤리는 정직함의 증거 그 이상이었다. 그는 이 윤리를 삶의

---

* 시몬 드 보부아르, 《장폴 사르트르와의 대담》에 이어서 《작별 의식》, Gallimard, Blanche, 1981, p.322.

방식이자 인간 실존의 목적으로 확립했다. 이러한 가시적 투명성의 가장 유명한 버전이 바로 그와 보부아르와의 관계다. 이 커플은 부르주아적 부부 생활 모델과 그것의 성적인 거짓말을 규탄했다. 이른바 우발적 사랑을 공개적으로 허용하고 서로에게 거짓 없이 투명함으로써 이들은 부부 관계에서의 새로운 성실성을 만들어 냈다. 여기서는 진실이 초래할 고통보다 진실의 공유가 더 우선이다. 감정의 영역에서 자주 언급되는 이 사랑의 계약은 부부 관계의 틀을 훌쩍 넘어선 것이었다.

사르트르와 보부아르의 이상 속에서 투명성은 공개적이어야 했고, 사회생활과 사생활의 지극히 사소한 측면까지 포함해야 했다. 그들이 출간한 생활문, 일기, 편지는 그들 사이에서뿐만 아니라 모든 사람에 대해 투명하려는 분투를 보여준다. 말년에 사르트르는 거짓말이 사라진 사회를 꿈꾼다고 털어놓기도 했다. "나는 두 사람이 서로에게 더 이상 비밀이 없어지는 날을 꽤 자주 상상하곤 합니다. 누구에게도 비밀이 없고, 객관적 삶뿐 아니라 주관적 삶도 완전히 제공되고 제시될 것이기에 그렇게 되는 날을요."**** 투명성은 **악**을 극복하고 거짓말에서 해방될, 인류 종말 이후의 선의 세계 속에 확고히 자리 잡고 있다. 아무래도 사르트르는 거짓말을 뿌리 뽑을

** "나는 몽테뉴를 진실을 말하면서 속이려는, 가짜로 진실한 사람들 중 우두머리라 본다. 그는 자신의 결함들을 보여 주지만, 귀여운 것들만 골라 제시한다. [……] 몽테뉴는 자기와 닮은 자신을 윤곽만 그려 보인다."(루소,《고백록》, p.1150).

*** 사르트르,《상황 10》, p.142.

혁명에 대해 조물주 같은, 천진난만하다시피 한 믿음을 간직했던 것 같다. 소련이 모든 인간을 위대한 공산주의의 기획 속에 등록시킴으로써 죽음의 공포를 없앨 거라고 믿었던 젊었을 때의 친구 니장*처럼, 사르트르 또한 누구나 타인들에게 투명하게 될 사회에서 가능한 진실의 구원을 상상했다.

거짓말을 뿌리 뽑는 것은 인류의 종말 때에나 가능하므로, 현재는 어쨌든 불투명한 상태다. 사르트르는 투명성의 이상에 도달하지 못했음을 인정했다. 그는 자신이 거짓말은 하지 않았지만 절반 내지는 4분의 1의 진실만을 말했음은 인정했다. 진실을 쪼개는 것은 거짓말에 대한 비난을 피하게 해 준다. '70세의 자화상'이라는 대담에서 미셸 콩타에게 선언했듯, 사르트르는 자기 삶의 어떤 면들은 사실상 감추기로 했다. "나는 주관적 자아를 완전히 내어주기 위해, 혹은 그러려고 노력하기 위해 최대한 투명하고 진실하려고 노력합니다. 실상은 당신에게도, 아무에게도 주관적 자아를 내놓지 않지만요. 나 자신에게조차 말하기를 거부하는 것들, 스스로에게는 말할 수 있지만 다른 사람에게 말하기는 거부하는 것들이 남아 있으니까요. 누구나 그렇듯 나한테도 말하기를 거부하는 어두운 깊

* Paul Nizan(1905~1940). 프랑스의 소설가·철학자·비평가. 사르트르, 보부아르와 함께 고등사범학교에서 수학하며 그들에게 깊은 영향을 미쳤다. 1927년 공산당에 입당했다가 제2차 세계대전 직전에 독소불가침조약 체결에 반대, 공산당을 탈당했다. 니장의 명예 회복을 위해 사르트르가 공산당과 논쟁을 벌인 사실이 유명하다. 비평집 《집 지키는 개들》, 사르트르가 서문을 쓴 《아덴 아라비아》, 소설 《음모》가 대표작이다. — 옮긴이

은 속내가 있습니다."* 그가 원하는 만큼 투명해질 수 없다면, 그것은 부끄러움, 특히 성생활에 대한 부끄러움 때문이 아니라 자기 자신에게 투명해지는 것이 애초에 불가능하기 때문이다. 진실은 '심지어 나에게서조차' 발생할 수 없다니! 지금 우리는 탐구의 핵심에 와 있다. 이 탐구가 겨냥하는 것은 의식적인 거짓말이 아니라 자기 자신에 대한 모호한 거짓말, 이론가나 철학자처럼 추상적 주장을 하는 가장 명석한 자들을 뒤흔드는 거짓말이다.

불가피한 불투명성에 대한 사르트르의 고백은 투명성과 진실을 향한 그의 이상을 세심하게 표현해 준다. 그것은 또한 진정성을 탐구하고 자존심을 좇는 것이기도 했다. 사르트르는 스스로에게 속고 싶지 않았고, 끝없이 의식을 검열하며 전진하기 위해 자기 두개골을 깨부수려 시도했다. 원하는 만큼 진실하고 투명할 수는 없더라도, 적어도 그러려고 노력했고 이를 드러냈다. 사르트르는 그를 가로막는 수많은 함정에도 불구하고 자기인식에 대한 믿음을 놓지 않았다. 그는 프로이트의 무의식 가설을 받아들이지 않았지만, 분석을 받아 보고 싶어 했다. 하지만 그는 이 경험을 지식이라는 관점에서 보려 했다. 정신분석이 다른 지식과 마찬가지로 그에게 그 자신에 대한 지식을 제공할 수 있기를 바란 것이다. 거기서 사르트르는 방법론의 문제만 보았고, 통제되지 않은 말에 스스로를 내맡기지는 못했다. 사르트르의 부탁으로 그를 환자용 침상에 받

* 《상황 10》, p.143.

아 주었던 장베르나르 퐁타리가 확인한 것은 지적 호기심 말고는 어떠한 심리적 유인도 갖지 못한 한 인간의 몰이해뿐이었다.

사르트르는 객체이면서 주체라는, 자기에 대한 지식의 두 가지 입장을 지키고 싶었을 것이다. 그는 자신을 관찰하도록 내버려 두고 맡은 역할을 연기했지만, 무슨 일이 일어나고 있는지 직접 해석하기를 원했다. 젊었을 때 그는 상상력에 관한 학위 논문을 준비하며 환각 현상을 체험해 보고 싶었고, 환각을 내면에서부터 연구하겠다고 스스로 메스칼린을 주사했다. 마치 자신은 환각 상태에 빠져서도 스스로를 제어하고 심상의 변화를 기술할 수 있다는 듯이 말이다. 그는 스스로를 다양한 지식의 대상으로 삼아 사회학, 역사학 등을 통해 분석하면서, 이곳저곳에 동시에 존재하려는 의지를 증대시켜 간다. 가시 범위를 결정하는 초자아라는 절대적인 눈 아래 자기 자신과 수많은 거리 두기가 이루어진다. 그 많은 조명 아래에서 무엇이 어둠 속에 남아 있을 수 있을까? 인식하는 주체는 어둠조차 알고 있다. 사르트르는 그가 하나의 체계를 확립했으며, 자신도 거기서 벗어날 수 없음을 또 그러기를 원하지도 않음을 인정했다. "이 체계를 만든 것이 나이기 때문에, 내가 거기에 빠져들 가능성은 상당히 컸어요. 그 결과 증명된 것은 내게 진실이란 이 체계 바깥에서는 구상될 수 없다는 사실이었을 겁니다. 하지만 이것이 또한 의미하는 바는 이 체계가 심오한 진실에 가닿지는 못하더라도 일정 수준에서는 여전히 유효하다는 것이지요."* 진실의 갑작스러운 출현을 옹호하기 위해 체계가 확립되었다고 거꾸로 이해하는 분석가도 있을 수 있다. 이 경우 진실은 내세워진 근거들이 침묵할 때에만, 다시 말해 주체가 침묵하고 더는 말도 하지 않고 글도 쓰지 않게 될 때에만 표명된다.

글쓰기는 과도한 단언을 통해 감추고, 그럼으로써 동시에 드러낸다. 어떤 진실을 말하지 않으려 노력함으로써 그 진실을 폭로한다. 그러한 왜곡에, 문학적 허구 또는 철학적 사변에 어떤 글쓰기가 가장 유리할까? 상상력을 요구하고 문체적 기교를 부추기는 문학이 진실과 거짓 사이의 이런 게임에 유리해 보인다. 작가가 많게든 적게든 가면을 쓰고 자기 삶을 연출함으로써 자아상을 특정 방향으로 유도하는 여러 속임수가 나온다. 그것은 쉽게 믿어 버리는 순진한 독자들만 끌어들이는 자서전의 경우에도 마찬가지다. 사르트르는 《말》에서 신앙과의 단절을 갑작스러운 결심이라고 썼지만, 일기에서는 무신론으로 가는 길이 얼마나 더뎠는지 털어놓았다. 이렇게 사르트르는 문학적 허구가 기만적이긴 해도 진실 표현에 한층 더 유리하다는 점을 암시했다. 그는 자신의 보편적·관념적 담론보다 소설이 자신의 사상과 회의와 정서에 훨씬 더 가까운 이미지를 제공한다고 명확히 말했다. 진실은 진실을 말하는 주체를 함축하지 않고서는 존재하지 않으며, 보편성 아래에서라고 주체가 완전히 지워지지도 않는다. 사르트르는 다음과 같이 말했다.

* 위의 책, p.148.

"자기 자신의 진실을 사유하지 않고도 객관적 진실에 도달할 수 있습니다. 그러나 있는 그대로의 객관성과 그 객관성 이면에 있는, 객관성과 동일한 자격으로 그 사람의 일부를 이루는 주관성에 대해 동시에 말해야 한다면, 그때는 '나, 사르트르는'이라고 글을 써야 합니다. 우리가 자신을 충분히 알지 못해서 그러지 못한다면, 허구를 통한 우회가 객관성-주관성의 총체에 더 잘 접근할 수 있게 해 줄 거예요."*

진실에 도달할 가능성, 자기 자신을 인식할 수 있는 가능성은 나중으로 밀려난다. 진실은 도달 가능한 것으로 남아 있지만, 지식의 상태로는 여전히 접근할 수 없다. 따라서 글쓰기는 불투명성에, 비밀에, 거짓말에 부딪힌다. 글쓰기는 어둠의 왕국을 선택할 수도 있고 약간의 빛을 좇을 수도 있다. 사르트르는 감춰진 진실에 도달하려면 때로는 가리개, 거울, 미끼가 필요하다는 것을 인정했다. 그는 보들레르, 주네**, 틴토레토***, 또한 그가 미워했지만 시대와 그 자신과의 관계를

---

* 위의 책, pp.145~146.
** Jean Genet(1910~1986). 프랑스의 시인, 소설가, 극작가. 사생아로 태어나 불우한 어린 시절을 보내고 부랑자로 떠돌아다니며 교도소를 드나들었다. 이러한 이력을 바탕으로 악과 성의 가치를 전환시킨 독특한 작품 세계를 형성했다. 《꽃의 노트르담》, 《장미의 기적》, 《도둑 일기》 등의 소설과 《하녀들》, 《발코니》 등의 희곡을 남겼다. 사르트르의 평론 《성 주네, 배우 겸 순교자》로 더욱 명성이 높아졌다. ─ 옮긴이
*** Tintoretto(1518~1594). 이탈리아의 화가. 베네치아에서 활약했으며, 역사화, 종교화, 초상화에 뛰어났다. 역동적인 구성과 생생한 움직임 표현을 특징으로 하는 〈성 마가의 기적〉으로 명성을 얻었다. 미켈란젤로의 소묘와 티치아노의 색채를 종합했다는 평가를 받는다. ─ 옮긴이

이해할 수 있게 해 준 플로베르와의 대조를 통해 자기 자신을 묘사했다. 허구가 '진실한 소설'이 되면, 그것은 진실을 말하게 해 준다.

철학이 주장하는 진실은 자아의 진실, 그리고 자아가 주관적으로 성찰한 진실과는 분명 다르다. 그렇지만 아무리 저자들이 반박한들 철학 또한 허구에 의존할 수밖에 없다. 허구는 주장을 뒷받침하기 위해 일상생활에서 가져온 실례들 — 이른바 도덕적 문제를 형상화한 개념적 인물이나 전형적 사례 — 에 국한되지 않는다. 허구는 심지어 보편적 주장에 투입되는 주관성을 통해 담론의 한가운데에 있다. 대명사의 사용, 수사학적 표현, 개론의 구성 방식, 문장의 시기 구분, 단언하고 추론하고 être 동사*를 쓰고 동사보다 명사를 쓰는 방식 등이 수사학적 규칙을 벗어나 글을 쓰는 주체를 연루시킨다. 문학이 진실한 허구를 생산한다면, 철학은 '허구적인 진실'을 보여 준다. 여기서 허구는 문학적 창조와는 다른 의미를 갖는다. 그 허구는 진실에 도달하려는 야망을 가진 담론이 취하는 수많은 전략에 기반한다. 여기서 글 쓰는 주체가 자신을 구성하고 스스로에 대한 재현을 변형시키게 해 주는 심리적 몰입이 일어나는데, 이는 주체의 주관적 책임을 유보시키고 그만큼 그를 좀 더 쉽게 허구적으로 재배치할 수 있게 해 주는 언어활동을 통해 이루어진다.

* 주어 뒤에 쓰여 '~이다', '있다'의 의미를 갖는 프랑스어 동사. 영어의 be 동사와 같은 역할을 한다. — 옮긴이

그러므로 심리학을 잘 아는 독자라면 철학자 주체가 내세운 투명성의 의지를 선뜻 믿지 못할 것이다. 자유, 선택, 책임에 대한 사르트르의 성찰이 아무리 강력하다 해도, 그 역시 정신 작용의 영향을 받았다. 이 정신 작용을 통해 주체는 존재론, 윤리학, 정치학의 관념적 언어에 자기를 쏟아 넣음으로써 다른 삶 속에 그의 삶을 투사할 수 있고, 자신을 의심과 약점에서 벗어나게 하는 또 하나의 실존적 지평을 그려 보일 수 있다. 투명성의 종말론은 미덕을 주장함으로써 구원을 얻는 무대이기도 하다. 개념에 초점을 맞추면 그 개념들이 거쳐 온 오랜 여정을 잊게 된다. 지성사나 교과서에 일단 포함되고 나면, 개념들은 처음 탄생된 과정과 이후로 비틀리고 변형된 부분들을 숨긴다. 왜 어떤 철학자는 어떤 개념과 동일시될까? 대답은 확실하지 않을뿐더러 종종 놀랍기까지 하다. 삶과 사상의 일관성에 대한 우리의 생각과 너무나도 충돌하기 때문이다.

# 3장

개념에 대한 물신숭배

한 사상가가 어떤 개념에 찍어 둔 검인檢印은 사상사 속에 그의 자리를 마련해 준다. 사상가의 이름을 하나의 단어나 표현과 연결짓는 것은 '개요'로 요약될 위험이 있더라도 그의 사상을 좀 더 명료하게 이해할 수 있게, 아니면 최소한 눈에 더 잘 띄게 해 준다. 제자, 해석자, 교육자 들은 일찍이 '열쇠 개념'을 강조해 왔고, 이러한 단어들은 사상가의 저서를 그 열쇠로 자물쇠를 따서 열어 보고픈 금고로 둔갑시켰다. 철학자들은 추상 언어에 수행하는 작업 때문에, 그들이 만들어 내거나 시대에 맞게 현실화한 개념들을 가다듬는 사람들로 여겨진다. 철학자들의 이러한 상징물들은 현대의 담론 속에서 개념, 수사, 문구, 신규 합성어의 형태로 한자리를 차지한다. 옛 단어들이 현재성을 얻고(코나투스, 에토스, 아우라 등), 평범한 단어들이 철학 용어가 되며(타자, 사건, 차이, 공동체 등), 때로는 접두

사나 전치사, 부사가 개념을 구성하는 데 사용되기도 한다(포스트휴먼, 公共존재, 비非전체 등).

사상의 검인자들은 지식과 주장의 다양한 영역에서 사상을 유통시키는 해석자, 전달자, 교사 들의 흥미를 불러일으킨다. 이러한 확장이 종종 수용된 '브리콜라주'*의 성격을 띠기도 하는데, 이 단어는 정신적 작업물에 만능 도구상자처럼 사용되면서 본디의 경멸적 뉘앙스를 잃었다. 열쇠 개념은 원저자를 벗어나 오늘날의 통사론을 빌려 폭넓게 유통된다. 여러 학문 분야에서 이러한 표현을 차용해 앞다투어 사용한다("이것이 징후가 된다", "원점에서 다시 생각한다", "X는 무엇의 이름인가" 등). 표현의 창시자가 특허를 가지고 있진 않지만, 이렇게 그는 자신이 적법성을 보증하는 이론적 언어의 채권자가 되고, 사용자들은 그의 박식한 권위에 따르게 된다.

### 개념의 마력과 개념의 거부 : 프로이트

물론 철학의 모든 용례들을 단어들로 귀결시킬 수는 없다.

---

\* 원래는 '여러 가지 일에 손대기' 또는 '수리'를 뜻하는 프랑스어 단어로, 구조주의 인류학자 클로드 레비스트로스가 《야생의 사고》에서 원시사회의 지적 활동의 특성을 가리키기 위해 이 용어를 사용했다. 한정된 자료와 도구를 임기응변으로 사용하여 문화를 만드는 실천을 가리킨다. 이는 계획에 따라 일의적으로 의미 부여된 개념을 사용한 근대적 실천과 비교된다. ─ 옮긴이

그것은 엄격한 분석, 비판적 태도, 자유로운 사색을 비롯하여 현실과 언어와 사상에 접근하는 여러 방식들로 특징지어진다. 하지만 지성사의 자료실에서 사상가들의 색인을 분류하는 작업은 결국 그들의 트레이드마크가 되는 용어나 주장에 기반해 이루어지는데, 이는 실제로 분류에도 도움이 된다. 이처럼 특정 단어에 높은 가치가 부여되는 것은 사상 전파를 위한 홍보 영역에만 국한된 일이 아니다. 사상가들 스스로도 사상에 정신적으로 몰입하는 과정에서 그 단어에 과도한 중요성을 부여한다. 위대한 사상가의 상징적 단어와 그에 대한 주석을 함께 제공하는 유행의 영향으로, 단어가 가진 힘에 대한 믿음이 철학적 관행의 특징이 되었다. 프로이트는 철학자들이 단어와 관념적 구성물의 마력을 과대평가한다고 비꼬듯 적었다. 철학자들은 "세계의 실제 과정이, 우리의 생각이 거기에 할당하고 싶어 하는 길들을 따라 진행된다"*라고 믿는다는 것이다. 하지만 프로이트가 주술적 사고를 불신했다고 해서, 물신-단어 덕에 자기에서 출발해 사변적 체계를 세웠을 뿐 아니라 표상을 구성하기까지 한 주체에게 그 단어가 어떤 실질적 역할을 했는지를 분석하지 않아도 된다는 것은 아니다.

개념의 창시자는 자신이 '권위'를 쥔 개념과 어떤 관계를 맺는가? 그는 자기 단어의 위력을 대번에 느끼며, 심지어 그것이 잘못 쓰일까 불안해할 때조차 자신의 연장延長이라 할 명명

---

* 지그문트 프로이트, 〈세계관에 대하여〉, 《새로운 정신분석 강의》, Rose-Marie Zeitling 옮김, Gallimard, 1984, p.221.

행위 속에서 스스로를 알아본다. 검증된 바는 없어도 개념 창시자의 업적을 알아볼 수는 있는 응용 사례들을 통해, 정의 내리는 작업은 때때로 다른 저자에게 양도되기도 한다. 이는 개념 창시자를 거꾸로 되비추면서 그를 계속 따라 다닌다. 개념 자체는 보편성과 익명성을 내세우지만, 그 창시자는 개념을 통해 정의되고 구성된다. 그저 '저자' 내면의 사유에서 생겨난 기호만은 아닌 그 단어와 저자가 맺는 관계가 정의되어야 한다. '위대한 사상'의 역사에 관한 소소한 신화들은 진실의 씨앗 같은 단어들로 상징화된, 위대한 사상을 '싹틔운' 예외들을 보여 주곤 한다. 철학자들은 이 진실의 씨앗들을 폭로하고 무지한 인류에게서 끌어내 명명백백히 밝힐 특권을 가졌던 것 같다. 영구 보편의 사상을 탈출시키는 안내인, 그들은 개념을 '해방시킨다'. 이것이 정신사에서 그들의 역할이다. 그 사상의 효력이 동시대에 발현되는 경우가 드물고 나중에야 평가되더라도 말이다.

하지만 위인전에서처럼 사상가를 그 사상의 해방자로 그려 내는 것은 지적 구성물의 고유한 생산 동력을 은폐한다. 물론 그걸 무시한다고 크게 손해를 보는 것도 아니어서, 사상가를 어떤 개념·주장·체계 등으로 이끈 개인적 동기를 지나쳐도 될 만한 것으로 간주할 수도 있다. 주관적 자아는 자신의 창조물 앞에서 지워지고, 저서에 서명한 개인은 하나의 상징이 된다. 플라톤은 이런 방식으로 진실, 국가, 형이상학이라는 단어의 명의자가 되었다. 사상가가 사상과 단어에 쏟는 주관적 노력에 대한 관심은 전혀 다른 차원에 속하며, 사상사 편찬 작업과 경쟁하지 않는다. 그 작업이 '중요한' 위대한 사상가들을 한 명씩 제시하는 이상주의적인 작업이든, 한 시대의 정신적 맥락을 연구하는 구조적 작업이든 말이다. 그렇지만 지적 생산물의 정신적 분석은, 비록 다른 목적을 추구하더라도, 사상가와 사상 사이의 투명한 관계라는 표상에 여전히 이의를 제기한다.

교과서의 초상이 자주 미화하는 사상가의 공적 얼굴 또한 그의 사상 과정에 숨겨진 이면이 있다는 것을 전제한다. 그 결과 숨겨진 이면은 그의 감춰진 존재라기보다 활동적 분신이 된다. 이 이중성 때문에 저자가 개념 구성에 정신을 몰입시키면서 일종의 긴장 지대가 만들어진다. 사상의 형성 과정에서 작동하는 정신적 콤플렉스를 고려하는 것은 사상가와 사상 사이에 전제된 일의성과 투명성을 뒤흔든다. 지적 생산물에 대한 부실한 해석은 개념을 어떤 본질이나 존재의 순수한 표현인 것처럼 제시한다. 그러나 '표현'은 속임수, 거짓말, 어느 정도는 의도적인 기만에서 생겨날 수도 있다. 생각하는 주체는 이러한 기만을 통해 이론적 물신에 힘입어 스스로를 상상하고 바라보고 변형시킨다. "자기를 표현한다"라는 것은 언어를 통해 표출될 어떤 생각을 내면 가장 깊숙한 곳에서 끌어내는 행위로 환원되지 않는다. 표현은 주체가 의미 전달을 위해 사상·정서·이미지를 어느 정도 의식적으로 결합시키는 수사적 표현법으로부터, 그리고 언어의 규약으로부터 생겨난다.

어떤 사상의 핵심 고리가 되는 단어에 더 큰 가치를 부여하는 것은 물신fétiche의 사용과 같은 것으로 이해될 수 있다. 물신이라는 용어의 해석을 둘러싼 기나긴 이야기가 있는데, 우리는 이 용어가 가진 두 가지 특성에 관해서 이야기할 때가 아니라면 민족학이나 정신분석의 필터를 적용하지는 않을 것이다. 그 두 가지 특성이란 *마법적인 힘*과 *거부*다.

첫 번째 특성이 강조하는 것은 대상이 그것의 단순한 기능을 넘어서는 미덕들로 얼마나 치장되어 있는가 하는 것이다. 이와 마찬가지로 대상-단어 또한, 마치 종교의식에서 사용되는 작은 인형처럼, 감정을 유발하고 여러 표상을 촉발하기 위해 본래 의미를 넘어서곤 한다. 표현이나 개념에 가치가 덧붙고, 단어가 발설되자마자 감정이 솟아오르는 마법이 일어난다. 철학적 언어를 두고 단어가 갖는 이런 힘을 언급하는 것이 별로 일반적이지는 않지만, 강한 추상성은 정신을 몰입시키는 데에 유리하다. 그편이 구체적인 지시 대상을 더 잘 감추기 때문이다. '충실', '우애', '정신', '정의' 같은 단어는 환기력이 높고 강력한 열정을 불러일으키기 때문에, 사람들은 이 개념들을 반복해서 숭배하게 만든 개인의 주관적 상황까지 거슬러 가 볼 생각은 하지 않게 된다. 이러한 물신-단어들은 도덕적 이상이라는 보호막 아래에서 그것이 유발하는 감정에 걸맞은 마법이 된다. 이 단어의 겉에는 확고한 정당성의 휘장이 둘러지고, 안에는 숨겨진 존재들과 은밀한 세계가 자리 잡는다. 이 단어들은 모두 원리를 확립시키기 때문에, 원칙적으로 공박 불가하다. 그것은 마치 심장과도 같아서 거기서 뻗어 나간 사상의 동맥이 의미를 확산시키고 거기에 리듬을 부여한다. 우리가 부여한 의미들에 오해의 소지가 있기는 하지만, 물신-

단어는 그것을 공유할 수 있게끔 해 주는 축적된 정서를 싣고 있다. 그리하여 우리는 자유를 찬양하기 위해 잔을 들어 올릴 수 있고, 자유가 위협받는 상황에서 그것을 지키기 위해 위험을 무릅쓸 수도 있게 된다. 그러나 그 애지중지하는 관념이 가진 힘은, 어떤 사람에게서는 정치적 경험에서, 또 다른 사람에게서는 가족의 추억에서, 또 어떤 경우에는 직업적 상황에서 끌어내어진다. 어떤 물신-단어를 중심으로 구성된 종파는 추론적 이성을 통해 표면상 통합을 이룬 여러 표상과 감정에 근거를 두고 있다.

물신에서 가장 흥미로운 것은 아마 두 번째 특징, 즉 물신에 함의된 거부와 관련이 있을 것이다. 정신분석은 부정과 대체를 통해 특정 신체 부위나 의복에 과도하게 집착하게 되는 물신의 성적 특성을 언급했다. 우리는 물신을 아이가 어머니에게 있다고 상상하는 팔루스의 대체물로 보는 견해를 따르지 않고, 자기 자신에 대한 거짓말을 이야기하며 이미 논의했던 부인否認과의 관계만 고려할 것이다. 거부의 예로서 프로이트는 중국인들이 전통적으로 여성의 발을 어린 시절부터 붕대로 감아 손상시키면서도 숭배했다는 사실을 들었다. 그리고 그는 물신이 억압과는 달리 맹목이나 망각이 아님을 관찰했다. 실재의 가치를 전복시키면서도 실재성은 보존하기 때문이다. 발은 성장을 방해받고 뒤틀렸지만, 이상화되고 숭배의 대상이 된다. 물신-단어도 마찬가지 기능을 한다. 물신-단어는 지시 대상에 저지른 범죄를 부인하고 그것을 영광스러운 것으로 뒤바꾼다. 더 급진적으로 말하자면, 지시 대상에 결부된 가치를 적대감에서 숭배로 뒤집음으로써 범죄 행위를 은닉한다. 예를 들어 실제로는 선택에 확신을 갖기를 끊임없이 두려워하면서 세상에서 가장 자유롭지 못하게 살아가는 개인이 자신은 자유를 숭배한다고, 자유를 위해 모든 것을 희생할 준비가 되어 있다고 목청을 높일 수 있다. 단어를 말하고 쓰고 반복하고 그 의미를 확장하는 행위는 그 단어가 지시하는 현실을 얼마나 거부하느냐에 따라 이루어진다. 물신은 주체를 불안으로부터 보호하고 그가 안심할 수 있는 보완물을 제공하는 가공의 기호를 생산함으로써 거부를 실행한다. 그는 이제 두려워하지 않고, 그가 가지고 놀 수 있는 한 단어를 손에 쥔 채 그 단어를 되풀이해 말하고 숭배한다. 그는 스스로가 자유롭다고 말하면서, 자신의 모든 사상과 논증을 이러한 자유의 확신에 유기적으로 결합한다. 그는 심지어 이 기본적 미덕에 충분한 가치를 부여하지 않는 자들을 규탄할 것이다. 그가 계속해서 자유에 대해 말하고 자신이 자유를 위해 열성적으로 애쓴다고 확신하는 이상, 현재 실현 중인 자유에는 아무런 관심이 없는 것이다. 비밀을 상투적인 과시로 바꾸는 만큼, 물신은 더 강력한 속임수의 방어벽을 구축한다. 역설적이게도 물신은 비밀에 가장 기만적인 광고를 제공함으로써 비밀을 보장한다. 해방의 미덕을 오랫동안 떠벌려 온 이 우유부단한 자는 "보라, 나는 자유로운 인간이다"라고 외친다. 자유라는 단어를 마음껏 사용하는 이상 그는 자유로울 필요가 없다. 하지만 자유롭게 행동하라는 불안한 지령을 떠올리고 싶지 않다면, 그는 끊임없이 자유라는 단어를 말하고 그것을 애지중지 전시해야 한다.

개념의 발명과 사용은 자기에 맞서는 동시에 자기와 함께 하는 새로운 자기 조정 작업을 필요로 하는 경우가 많다. 관념-단어는 개념으로, 상징으로, 이미지로 기능하곤 하는데, 강박적 대응을 통해 창시자 자아의 위조물이 될 수 있다. 따라서 철학자의 *개념적* 얼굴이란 단순히 진실을 제시하는 데 그치는 것이 아니며, 자기를 감추고 가공하고 변형시키는 가면이 된다. 추상적 용어를, 여러 기능을 하는 개념을, 여러 이미지가 층층이 쌓인 표현을 만들어 내고픈 의욕이 사상가들의 욕망에 끼어든다. 들뢰즈는 '개념의 발명'이 철학의 특징이라며 이를 정당화했다. 그는 가타리와 함께 자신의 성공에 이바지한 많은 개념을 만들어 냈고, 그 단어들은 철학 바깥의 많은 분야에서도 차용되었다. 주름, 리좀, 탈지층화, 일관성의 평면, 파인 공간, 기관 없는 신체 등의 단어는 예술가, 비평가, 정치학자 들이 담론들 및 세계들을 결합시키는 준準물신이 되었으며, 이것들은 자원인 동시에 공모가 된 이 언어활동을 통해 인지되었다.

사상가는 개념을 통해 자신을 *드러내*는 것일까? 개념 뒤로 사라진 줄 알았던 사상가가 그 개념에 지적 재산권을 행사하는 방식은 양면적이다. 그는 스스로를 전시하고, 자신에게 제2의 피부를 제공하는 추상적 단어들로 자신을 덮어 버린다. 그는 그 단어로 스스로의 존재를 자리매김하지만, 다른 사람들이 거기에 말을 보태고 그렇게 단어가 보충되고 범람하고 왜곡되면서 점점 단어에서 떨어져 나간다. 사상가와 그들에게 붙는 꼬리표의 관계는 모호하다. 그들은 단순화를 거부함으로써 이 관계를 멀리하지만, 자신의 명성도 그 꼬리표 덕이니 결국에는 받아들이기도 한다. 예컨대 사르트르는 '실존주의'와 '휴머니즘'이라는 딱지를 거부했다가, 파리 해방 이후 독자층이 넓어지자 결국 수용했다. 공들여 만들어 낸 개념들이 어느 정도 의미를 잃는 것을 받아들임으로써 사상가는 그의 지식 제작소를 보호할 은밀한 공간을 마련한다. 지킬 박사는 하이드 씨가 자신의 한 측면이 분명한데도 그에 대한 책임을 전적으로 인정하지는 않지 않는가. 물론 이러한 이원론은 사상가의 정신 현상을 이해하기에는 너무 단순하다. 하지만 그것은 일종의 분열을, 적어도 그가 창조한 언어적 존재들과의 유리를 시사해 준다. 단어의 창시자는 자신의 피조물이 영향력을 벗어나 멀리 퍼져 나가는 것을 보면서, 그 피조물이 그에게 예기치 않은 확장을 가져다주는 것에 기뻐할 수도 있다. 들뢰즈는 철학을 개념의 발명과 동일시함으로써 이질적 만남에 따라 개념이 과잉과 접목의 형태로 확장되는 것을 예찬했다. 개념은 다양한 언어들 사이에서 유통되고, 개념의 창시자는 거기서 새로운 생명력을 획득하는 동시에 개인적 권위는 잃게 된다.

물신-단어는 자신이 지닌 마력과 부인의 힘을 제 것인 양 사용하는 발언자들의 마음을 유혹한다. 그들은 물신-단어의 요약된 의미를 독점하여 이를 자신의 이론적 상상 속에서 펼쳐 보인다. 들뢰즈와 가타리는 노마디즘이라는 단어를 통해 유쾌하고도 창의적인 이 움직임을 지칭했으며, 그들은 이러한 유포를 이론화한 이론가이자 실천가였다. 밀접하게 연관된 많은 개념, 가령 탈코드화, 탈지층화, 리토르넬로 등이 은유적 확장을 통해 이 성공에 이바지했다. 물론 들뢰즈는 자신의 개념 만들기와 '은유'를 애써 구분했다. 이미지에 의한 의미 이동의 근저에 유추적 유사성이 있다는 것을 알고 있었기 때문이다. 그는 유사성의 논리를 접속과 배열의 논리로 대체하고자 했다. 하지만 그의 개념들은 실제로 많은 학문 분야에서 은유적으로 사용되었고, 철학적 용례로 쓰인 '노마드'는 언어의 관점에서 일종의 은유로 기능한다. 보통의 개념(노마디즘이란 원래 정해진 거처가 없는 인구 집단에서 나타나는 끊임없는 이동의 양식을 가리킨다)이 사상의 동력이자 은유의 자원인 하나의 철학 원리가 되는 것이다. 이 개념을 통해 정신분열 환자의 행동이나 정치적 저항, 나아가 예술가의 활동까지 해석할 수 있게 되었다. 설령 들뢰즈가 사상가들이 자신의 개념과 맺는 적극적/수동적 관계를 강조했다 해도, 이처럼 유포를 예찬하는 것이 왜 철학의 진실의 차원에 머무는 것이 아니라 사상가가 자신을 가리고 회피할 수 있게 해 주는 심리적 전략 속에 포함되는지를 이해해야 한다.


개념으로 도피하기 : 들뢰즈, 칩거하는 유목민


유목민nomade이라는 단어와 노마디즘의 원칙은 어떻게 들뢰즈 같은 사상가의 정체성을 알리는 표식이 되었을까? 사회학과 사상사에서 그 대답을 찾을 수는 있겠지만, 등대 단어와 그 단어의 창시자 사이의 관계에 대한 의문은 여전히 남는다.

노마디즘이 거둔 성공 또한 아마도 다소 불분명한 이 관계에 뭔가 빚진 부분이 있을 것이다. 가타리와 함께 글을 쓰긴 했지만, 우리는 들뢰즈에게 초점을 맞출 것이다. 가타리의 이름은 독자적으로 분류하기 애매한 반면, 들뢰즈의 이름은 통일성과 일관성을 갖추고 철학계에 등록되어 있기 때문이다. 노마디즘 개념과 관련하여 들뢰즈라는 인물의 특성이 독특한 문제를 제기한다면, 이는 그의 삶, 그리고 여행을 싫어한다는 그의 발언이 보여 주는 역설 때문이다. 너무 단순하긴 해도 이런 질문을 바로 던져 볼 수 있다. 여행을 싫어하는 사람이 어떻게 노마디즘의 예찬자가 될 수 있단 말인가? 이는 애초부터 별 상관이 없는 질문처럼 보인다. 강력한 사상을 내놓은 이가 일상생활에서 실망스러운 일화를 보이는 게 무슨 상관이란 말인가. 이러한 유의 이야기는 흔하며, 우리는 이미 그것의 정당성과 약점을 살펴보았다. 사상가의 저서를 읽는 데 일대기는 무시해도 아무 문제가 없다. 저서 속 사상이 그 과정과 결과에서 순수한 것이라는 생각은 환상이다.

노마디즘의 주창과 여행에 대한 반감 사이의 모순에서 중요한 것은, 거기서 위선을 찾아내는 것이 아니라 그 모순의 심리적 핵심 고리를 이해하는 것이다. 단어들에는 많은 의미가 뒤따라 붙게 마련이며, '여행'이라는 단어도 면밀히 살펴볼 필요가 있다. 우리는 여행을 좋아하면서도 관광 같은 특정 유형의 여행은 싫어할 수도 있다. 레비스트로스는 《슬픈 열대》를 "나는 여행도 탐험가도 싫어하지만, 여기서 나의 탐사 이야기를 하려고 한다"라는 역설적인 문장으로 시작함으로써 자기

만족적인 모험담이나 늘어놓는 여행자들을 겨냥했다. 그들의 진부한 문체, 조악한 이국적 정서, 성숙한 여행자들이 다른 문화를 발견하지 못하게 방해하는 상상적 투사를 빈정댄 것이다. 물론 주파한 거리로 여행의 진정성을 평가할 수는 없지만, 레비스트로스는 수많은 영토를 누볐고, 그러면서도 불만을 드러내는 법이 없었다. 브라질에서 민족지학 연구 탐사를 할 때에는 기꺼이, 전쟁기에는 어쩔 수 없이 옮겨 다니면서도 말이다. 여행을 싫어하는 여행자라는 역설은 낭만적 노마디즘을 몰아내기 위해 만들어지고 이론화되었다.

여행하는 삶을 경험하고 여행에 대해 숙고한 사상가도 많다. 칩거하는 철학자와 여행하는 철학자라는 범주를 설정할 수 있을 정도다. 시라쿠스행 배에 오른 플라톤, 말을 타고 유럽을 순례한 데카르트, 엥가딘 협곡과 지중해 사이를 쉴 없이 돌아다닌 니체 등 유목적 삶을 살며 이동에 관한 사상을 발전시킨 이들이 있다. 몽테뉴는 성찰에 도움이 되는 수련의 방편으로서 여행하는 삶을 주장했다. 스위스, 독일, 이탈리아에서의 장거리 여행에서 영감을 받은 이 철학자는 "내가 아는 한, 삶을 도야하는 최고의 학교는 다양한 삶과 의견과 풍습을 두 눈에 끊임없이 직접 담는 것이다"*라고 썼다. 그렇다면 들뢰즈는 이 여행하는 철학자들의 무리에 포함될까? 유목민 형상에 대한 그의 예찬을 생각해 보면, 답은 분명 그러하다. 하지만 그의 삶과 은둔적인 행동 패턴을 관찰해 보면, 그렇지 않을

* 몽테뉴,《수상록》, 3편 9장, 2권, p.973.

것이다. 많은 외국 대학이 그를 초청했지만, 그는 직업적으로도 개인적으로도 거의 움직이지 않았다. 딱 한 번 뉴욕에 갔는데, 뉴욕에서 프랑스 철학의 대명사가 되기엔 그걸로 충분했다. 그는 여행이 자신을 힘겹게 한다고 털어놓았다. 그에게는 어디 머나먼 곳에 가는 것보다 리모주에 위치한 생레오나르드노블라 수도원에 가는 게 더 좋은 일이었다.

여행을 생각하거나 상상하는 것은 직접 떠나지 않아도 되게 해 준다. 이러한 가정은 경험에서 해방된 이론이라는 관점을 뒷받침해 준다. 여행은 관념적 추론 또는 상상적 투사라는 대리 방식을 통해 이루어질 것이다. 들뢰즈는 머릿속에서 만들어 낸 개념적 인물들로 극단적 버전의 여행을 하며 이 둘을 결합하는 것처럼 보인다. 어린아이처럼 철학자는 머리로 여행을 하고, 자신을 공간과 상상계의 탐험가로 꿈꾸고, 다른 사람들이 착란을 일으킬 정도로 겪는 현기증을 가라앉힌다. 니체, 아르토*, 미쇼**, 버로스***가 그에게 이런 극한 체험을 제공한다. 이 여행하는 철학자들은 자아의 해체, 계보에 대한 증

* Antonin Artaud(1896~1948). 프랑스의 극작가. 시인이자 배우이기도 하다. 초현실주의 운동에 참여하여 극단을 설립했고, 《연극과 그 분신》에서 펼친 '잔혹극' 이론으로 이후 전위극에 큰 영향을 미쳤다. ─ 옮긴이
** Henri Michaux(1899~1984). 프랑스의 시인이자 화가. 신비주의와 광기의 교차점에서 독자적인 시 세계를 개척하여 현대 프랑스의 대표적 시인으로 꼽힌다. 작품집으로 《에콰도르》, 《내면의 공간》 등이 있다. ─ 옮긴이
*** William Burroughs(1914~1997). 미국의 소설가. 마약중독 체험을 바탕으로 《정키》를 썼으며, 마약중독자의 환각과 공포를 산문시 풍으로 쓴 《네이키드 런치》가 대표작이다. ─ 옮긴이

오, 육체의 분리 등을 철저하게 체험했고, 페요틀, 아야후아스카, 메스칼린 같은 환각제를 맛보면서 위험을 자초했다. 그들은 머나먼 라틴아메리카, 아시아, 아프리카를 성큼성큼 걸어다녔다. 들뢰즈는 그들을 통해, 위험에 빠지지 않은 채 생생한 체험을 할 것이다. 직접 겪지 않은 이 경험들로서 '숨통을 트고' 싶은 욕구를 이야기하면서 말이다. 그는 창의적 개념의 형태로 그럴 수 있는 능력을 손에 쥔다.

노마디즘의 사유는 유목의 사유일 것이다. 이 추론은 의미의 미끄러짐에서 나온다. 그 미끄러짐은 마치 연구 대상의 특성이 저자에게 파급되기라도 한 것처럼, 어떤 사유의 대상을 그 사유의 수식어로 바꾼다. 그렇다고 해서 자유의 사상가를 자유로운 존재라고 말할 수 있을까? 하지만 노마디즘에 관한 혼란은 들뢰즈가 이 단어를 두고 고유의 의미(개인 또는 집단의 이주 방식)와 비유적 의미(규범에서의 독립)를 모호하게 사용하는 데서 비롯된다. 들뢰즈는 '노마드론'의 개론을 쓰기 이전부터 '유목적 사유'라는 표현을 사용했는데, 그것은 니체의 삶과 저서에서 원천을 길어 온 것이었다. 니체는 모든 코드화에서 벗어나기 때문에 그의 꿈과 광기, 그가 쓴 글은 최종적 해석 안에 가두어질 수 없다. 들뢰즈는 니체의 글을 읽을 때, "우리는 배를 탔다. 메두사의 뗏목이다. 뗏목 주변으로 포탄이 떨어진다. 뗏목은 얼어붙은 땅속 개울을 향해 혹은 오리노코강이나 아마존강 같은 찌는 듯한 강을 향해 떠밀려 가고, 사람들은 함께 노를 젓는다"*라고 묘사했다. 들뢰즈는 *그림자 없는 여행자*야말로 '탈지층화'의 전형임을 보여 주기 위해 방랑자의 상상력을 따랐다. 니체를 읽으면서 들뢰즈는 모험 소설에 나올 법한 상황을 겪으며 남아메리카의 강들을 항해하는 자신을 보았다. 바젤 대학의 교수로 돌아갈 수 없었던 시기의 니체는 대서양을 건너지는 못했으나 거스를 수 없는 물결을 따라 하숙집을 전전했음은 분명하다. 따라서 니체의 노마디즘은 그 자신의 이동, 돌이킬 수 없는 방황과 관련이 있다.

노마디즘에 대한 예찬과 물리적 이동에 대한 반감 사이의 모순이 은유적 표현으로 무마될 수도 있었을 것이다. 하지만 역설 덕분에 해법을 제안할 수 있었던 들뢰즈는 이 모순을 피하지 못했다. 그는 유목민은 이동할 필요가 없다고 주장하지 않았던가! 철학사에는 운동과 이동에 관한 논리적 역설들이 등장한다. 날아가는 화살이 고정되어 있음을 설파한 제논의 역설 같은 것들 말이다. 하지만 들뢰즈는 자신의 역설을 노마디즘의 인류학적 정의 위에 안착시키려 했다. 그리고 글과 대담을 통해 유목민은 이동하지 않을 뿐만 아니라 떠나기를 거부한다고 거의 강박관념이 될 정도로 끊임없이 설득했다. "움직이지 않는 여행, 강도 높은 여행이 있다. 심지어 역사적으로 보면, 유목민은 이민자의 방식대로 이동하는 사람들이 아니었다. 반대로 그들은 움직이지 않는 사람들, 코드에서 벗어나 그 자리에 있기 위해 유랑 생활을 시작하는 사람들이었다."** 들뢰즈는 논증을 단단히 하기 위해 역설을 밀어붙였고, 여행을

* 질 들뢰즈, 〈유목적 사유〉, 《무인도》, Minuit, Paradoxe, 2002, p.355.
** 위의 책, p.362.

싫어하면서도 유목민의 편에 서기 위해 자기가 쓴 표현의 권위에 기댔다. 모순이 솟아오르는데도 그것을 여전히 지지하고 있는 독자들은 들뢰즈의 사상을 제대로 이해하지 못하고 있다고 비난받을 수도 있겠다. 노마디즘의 정의에 이동에 대한 거부가 내포되어 있는 이상 말이다,

역설은 반복과 전시를 통해 명증해진다. 논증을 제시하는 것 이상으로 정의定義를 구축하기 때문이다. 유목민은 부동성의 형상이 되었다. 들뢰즈가 유목민의 반대편에 더 이상 침거자가 아닌 이민자를 대립시킬 정도로 말이다. 항상 이동하면서 어떤 영토에도 살지 않는 이런 사람은 "[……] 진정한 여행자는 [……] 떠나기 위해 / 떠나는 사람들뿐"이라고 썼던 보들레르의 방식으로, 여행하기 위해 여행을 한다. 반면 유목민은 오로지 자기 의사에 반하여 어쩔 수 없이 그럴 수밖에 없어서 이동할 따름이다. 이민자가 무정형의 영토만 남겨 둔다면 유목민은 하나의 양식을 살기 때문이다. 들뢰즈는 그러한 풍경을 구성하기 위해, 은유와 민족-지리학적 묘사를 이어 간다. 유목민은 주름 없는 매끈한 공간, 스텝 또는 사막의 공간에 달라붙는다. 이동할 때는 사실 움직이지 않고 가만히 있다. "안장 위에서 무릎을 꿇고 빠르게 달리는 베두인 사람"*처럼 말이다. 그는 홈 파인 공간, 수직으로 홈 파인 숲의 공간이나 바둑판무늬로 홈 파인 경작지의 공간에서 벗어난다. 거의 여행을 한 적이 없는 들뢰즈는 지도를 그리고 식생을 상상하

* 질 들뢰즈·펠릭스 가타리,《천 개의 고원》, Minuit, 1980, p.472.

고 기후를 관찰한다. 거기에 인물을 배치하고 그들을 자신의 상징적인 영토로 이동시킨다. 역사적 시간성을 대신하는 이 지리에서, 그는 니체뿐만 아니라 에피쿠로스와 스피노자까지, 유목민 사상가들을 자신의 매끈한 공간들 속에 놓고 조그마한 철학의 무대를 설치한다. 칩거자의 정반대편에는 그가 '나치 신관神官'이라고 명명했던 숲의 철학자 하이데거를 둔다.

이처럼 상징적 지도를 그리는 행위와 이 지도 덕분에 가능했던 상상의 노정들이 들뢰즈의 역설을 뒷받침한다. 관광에 반대되는 이러한 탐험은 유목민 사상가로서 들뢰즈의 자화상을 정당화한다. 논증적인 만큼 창의적인 그의 이론적 산문에서 들뢰즈는 유목민의 대열에 휩쓸린 철학적 인물들을 통해 자기를 투사함으로써 심리적으로 몰입한다. 들뢰즈는 여행을 비판하는 데 만족했을 수도 있고, 먼 곳에서 겪은 일은 여행의 현실에서 분리해야 한다고 주장했을 수도 있다. 사실 관광은 종종 미지의 것의 진정한 발견 또는 그러한 경험의 흉내내기이다. 그렇다면 이 역설은 피에르 바야르가 칩거 여행자라고 표현한 것처럼, 집에 있기 좋아하는 유목민의 형상을 장려할 것이다.* 하지만 들뢰즈는 이 역설을 철학적 표식으로 만들 때까지 급진적으로 밀고 나갔다. 이민자가 궁색하게 노예 상태로 남아 있을 때, 움직이지 않은 개인은 땅으로부터 가장 해방된 존재가 된다. 들뢰즈는 노마디즘 사상가 타이틀을 얻은

---

* 피에르 바야르, 《여행하지 않은 곳에 대해 말하는 법》, Minuit, Paradoxe, 2012.

뒤에도, 여행하지 않는 것을 재차 정당화하기 위해《질 들뢰즈 ABC》의 서두를 여행자들 그리고 여행이 제공하는 싸구려 단절을 폄하하는 것으로 시작했다. 그는 노마디즘에 관한 주장을 적용하기 위해 그것을 다시 거론했는데, 폐 질환 같은 개인적 이유는 언급하지 않았다. 그가 여행하지 않는 것은 일종의 원칙에 따른 것이기 때문이다. 그는 베이루트에서도 즐겁게 걸을 수 있었다. 하지만 그뿐이었다. 그는 어디로도 떠나고 싶어 하지 않았고, 이동의 욕구를 느끼지도 않았으며, 강력한 부동의 힘으로 삶을 영위한다. 요컨대 그는 '유목민'이다.

들뢰즈가 유목민이라는 단어에 초점을 맞추고 노마디즘의 형태로 그것을 확장했다는 사실은 철학자가 자신의 일부를 어떻게 어떤 구상, 개념, 형상, 은유 속에 투입하는지를 보여준다. 이러한 단어는 꼭 공통점이 있지는 않은 여러 주제를 유기적으로 결합시키는 추진 원리로서, 그의 모든 사유의 축이 된다. 그것은 하나의 철학적·정신적·정치적 태도를 형성한다. 들뢰즈는 클레르 파르네와 나눈 대화《디알로그》에서 "사유를 유목적 능력으로 삼는다는 것이 반드시 이동을 의미하진 않습니다. 그것은 국가 기구의 모델, 웅크린 괴물처럼 사유 위에서 그것을 억누르는 이미지 또는 우상의 모델을 뒤흔드는 것이죠"라고 이야기했다. 들뢰즈에게 '유목민의 마차'는 국가 기구에 맞선 투쟁의 형상이었고, 그는 '상상의 유목민적 단일성' 위에 자신의 정치적 희망을 설계했다.

이 노마디즘 사상가는 다른 유목민들에게서 그의 역설을 정당화하라는 독촉을 받게 된다. 사회와 정치에 개입하면서,

그는 노마디즘을 이미 확정된 의미로 사용하는 이들과 마주치게 되었다. 그는 이제 학생들이나 동료들에게만 호소하는 것이 아니게 되었고, 그의 단어들은 다른 문법들 속에서 쓰이기 시작했다. 논리적 역설은 그렇게 다시 '모순'이 된다. 자신들의 실천에 맞춰 개념을 이해하는 사람들 앞에서 그것을 정당화해야 했던 것이다. 사상가는 종종 자신의 개념이나 교리의 가치를 다소 부풀리면서 주장해야 하는 위치에 놓인다. 다른 사람들이 그에 대해 갖는 이미지에 부응하고 그들의 희망을 꺾지 않기 위해서다. 그런 만큼 그는 사유 속에 투입된 그 자신을 더더욱 확고히 주장해야 한다. 그때 개념은 *기대 범위*에 따라 조정된다.

역사기록학이 정치적 문제에 특권적 위치를 부여함에 따라, 우리는 이렇게 부풀려진 저 쩌렁쩌렁한 사상가의 선언을, 그가 혹시라도 침묵하거나 '철회'하더라도 결국에는 그 사상가와 동일시하게 될 선언을 받아들이게 된다. 과거부터 줄곧 은밀하게 활동해 온 철학자이자 작가였고, 이를 발판으로 참여의 등대 인물이 된 사르트르의 경우에도 그랬다. 들뢰즈 또한 뒤늦게 정치에 들어섰다. 나치 점령기에 고등학생이었던 그는 졸업반 때 기 모케\*와 가깝게 지냈다. 그러나 들뢰즈는 레지스탕스에 참여하고 강제수용소에서 죽은 친형과는 달리, 자신이 정치 투쟁과 딱히 관련이 없다고 생각했다. 68년 5월

\* Guy Môquet(1924~1941). 프랑스 공산당원으로 나치 독일에 저항한 투사. 제2차 세계대전 중 17세의 나이로 처형당하여 독일 점령기의 영웅이자 순교자의 상징이 되었다. —옮긴이

에 리옹에서 학생들을 가르치며 학생운동에 동조했을 때조차, 그해 여름을 논문을 마무리하고 교직을 찾는 데 전념했다. 그는 프랑수아 샤틀레에게 보낸 편지에 "뱅센이나 낭테르에 일자리를 마련해야 하네"*라고 썼다. 확실히 그는 학생들의 시위 참여를 독려하긴 했지만, 폐 질환을 앓고 있어서 휴식을 취해야만 했다. 그의 정치적 급진화는 어떤 정치 이론도 아닌, 만남에서 비롯되었다. 특히 가타리의 우정이 그를 투옥, 정신병, 팔레스타인 등 소위 '대의'에 몰두하도록 이끌었다. 그의 초창기 연구들을 차후의 입장들과 연결 짓겠다는 의지, 그것의 정치적 본질을 보여 주겠다는 의지는 나중에 회고적 독해의 성격을 띠게 될 것이다. 안토니오 네그리 같은 혁명 동지들이 들뢰즈가 그리할 수 있게 해 줄 것이다.

저자의 사상과 그것의 보급에서 개념은 언제 어떻게 빛을 발하게 될까? 당대의 언어와 상상계 속에서 담론의 성공을 결정짓는 것은 분명 역사적 조건이다. 개인이 독자적으로 만들어 낸 것과 시대가 그를 통해 표현한 것의 결합은 그가 이 현실을 이해할 수 있게 해 준다. 사상, 개념, 이미지가 어떻게 받아들여지는가는 그것을 만들어 낸 저자의 손을 벗어난다. 설령 그가 주창자일지라도 마찬가지다. 종종 *저자는 자기 개념들을 뒤쫓고, 그것을 퍼뜨리며, 그것들을 되찾아오기 위해 광란의 질주를 펼친다. 때로는 이 개념들이 저자에게 되돌아와

---

* 질 들뢰즈, 〈프랑수아 샤틀레에게 보낸 편지〉[1969], IMEC archives. 프랑수아 도스, 《질 들뢰즈 펠릭스 가타리. 교차된 전기》, La Découverte, 2007, p.218에서 재인용.

자신을 숭배하라고, 자기에게 얼마나 집착하는지 깨달으라고 독촉하기도 한다. 정치 분석과 정치 이론에 관한 관심은 사상가들을 공적 영역으로 끌어들이며, 거기서 이들은 개념을 뒤쫓는 질주-추격에 맞닥뜨린다. 철학자, 그리고 그의 여러 해석자와 제자는 예컨대 민중, 공동체, 생명정치, 다중 같은 단어를 번갈아 계승하여 변형시키고 논쟁을 벌인다. 따라서 사회를 계몽하고 변화시키는 데 결정적 역할을 하는 이론적 쟁점의 경우, 이론가들이 개념에 자신의 삶을 결합시키고 지적 일관성을 구축하면서 개인적으로 몰입한 부분이 잘 드러나지 않는다.

사상가가 역사적 상황과 밀접하게 연관된 자기 글의 정치적 차원을 수용하는 순간은, 전제된 기대 범위 속에서 정신적 투사가 일어나는 순간이기도 하다. 그러면 그는 적들 또는 동원할 공중을 향해 좀 더 단언할 수 있게 된다. 들뢰즈는 가타리와 함께 쓴 《안티 오이디푸스》를 자신이 정치로 이행한 첫 번째 책으로 간주한다. 실제로 이 책에서 어조가 급진적으로 바뀌었다. 정신분석에 대해 철학적으로 존중하지 않는 태도와 공격적인 희화화를 통해 우리는 규범과 단절한 들뢰즈를 발견할 수 있다. 그것은 곧 프로이트의 정신분석을 반박하고, 욕망의 혁명적 힘을 되살리기 위해 이를 마르크스주의에 근거한 '분열 분석'으로 대체하는 것이었다. 실제로 이 책이 가져올 독특한 이론적 단절은, 공격적 비판과 수많은 대체 개념(욕망하는 기계, 흐름, 몰적, 분자적 등)을 만들어 냄으로써 정신분석적·정신의학적 실천과 무의식을 둘러싼 논쟁에 오래도록 깊은 영향을 미치게 된다. 오이디푸스라는 인물과 그의 이론적 아바타는 가족주의 계보의 규범성을 구성하는데, 들뢰즈의 주된 표적이 바로 이 가족주의다.

이러한 선전포고로 스스로를 드러냄으로써, 들뢰즈는 지적 반발에 맞닥뜨렸을 뿐만 아니라 자신의 삶의 양식과 정치관이 서로 부합한다는 사실을 정당화해야 하는 상황에 놓였다. 그의 모순을 지적한 이 중에 옛 제자 미셸 크레솔이 있다. 나중에 에이즈로 세상을 뜰 이 동성애자 투사는 들뢰즈의 사상과 평온한 실존 사이의 괴리를 규탄했다. 가족주의를 격렬히 비판한 자가 종교적 결혼식을 올렸고, 전통적 오이디푸스 모델에 따라 자식들과 함께 살았다. 그는 오페라 배우처럼 그저 정신분열 환자들의 심리적 단절을 흉내 낼 뿐이었다. 크레솔은 움직이지 않는 자의 노마디즘을 조롱하면서 들뢰즈를 "자리에서 이동하지 않고 움직인다는 환상만 만들어 내면서 '걸읍시다'나 되뇌는 오페라 합창단"*에 비유한다. 우리는 당대 논쟁의 공격적 어조를 넘어, 사상가가 사변적 담론과 실제 삶 사이에, 그리고 경쟁력을 갖춘 진실과 그것에 투여된 심리적 몰입 사이에 설정한 관계에 대해 깊이 생각해 보아야 한다.

들뢰즈는 비판에 대응하고 또 진실과 거짓말의 개념을 철학적으로 사고하기 위해 이 개념들을 정식화했는데, 소송을 제기하려 들지 말고 이에 관해 살펴보자. 이론과 존재 방식의 모순에 대해 생각을 명확히 밝히라고 독촉받은 들뢰즈는 이러

* 미셸 크레솔,《들뢰즈》, Éditions universitaires, 1973, p.91.

한 비난의 전제를 두고 통찰력 있는 답변을 내놓았다. 그는 쉽게 논쟁을 이론적 차원으로 가져갔고, 오이디푸스 문제를 가족생활의 역사로만 제한하지 말라며 오이디푸스 이야기의 구조에서 벗어날 출구를 사유하기 위해 반드시 독신 이성애자일 필요는 없다고 주장했다. 중국에 대해 말하기 위해 중국인이어야 한다거나 정신분열증을 분석하기 위해 정신분열증 환자여야 한다고 생각하지 않는 한, 어떤 문제에 관해 입장을 개진한다고 꼭 관계자일 필요는 없다는 그의 말은 신뢰가 간다. 그래도 '누군가를 대변해서 말하기'와 '누군가의 입장에서 말하기'의 문제는 여전히 남는다. 사르트르가 맞닥뜨렸듯이, '우리'라는 단어만 봐도 거기에는 보편적이면서도 개별적인 진술자라는 위상을 둘러싸고 수많은 모호함과 기만적 입장이 내포되어 있으니 말이다.

들뢰즈의 이러한 변호는 삶과 이론의 불일치를 진실과 거짓말에 관한 열정적인 성찰로 전환시킨다. 진실성이나 정치 참여에 대한 증거 제시를 거부한 들뢰즈는 진실에 대한 요구에 '비밀'을 맞세웠는데, 이는 사실을 숨기기 위해서가 아니라 거짓의 힘을 주장하기 위해서였다. 거짓이 조작된 효력이나마 갖는 반면, 진실이라고 주장하는 것은 어떤 가치도 어떤 타당성도 갖지 못할 것이다. 들뢰즈는 "정확성과 진실에 대한 한심한 믿음"*을 증명하는 이야기들을 제시했다. 그런데 그에게 거짓에 대한 예찬은 무엇을 의미할까? 그의 철학적 방식은 플

* 질 들뢰즈, 《대담》, Minuit, 1990, p.21.

라톤식 진실 모델에 맞서 구축되었고, 루크레티우스가 정의한 시뮬라크르 또는 니체가 펼쳐 놓은 가면들을 그것과 대립시켰다. 본질과 외관의 이원성을 거부함으로써 그는 철학의 목표를 구성했던 진실의 개념을 일찌감치 포기했다. 그렇게 형이상학은 담론과 정서와 관계의 세계에 길을 양보한다.

진실에 던져진 의심은 진실을 추구하도록 부추기는 이유와 관련이 있다. *왜 진실을 갈망하는 것인가?* 이 문제는 선결되어야 하며 심지어 진실의 위상을 규정하기도 전에 제기되어야 한다. 명백한 거짓말이든 의심스러운 거짓말이든, 거짓말이 확인되면 그로 인해 진실을 탐구하게 되고 현실은 '검증 가능한' 것이라는 믿음을 갖게 된다. *진실에 도달하려면*, 적어도 진실을 향한 욕망이 어디서 생겨나는지 이해하려면, 자명함에 맞서서 *거짓말에서 출발하는* 것이 좋다. 미리 존재하는 진실을 거짓말이 감추거나 왜곡했다고 가정하는 것보다, 진실 개념이 어떻게 거짓의 혐의에서 솟아오르는지 보여 주는 것이 더 적절할 것 같다. 들뢰즈는 《프루스트와 기호들》에서 프루스트의 《잃어버린 시간을 찾아서》를 겨냥하여 찾을 대상은 잃어버린 시간이 아니라 진실이라고 주장한다. 그리고 화자와 등장인물들이 거짓말을 해독하는 데 능숙하다는 것을 증명한다. 그들의 의심과 행동을 통해 들뢰즈는 진실을 향한 욕망은 언제나 구체적 상황에 의해 결정되며 결코 순수의지에 속하지 않는다고 시사한다.

우리가 원하는 것은 **절대** 진실이 아니라, 상황에 따른 **어떤** 진실이다. 의심에서 샘솟아 진실을 좇게 만드는 질투의 경우에도 마찬가지다. 다른 진실이 존재한다는 느낌을 받도록, 한 가지 해석만 격렬히 주장하며 그것을 설명하느라 거짓말을 하는 것처럼 보이는 것으로 충분하다. 그러면 질투에 사로잡힌 사람은 즉각 조사에 착수하여, 거짓말을 밝혀내면 진상이 드러나리라고 암시해 오는 징후들을 뒤쫓게 된다. 이 진실은 존재하는 동시에 존재하지 않으며, 만들어지는 딱 그만큼만 성립된다. 오데트 드 크레시는 분명 스완을 속였고, 스완은 그녀의 배신 행위를 상상하며 그녀의 모든 말을 의심하기 시작한다. 하지만 진실은 그 자체로 객관적으로 정의되지 않는다. 진실은 그것에 자리를 마련해 주는 어떤 프리즘, 여기서는 사랑의 프리즘을 통해서만 말해진다. 스완은 오데트가 포르슈빌이나 다른 연인들과 함께 있는 것을 상상하면서, 그녀가 제공한 의도치 않은 기호들에 맞추어 시나리오를 지어낸다. 배신자가 진실을 피한다면, 그것은 진실을 감추기 위해서만은 아니다. 부분적이고 가변적인 진실밖에 만들어 내지 못하는 언어라는 수단 말고는 다른 방식으로 진실을 포착하는 것이 불가능하기 때문이다. 그때부터 질투하는 사람은, 말을 고르는 데 시간이 걸리는 연인을 보며 그만큼 더 거짓말이라 의심한다. 그가 진실을 원하는 것은 단순히 알아야겠다는 마음 때문이 아니라 반항, 증오, 권력, 복수가 뒤섞인 모순된 정서 때문이다.

진실을 향한 욕망의 기저에는 알려는 의지보다 더 강력한 어떤 정서가 있다. 이 욕망은, 수많은 흔적과 잠재적 시나리오를 통해 그 인물을 증식시키는 거짓말의 변화무쌍한 힘을 양분 삼아 자라난다. 질투심에 빠진 스완은 자신의 의심을 정당화해 주는 증거들의 소용돌이에 휩쓸려 들어간다. 그는 오데트가 배신자임을 이미 알고 있지 않은가? 그는 자신이 찾는 진실을 이미 알고 있지만, 그것은 사실을 단순 확인하는 것으로 끝맺을 수는 없는 진실이다. 질투에 사로잡힌 자가 자신의 불행을 향해 확장시키는 시나리오를 따라 이 진실은 구체적인 형태를 갖추어 가게 된다. 이러한 일련의 허구들이 그를 다른 진실들로 되돌려 보낸다. 이를테면 그의 사랑의 본질이라든가, "[그의] 부류가 아니었던" 여인에게로 향했던 욕망 대상의 불명확함 같은 진실들로 말이다.

들뢰즈는 반대자들을 그들이 가진 *진실에의 욕망*의 모호함으로 되돌려 보냈다. 그는 그들에게 진실의 의미에 대해 훈계함으로써 출두하라는 독촉에서 벗어났다. 진실을 향한 욕망에 대해 질문하는 것은 철학의 진실 추구에 이의를 제기하고, 이어서 거짓말의 새로운 의미를 제안하는 한 방법이다. 모든 일반적 정의를 거부함으로써 들뢰즈는 진실의 탐구를 구체적 상황으로, 기호를 해독하고 해석할 수밖에 없게 만드는 대화의 장으로 데려오고자 한다. 삶의 비극적 힘들을 수용할 수 없어서 배후 세계를 가정하고 사유를 그곳으로 끌고 간 소크라테스의 경우처럼, 니체의 지지자 들뢰즈는 진실의 탐구가 언제나 이해관계와 얽혀 있으며 정신의 영악함을 드러낸다고 주장한다. 들뢰즈는 다음과 같이 썼다. "철학의 잘못은 우리가 진실을 사유하려는 의지를, 진실을 향한 욕망을, 진실에 대한 타고난 사랑을 갖고 있다고 전제하는 것이다. 그렇기에 철학은 아무도 위태롭게 하지 않는 추상적 진리에만 도달할 뿐이다."* 논리적 또는 형이상학적 진리는 심리적 동기를 감추는 이상주의에서 유래한다. 반대로 들뢰즈는 진실을 그 기획자를 끌어들인 하나의 고유한 허구로 보여 주기를 원한다. 이러한 진실은 강요된 만남에서 생겨난다. 진술자의 평판을 위태롭게 하는 만남, 모든 허구가 그렇듯 진실한 동시에 거짓되며 이상적 진실만큼이나 힘이 센 어떤 구조 속에서 진술자가 오롯이 존재하도록 만드는 만남에서 말이다.

진실의 기획자는 어떻게 자신의 개념들 속에서 스스로를 *위태롭게 하는* 걸까? 이 강력한 진실들은 어떤 것이고, 그들의 욕망을 주관하는 정서는 무엇일까? 이 질문은 들뢰즈의 흥미를 끌었으며, 그는 스스로를 위해 이 질문에 암묵적으로만 답했다. 자기가 만든 이론적 창작물의 권위를 받아들이거나 받아들이지 않는 많은 철학자들의 경우와 마찬가지로, 그의 선언 역시 모호한 구석이 있다. 철학자들은 한편으로는 그 사상에 대한 자신의 독점적 기여를 주장하면서, 다른 한편으로는 그 사상과 개념에 자율적 권력을 부여한다. 들뢰즈는 어떤 개념의 특성은 그것이 진실을 말하기에 적합한가보다 그것이 거두는 '성과'에서 비롯된다고 주장한다. 그럼으로써 그는 자신이 그런 성과의 원저자라는 사실뿐만 아니라, 그 성과를 계승하고 확장하면서 완수하는 것은 다른 사상가와 창작자들이라는 사실을 동시에 강조했다.

* 질 들뢰즈, 《프루스트와 기호들》, PUF, 1964, p.24.

삶과 사상의 괴리에 대한 비난에 응답하면서, 들뢰즈는 *자신의 개념들 속에서 나타났다가 사라지는 그의 양면적 욕망*을 언급했다. 들뢰즈는 모든 철학은 곧 원저자의 일대기라는 니체의 주장을 이어받되 이러한 전기가 삶을 서술하는 것은 아니라는 사실을 분명히 하면서 그 이중의 욕망을 세심하게 표현했다. 저자는 관념적 주장 속에서 자기 이야기를 하는 것이 아니라 거기서 자기를 만들고 해체한다. 사상은 사유하는 자의 인격에 이의를 제기하는 효과를 분명히 가진다. 그의 자아를 억압하고, 그것을 의심하게 만들고, 때로는 완전히 산산조각 내 버린다. 사르트르는 우리가 언제나 우리 자신에 반하여 생각한다고, 그렇지 않다면 우리는 자신의 사상을 통해 만족스러운 자기 이미지나 만들며 기만 속에 남아 있게 되리라고 말하곤 했다. 자기 두개골 깨부수기, 이는 진실하게 사유하는 머리의 이미지이다. 들뢰즈는 이를 혁명적인 언어로 다음과 같이 말했다. 철학을 한다는 것은 권력에 맞서는 것을 넘어 자기 자신과 게릴라전을 벌이는 것이라고. 자아의 이 불안정성은 분열과 확장을 초래한다. 이를 통해 우리 각자는 여럿으로 쪼개지고, 준準안정상태가 되며, 알아볼 수 없을 만큼 변하게 된다.

　　자기 자신과의 게릴라전이라는 추이를 쫓아가면서, 들뢰즈는 사상가의 은밀함이라는 생각에 매료되었던 듯하다. 책에 저자로 이름이 적혀 있긴 하지만 어쨌거나 자신을 알아보지 못하게 하기, 선형적 이야기 속에 장황하게 늘어놓아진 삶의 통일성을 수용하지 않기, 이동하지 않고 남들에게 들키지 않으며 변화하기…… 그는 보이지 않기, 지우기, 회피하기의 유혹을 받는다. 지각되지 않는 것들 사이에서 지각되지 않기, 들뢰즈는 몇 번이나 이 말을 했다. 초개인적 능력으로서의 삶이라는 니체의 정의와 저자-자아에 대한 정의로부터 벗어나려는 자신의 욕망을 결합하면서 들뢰즈는 *비인칭적 삶*이라는 개념을 제시한다. 결합, 생성/되기, 강도強度가 인격의 통일성을 대체한다. 들뢰즈는 심지어 이동하지 않을 때조차 언제나 다른 곳에 있기를, 그리하여 사람들이 보는 그대로의 삶에 책임지지 않아도 되기를 강력히 요청했다. 자신의 인격을 책임지지 않는 이를 무슨 수로 비난할 수 있을까? 나는 당신이 생각하는 그런 사람이 아니다, 자신이 보이는 모습과 정말로 일치하는 사람은 아무도 없다, 그는 이렇게 암시했다.

누군가는 이렇게 반박할 것이다. 저자가 책, 주장, 사상, 개념에 남긴 흔적을 확인시켜 주는 이름과 서명이 있지 않느냐고! 여기서도 들뢰즈는 전복을 시도한다. 이름이 개인성을 제거하는 과정에서 비롯된다는 새로운 역설을 제안하며 이름과 사람을 분리한 것이다. 그는 다음과 같이 말한다. "이름을 내걸고 무엇인가를 말한다는 것은 매우 이상한 일입니다. 자신의 고유한 이름으로 무엇인가를 말하는 순간은 그가 자신을 어떤 자아로, 어떤 인격 또는 주체로 간주하는 순간이 전혀 아니기 때문이지요. 반대로 개인성을 제거하는 혹독한 훈련을 마치고 사방에서 그를 관통하는 다양성에, 그를 거쳐 가는 강력한 힘들에 자신을 열어 놓을 때 개인은 진정으로 고유한 자신의 이름을 갖게 됩니다."* 들뢰즈는 이러한 개인성의 제거를, 비인칭적인 것을 보편적인 것으로 통하게 하는 전통적 철학 담론에서의 개인성 제거와 대비시켰다. 기존 철학 담론에서의 개인성 제거는 문체적인 것에 불과했지만, 들뢰즈가 설파한 개인성 제거는 자기를 단편화하고 관통하고 변형시키는 모든 것을 수용하는 것이었다. 들뢰즈가 철학자로서의 자신의 이름을 받아들이는 경우는 철학 사상의 통일성에서 더 잘 벗어날 수 있을 때뿐이었다. 이때의 이름이란 우연한 만남들에 의해 활성화되는, 특이성들의 분열체와 같은 것이다. 접속, 기관 없는 신체, 역류, 소용돌이…… 글쓰기는 다른 흐름들, 즉 "똥, 정액, 말, 행동, 에로티즘, 화폐, 정치 등"**과 뒤섞인다.

사상가가 자신의 개념에 남기는 *이름*의 문제는 오래된 것이다. 사상의 권위를 문제 삼았던 많은 철학자의 뒤를 이어 들뢰즈 또한 이 문제에 접근했다. 이미 몽테뉴는 어떤 개념, 생각, 견해가 그 누구의 것도 아니라는 사실을 깨달았다. 그는 아리스토텔레스나 다른 유명 사상가가 발전시킨 논증 또한 자신의 성찰에 통합되었으니 자신의 것이라고 간주했다. 몽테뉴는 다른 사상들을 소화했다고 설명하기 위해 음식과 관련된 은유를 사용했다. 일단 삼켜진 지성의 양식은, '권위 있는' 논증을 이용한 석학들 또한 그랬던 것처럼, 다시 뱉어지지만 않는다면 삼킨 이의 정신과 신경과 피에 영양을 공급한다는 것

* 들뢰즈, 《대담》, p.15.
** 위의 책, p.17.

이다. 그것은 그의 몸의 한 부분이 되었으므로 주창자를 인용할 필요가 없다. 데리다가 이후 부剛서명 개념을 통해 제시했듯, 사상가는 이전의 사유에 자신의 이름을 함께 또는 나란히 서명한다.

개념과 결부된 이름은 주어진 시대를 그 문화와 함께 사유한 주체와 그 시대의 표상들 사이의 일종의 상황적 결합이다. 이렇게 결합된 이름은 한정된 기간에만 쓰이기도 한다. 어떤 사상가들은 자신의 사상을 글로 쓰는 데 있어, 생각과 삶의 단계에 구두점을 찍으면서 여러 이름, 여러 가명을 사용했다. 키르케고르가 그랬다. 뒤에 그의 진술 전략을 분석할 것이다. 사상에 붙는 이름표라는 되풀이되는 질문은 철학의 여정과 함께 한다. 이러한 저자 개념은 근본적 문제를 제기하는데, 역사적 조건에 따라 달라지는 위상과 관련이 있으며 철학과 함께 더 커진 난관에 봉착한다. 문학작품에 행사되는 권위는 회화나 음악 작품의 경우와 비슷하며, 어떤 사상의 권위는 그만큼 복합적인 채로, 모든 특허권에 저항하는 상태로 남는다.

그렇지만 어떤 개념과 결부된 '고유'명사는 기획자의 인격에 대해, 그와 사상 간의 불확실한 관계에 대해 성찰하게 만들기도 한다. 자신의 창조물을 대하는 이가 언제나 자신을 벗어날 존재를 낳은 부모 모델에 따라 행동하는 것은 아니다. 개념의 창시자는 피조물을 자랑스럽게 여길 수도 있지만, 다소 의식적인 전략에 따라 피조물 뒤에 숨어 그것을 부인할 수도 있으며, 더 잘 은둔하기 위해 그것을 공시할 수도 있다. 창작물은 저자가 구성한 수많은 얼굴, 프로필, 표정이다. 들뢰즈는 철학적 권위의 새로운 버전을 제시하는 것에 만족하지 않고, 저자의 자아라는 개인에서 벗어나 *사라지려는 욕망*을 드러냈다. 그는 자아-주체와 인격이라는 낡은 개념에 대한 불신을 넘어, 창작물에 개인적으로 '책임'을 져야 한다는 명령 앞에서 달아나고 싶어 했다.《디알로그》에서 그는 "당신의 비밀, 사람들은 언제나 당신의 얼굴에서 또 당신의 눈에서 그것을 보고 맙니다. 얼굴을 잃어버리십시오"*라고 엄명했다.《천 개의 고원》에서는 동물적인, 풍경적인, 음악적인 결합에 얼굴을 열어둠으로써 얼굴을 분쇄해 버렸다. 그 결과 얼굴 그 자체는 더 이상 존재하지 않으며, 서로 뒤섞여 새로운 배치를 만들어 낼 수 있는 특징들만 남게 된다.** 초유의 형상화를 제안하는 이 놀라운 기획은 들뢰즈가 이론적으로 또 주관적으로 표현한, 얼굴을 없애 개인성을 제거하려는 욕망을 추구한다. 신원을 확인받지 않기, 은밀하게 되기, 가면 만들기, 분열되기, 해체되기……. 가타리와의 만남은 들뢰즈에게 격렬한 에너지를 사용하는, 의식적으로 상식을 벗어나는 이중적 글쓰기의 기회를 제공했다. 노마디즘이라는 단어는 그에게 철학적 명성과 대중적 인기를 가져다주었다.

따라서 사상가가 자신의 개념 또는 추동력과 맺는 관계는 양면적이고 역동적이다. 이 관계는 주체를 그의 이론과 끊임없이 재일치시킨다. 그것은 분할된 자기의 추상 언어로의 투

---

* 질 들뢰즈·클레르 파르네,《디알로그》, Flammarion, 1977, p.59.
** 들뢰즈·가타리,《천 개의 고원》, pp.205~234.

사와 상징·환유·역설·모순어법의 성질을 띠는 다양한 표현법을 삶과 견해 사이의 거리에 따라 결합한다. 이론적 활동에 투여된 심리적 몰입을 보여 주는 단어를 통해서나 주장의 작용을 통해, 생각하는 주체는 자신을 구성하고 속이고 변형시킨다. 개념, 그것이 곧 그다. 확실하다. 하지만 이는 표현이나 표상으로서의 그는 아니다. 표현은 개념이 이미 있다는 사실, 그리고 그 개념이 충실하고도 일의적인 그에게서 비롯되었다는 사실을 전제로 하기 때문이다. 개념이 상기시키는 것은 지적재산권자로서의 그이뿐이다. 하지만 사상가와 개념 사이에는 정신적이면서(사상가는 그가 생산해 낸 것을 자기 것으로 인정한다) 전략적인(개념은 활동 중인 사상의 연속성을 외부에서 보증한다) 하나의 동맹이 맺어졌다. 그는 자신의 개념을 받아들여, 그것을 자신의 모든 개념적 장치의 주된 톱니바퀴로 삼을 정도로 발전시키고 성공시킨다. 자신의 창작물을 가슴에 품고 있으려면 자주 투쟁해야 한다. 추상어는 강탈당하고 남용되기 쉽기 때문이다. 이러한 전유는 여전히 관례적이며, 자신의 이름에 대해 청중에게 책임져야 하는 사상가는 아무리 조작 없이 글을 쓴다고 주장하더라도 소통에의 요구에 종종 굴복해야만 한다. 노마디즘 개념의 증거를 제시하고 그 개념을 수많은 대상을 평가하고 결합하는 데 사용함으로써 들뢰즈는 제 꾀에 빠진 것으로 보인다. 그가 자신이 이론화한 것과 절연하거나, 아니면 용어 재정의를 통해 스스로 정당화해야 하는 역설(노마디즘을 사는 방식으로서의 부동성)을 따라 다른 방식의 삶을 영위한다 해도, 그는 자신이 발명한 개념 그 자체의 힘에 끌려다닐 수밖에 없다.

　사상가는 자기 개념들의 힘에 연루되는 동시에 그 개념들에 의해 정의된다. 따라서 그는 어떤 개념의 소유자일 뿐만 아니라 그 개념의 소유물이 될 수도 있는 것이다! 단어나 주장이 그를 규정하여, 그가 마음대로 생각하고 존재하지 못하도록 방해한다. 따라서 때때로 그는 그에게 재갈을 물리는 이 개념으로부터 자유를 되찾음으로써 사상의 자유를 지키려 노력한다. 사색의 에너지는 그러한 자유를 촉발시키고 또 동결시키는 단어들과 투쟁해야만 한다. 이처럼 사상가들은 등대 개념을 수정해 가면서 자신의 자율성을 주장한다. 때로는 그 개념을 '초월'한다는 구실하에 포기하기도 하면서 말이다. 사르트르는 끊임없이 개념들을 쏟아 내더니(우연성, 대자, 죽음을 위한 존재, 의식, 희소성 등) 그것들이 시대에 뒤떨어졌다고 선언하며 다른 개념들을 위해 이것들을 폐기했다. 그는 후설과 하이데거와 마르크스의 용어에서 피를 빨아먹었다. 그 용어들을 '고갈시켜' 자신의 사상에 맞게 적응시킴으로써 배신을 자행했고, 이어서 스스로는 다른 곳으로 자리를 옮긴 뒤 그 용어들이 타당성을 잃었다고 선언하면서 새로운 언어를 위해 그것들을 놓아 버렸다.

　자신이 진술했던 개념들, 자신의 것이라 공시했던 개념들에서 해방되는 다른 방법은 모든 권위를 부인하고 개념과 자기의 일치를 일체 거부하는 것이다. 들뢰즈는 스스로를 복합적이라고 선언함으로써 이 관례를 안착시켰다. 은밀하게 그리고 다른 언어들에 재접속되지 않고 자유롭고자 했던 그는 어떤 주장이나 모순에 개인적으로 책임져야 할 의무에서 벗어난다. 연루된 것은 오직 그의 이름뿐인데, 들뢰즈라는 성 또한 어느 한 아버지로부터 물려받은 것이 아니라 그 뒤에서 여러 개성들이 살아가고 사유하는 임시적 단어일 뿐이다. 다양한 네트워크, 큰 성공을 거둔 그의 은유에 따르자면 리좀에 재접속된 그는 다원적 분열을 통해 자신의 개인성을 제거해 간다. 그는 가타리와의 공동 저술에 대해서도 "우리는 둘이서《안티 오이디푸스》를 썼다. 우리는 각자가 여럿이었으므로, 결국 많은 사람이었다"*라고 선언한다. 사유하고 글 쓰고 주장을 완성해 가는 주체의 통일성을 문제 삼음으로써 사상가와 사유 사이의 피상적 통일성이 깨진다. 저자와 화자 사이의 구별을 쉽게 받아들이는 문학에서는 진작 폐기되었지만 철학, 더 일반적으로 이론적 담론에서는 고수되어 온 이미지, 즉 살아가는 자아와 글 쓰는 자아의 일관성이라는 이미지는 이렇게 깨부수어진다. 들뢰즈가 주장한 주체의 다중성은 이론적 글쓰기에서 사유하는 주체를 쓰는 주체, 심지어 책에 서명을 남기는 주체와 구별하는 데 이바지했다. 이 다중성은 저자의 개념을 부서지기 쉬운 것으로 만든다. 다중성의 파동이 일으키는 파급 효과를 통해 인격과 이름과 주체가 다양한 변화 생성을 거치기 때문이다.

아무리 풍성한 결과를 낳는다고 해도, 사상가의 형상에서 개인성을 제거하는 것은 여전히 모호하고 또 많은 문제를 제

* 들뢰즈·가타리,《천 개의 고원》, p.9.

기한다. 자신을 확장한다고 주장하는 저자가 곧 자신을 숨기는 저자이지 않은가. 사유하고 쓰는 자가 강력히 주장하는 다양한 특이성들 사이에 어떤 연대가 실제로 존재하는가? 만약 내가 여럿이라면, 이 '여럿' 사이에는 어떤 관계가 있는가? 자아, 의식, 주체 같은 철학 개념을 근본적으로 다시 사유하게 하는 어떤 담론의 이론적 설득력이 아무리 강해도, 그 근거에 대한 문제 제기를 틀어막을 수는 없다. 어떤 사상의 에너지는 이질적 요소들로 이루어 낸 결합에서만 나오는 것이 아니라 개별 정서에도 기반을 두고 있다. 그래서 들뢰즈가 격하게 자신의 개념을 옹호하거나 다른 철학자들을 공격할 때, 우리는 그 격렬함을 통해 그 또한 다른 지성인들의 사유를 거부하는 저자로서 스스로의 주장에 과몰입되어 있음을 짐작할 수 있다. 분노, 열정, 우울함, 호전성은 그토록 치열한 전투가 벌어지는 개념들 속에 깃든 정신적 충동을 암시한다. 여기서 문제는 들뢰즈든 다른 철학자든, 그것의 '개인적' 원인에 대해 질문하는 것이 아니다. 사상가와 개념 사이의 모호한 관계를 부각하는 것의 목표는 그보다는 이른바 정신적이라는 작품들의 정신적 물질성을 검토하는 것이다.

사상가에게 개념이 왜 그토록 중요한가? 그것을 완성하고 확산시키면서 그는 어떻게 자신을 구성하는가? 그는 자신의 상징이 된 등대 단어와 어떤 복합적 관계로 묶일까? 행동과 이론 사이의 간극은 사상이 논리적 근거만으로 요약되지 않는다는 사실, 그것은 자기 구성에서 그리고 진실과 거짓이 뒤섞인 욕망·정서·두려움의 복잡한 배합에서 유래된다는 사실을 엿보게 한다. 이론에 사용된 추상어는 그 이론이 만들어진 내면의 전투 과정을 억압하지만, 불안정한 힘들로 구성된 이상 그 흔적을 지니고 있을 수밖에 없다. 그러한 추상어가 진정 위대한 것은, 차마 털어놓기 힘든 이해관계와 혼란스럽고도 통제되지 않는 내적 동기를 포함하고 또 억누르면서 일종의 균형과 논리적 엄격성을 유지하고 있기 때문이다. 이러한 언어는 숭고한 거짓말을 통해 위조된 가짜 원인을 억압하는 동시에 진실을 찬양한다. 여기서는 무엇도 고발할 필요가 없다. 사상이 만들어진 내막을 알 필요 없이, 사상의 힘을 즐기면 그만이다.

### 개념 속에서 눈멀기 : 레비나스와 눈부신 타인

철학적 체계의 구조적 아름다움은 단번에 감탄을 자아낸다. 사상의 복합성과 일관성을 높이 사는 이들에게 무엇인가를 이해하려는 노력은 지적 즐거움을 제공하여 감정이입으로 이끈다. 스피노자의 《윤리학》에 감탄하기 위해 스피노자주의자가 될 필요도 없고, 라이프니츠의 《단자론》을 열심히 읽기 위해 하느님을 믿을 필요도 없으며, 《정신현상학》에 매료되기 위해 헤겔주의자가 될 필요도 없다. 철학 애호가들은 추상적 구성물을 발견하는 기쁨을 알고 있다. 그 구성물이 이끄는 견해에 지적으로 동의하느냐 마느냐의 차원을 넘어서 말이다. 어떤 언어 속으로 들어가기, 사상의 내적 논리에 다가가기, 그것의 톱니바퀴에 조금씩 숙달되기…… 이러한 계기들은 거대하고 지속적인 정신적 감흥을 제공한다. 개념, 명제, 이 작품들로 인해 세계에 대한 우리의 표상과 이런저런 단어의 용법이 겪게 된 변화들은 그것을 받아들인 이들에게 일종의 악보를 제공한다. 철학적 주장의 의미를 과소평가한다면 이 비교에 충격을 받을 수도 있겠다. 하지만 어떤 사상이 그것이 사용하는 언어와 더불어 우리의 삶과 동행하고 세계를 보고 듣는 우리의 방식을 조직하는 데 이바지한다는 사실을 받아들인다면, 이 비교는 몫을 할 것이다. 이론적 걸작을 읽고 아무런 영향도 받지 않는 일은 드물다. 심지어 우리가 그것의 주제에 명백히 동의하지 않을 때조차 그렇다.

　　너무 몰입해서 듣는 음악이 그렇듯이, 과도하게 이해되거나 분석된 추상적 구성물은 매력을 잃기도 한다. 어떤 것은 숭고하게 들리고, 다른 것은 상투어가 된다. 후자의 경우, 너무나 뻔해 보이는 방식 때문에 더는 존재를 매료시키지 못하게 된다. 표현법이 상투적이 되면 언어가 가졌던 매력도 차츰 사라져 간다. 우리에게 감흥을 주는 오래된 화음도 마찬가지이다. 바흐의 패턴을 안다면, 그의 알려지지 않은 작품을 들으면서도 마무리 악절을 직관적으로 추론할 수 있다. 그런데 그 패턴이 상투어 혹은 일부 작곡가들이 남용했던 우스꽝스러운 버릇과 같다면 무척 씁쓸할 것이다.

　　강한 감정이입에서 포화 상태로 올라가는 와중이라면 추상 언어에 귀 기울이는 것이 이런 유의 실망으로 흐를 수도 있지만, 그렇다고 작품의 장점까지 사라지는 것은 아니다. 그럼에도 그러한 실망은 작품의 의미에 거리를 두게 만들며, 사상가의 말이나 글에, 사상가가 몇몇 단어와 은유와 상황에 과도하게 몰입한 현상에 신중히 접근하게 만든다. 어떤 사상에서, 또는 저자와 견해 사이에서 선명히 드러나는 '모순'은 어떤 개념 혹은 형상이 강박적으로 반복되는 것을 뒤로 한발 물러나 검토하게 한다. 하지만 반드시 그런 간격을 찾아낼 필요는 없으며, 우리가 개념에 대한 물신숭배라 명명했던 것을 탐지하는 데에는 하나의 담론을 분석하는 것만으로도 충분하다. 이를 보여 주기 위해 철학의 등대 개념 중 하나인 *타인*과, 이 단어와 동일시되는 철학자 에마뉘엘 레비나스가 이 개념을 다루는 방식을 골랐다. 이번에는 사상가의 '삶'을 참조하지 않을 것이며, 그 자신이나 해석자들에게서 나온 전기적 정보는 감출 것이다. 그의 삶이 각자가 저마다 가진 정도보다 더하거나 덜한 이타주의를 보여 주는 것 같지는 않다. 우리는 그의 담론에 초점을 맞출 것이며, 우선은 그것이 어떻게 사용되었고 독자들 사이에서 어떤 효과를 야기했는지에 집중할 것이다.

레비나스는 매우 뒤늦게야 읽힌 철학자로서, *타자*autre와 *타인*autrui에 대한 수많은 해석을 유발하며 20세기 철학에서 중요한 자리를 차지했다. 철학적 해석에 머무른다 해도, 우리는 *타인* 개념을 전통적 존재론의 틀에서 벗어나게 한 레비나스의 특별한 공헌을 알아채야 한다. 타인의 실존에 주체성들 사이의 관계로 요약될 수 없는 차원을 부여함으로써, 그는 이것을 하나의 사건으로 만들었다. *타인*은 인식, 사회적 작용, 의식의 투쟁이라는 차원에서 벗어나, 주체의 통제에 이의를 제기하고 그에게 무한으로의 길을 열어 주는 일종의 분리를 만들어 냈다. 타인이 전체 인류에서 어떤 사람들과 그 외 다른 사람들이 동일하다는 것에 이의를 제기하는 이상, 타인은 그저 나와 다른 사람으로 환원되지 않는다. 레비나스는 타인의 초월성을 주장하면서 타인을 형이상학 속에 재기입하고 그와의 만남을 절대로의 접근으로 자리매김했다. 이러한 실력 행사는 타인에 의해, 그리고 상위의 책임감에 대한 호소에 의해 주체를 단번에 징발된 존재로 만듦으로써, 철학에서 윤리학의 위치를 바꾸어 놓았다. 윤리학이 최우선이 되었다. 레비나스 철학의 이러한 급진성도, 그 철학이 자신의 기원이라 할 수 있는 후설과 하이데거의 현상학의 흐름에 찍은 전환점도 바로 인지되지는 못했다. 데리다 같은 사상가들이 그의 견해를 계승하고 무한·얼굴·환대 같은 그의 개념에 논평을 달 때까지, 그의 주장에는 거의 귀 기울이는 이가 없었다.

레비나스의 첫 글이 1930년에 발표되고 주저 《전체성과 무한》은 1961년에 출간되었는데도 그가 20세기 말에야 인정받게 된 것은, 이상주의적으로 말해, 그의 사상이 발견되었기 때문이라 할 수 있다. 지식인의 장에 관한 사회학은 거기서 오히려 시대와의 일치, 패러다임의 변화, 관심과 표상의 공동체를 읽어 낸다. 여기서 우리는 역사적 근거를 찾지 않고, 이 담론에서 *철학 독자들의 감정이입*을 북돋는 매력을 강조할 것이다. 어떤 개념이 받아들여질 때 작동하는 정신 현상이라는 문제는 저자의 정신적 측면만으로는 요약되지 않는다. 거기에는 어떤 단어와 형상의 성공에 청중이 참여한다는 사실 또한 함축되어 있다. 사상가가 개념을 구성하고 그 개념에서 출발하여 작품을 전개해 나가는 데 쏟는 열정은 *전염성이 강하다.* 어떤 언어를 택해 자신들 주변에 따라붙는 개념적 풍경들 사이를 돌아다니며 살아가는 사람들에게 이 열정은 때로는 동의를, 나아가 거의 종교적인 신앙심을 불러일으킨다.

개념 속 정신적 몰입을 분석하려면 *개념*만큼이나 그것의 *수용* 양상 또한 관찰해야 한다. 어떤 사상이 성공을 거둔다면 그것은 논거를 잘 제시했기 때문일 뿐만 아니라, 의미를 품은 단어들, 거기에 결합된 정서들, 독자의 지성과 그의 정신을 동시에 자극하는 자기 표상들 같은 보물들이 그만큼 유혹적이었기 때문이다. 어떤 개념은 거기에 상당한 영향력을 불어넣은 강렬한 사색이 실려 주문呪文이 된다. *타인*이라는 단어도 마찬가지다. 이 단어는 개념을 구상하는 특별한 빛 속에서, 일상적 의미를 넘어서는 환기력을 갖게 되었다. 그러한 이론의 프리즘 안에서 이 단어를 사용하는 사람들은 타인 또는 이타성인 타자에 대해 아주 사소하게 의견을 개진할 때에도 이 단어와 더불어 수많은 논거, 외연, 논리를 소환하곤 한다. 놀랄 일은 아니다. 사상은 단순히 연구 대상에 머무르지 않고 추종자들의 정신과 상상계 속에서 살게 되는 법이니까. 도리어 더 불가사의한 것은 어떤 개념의 성공이 역설에, 그리고 실제 삶에서의 오용에 기반을 둔다는 것이다. 거기서 우리는 자기 자신에 관련된 거짓말의 한 가지 버전을 재발견한다. 이런저런 개념이나 원리를 택하는 것은 일종의 부인, 나아가 실제 체험과는 반대되는 담론으로 드러날 수 있다. 또한 그렇게 깜짝 놀랄 만한 역설이 실현되려면, 추상 언어는 진작에 전복될 준비가 되어 있어야 한다.

지금까지 우리는 사상가가 왜 그리고 어떻게 살아온 삶과 반대되는 것을 정의하는 개념을 내세우는지 살펴보았다. 그 과정에서 그의 삶, 적어도 그의 삶이라고 확인되는 것을 소환할 필요가 있는 것으로 드러났다. 하지만 *역설의 확산*을 분석하기 위해 독자들과 제자들의 삶까지 참조하는 일은 무모할 것이다. 우리가 더 관심을 가질 사안은 담론에서 역설적 정신으로 이끄는 성향을 조장하는 것은 무엇인지, 실제 부인된 것을 예찬하는 이중성에 유리한 면모를 갖고 있으며 양면적이고 뒤집을 수 있는 논증과 개념을 취하도록 유도하는 것은 무엇인지 하는 것이다. 자기 자신에게 거짓말을 하는 데 있어, 우리가 파괴하고 싶은 것을 예찬하게 해 주는 저 부인否認의 형상들보다 더 매력적인 것이 있을 수 있을까? *타인* 개념을 선택함으로써 우리는 그 개념의 거짓 신봉자들을 비난하는 것이 아니라 개념을 통한 변론이 바로 그 언어 안에서 뒤집힐 수 있음을 증명할 것이다.

철학자들은 종종 철학적 전통에서 어떤 개념을 계승하여 거기에 새로운 뜻을 부여한다. 레비나스는 타인의 개념에 재몰입함으로써 재정의를 넘어 절대적 가치를 부여했다. *타인*은 이런저런 '타자'가 아니다. *다른 나*는 더더욱 아니며, 이타성 자체, 절대적인 남이다. 이 개념은 모든 비교와 모든 관계에서 생겨나며 초월적 원리가 된다. 그렇지만 이러한 급진화는 이미 양면성을 생성하여, 이 개념은 어떤 절대적인 것에 의해서도 평가될 수 없는 예외로 정의되는 동시에 정의할 수 없는 것이 된다. *타인*은 모든 구체적 준거를 넘어서 있으며, 인식할수 없고 무한하며 하나의 사회적 조건에 지정할 수 없는 상태로 머문다. 레비나스는 타인을 모든 존재론적·현세적 접근에서 벗어나게 하기 위해 다음과 같이 부정적인 방식으로 정의했다. "타자는 채워지기를 기대할 수 없는 비가시적인 것, 내포할 수 없는 것, 주제화할 수 없는 것이다. 무한한 초월이다."*

레비나스는 타인과의 만남이 모든 설명, 모든 서술을 벗어나며, 타자는 인류 이전, 절대적 존재 이전에 존재한다고 주장했다. 그는 타인을 언제나 다른 곳, 이를테면 이전 또는 너머등에 위치시킨다. 우리는 그를 정의하거나 묘사하고 싶어 하지만 그러는 즉시 그를 잃어버릴 것이다. 그러므로 *타인*은 개념에서 벗어나는 개념이요, 모든 합리성, 나아가 모든 언어의잉여로서 생겨나는 개념이다. 레비나스는 나, 그리고 그 자신을 대화 상대로 간주하지 못하게 하는 타자 사이의 불균형을인정했다. 무한히 초월적이며 인간관계의 세계와 무관한 그는나와 같은 본질에 속하지 않으며, 나에게 공통의 본질에서 벗어날 것을 권유한다. 타인을 모든 기준의 예외로 두는 이러한윤리학의 급진성은 부정신학否定神學**의 접근법을 되살려 냈다. *타인* 또한 신과 마찬가지로, 통상적으로 부여된 특성과 정

* 에마뉘엘 레비나스, 《신, 죽음 그리고 시간》[Grasset, 1993], Le livre de Poche, 2002, p.157.

의를 체계적으로 부정하는 데서 출발해야만 이해될 수 있기 때문이다.

본질을 넘어, 개념을 넘어, 존재론을 넘어, *타인*의 관념은 지시 대상의 부재 위에서 확립된다. 그것은 순수하지만 흐릿하며, 그것의 중력은 저 허공에 들러붙어 그곳을 채우지는 못한 채 선회하는 형상들로부터 생겨난다. '타인'이라는 용어의 사용자는 이처럼 현전하는 동시에 부인된 '타인들'을 암암리에 소환함으로써 자신의 초월성을 누릴 수 있다. 레비나스는 타인의 불가능한 표상과 타자의 이름들의 증식 사이에 이처럼 모호성이 있다고 주장했다. 그는 현상학으로부터 구체적인 것에서 출발하려는 관심을 가져왔다. 그리고 성서적 암시를 통해 인간 원형을 과도하게 끌어올려 타인에게 확고한 견고성을 부여한다.《전체성과 무한》에서 그는 "초월성 속에서 나를 지배하는 타인 또한 이방인이고 과부이고 고아이다"***라고 썼다.

사실 타자는 선착자이고, 아무나이며, 길모퉁이에서 마주치는 약자요, 그를 제외하라는 명령에 따라 모든 타자와는 다른 약자다. 내가 생각하는 것보다 언제나 더 그렇다. 이처럼 레비나스는 한편으로는 만남의 우연성과 구체성을, 다른 한편으로는 만남이 유발한다고 여겨지는 고양과 추상화를 이용했

---

** 신은 피조물인 모든 존재자들과 근본적으로 달라서 그들에게 적용되는 적극적 규정을 사용하여 인식될 수 없으며, 따라서 적극적 규정을 부정하는 방법으로만 인식할 수 있다는 신학이다. ― 옮긴이

*** 에마뉘엘 레비나스,《전체성과 무한》[1961], Le Livre de Poche, 1990, p.237.

다. 타인은 구걸하는 가난뱅이인 동시에 '각하閣下'이다. 이 양면성이 모순된 독서를 이끈다. 레비나스의 독자들은 이웃이 어떤 사회적 정체성을 갖고 있든 그를 받아들이라고 명령하는 이타주의 도덕을 발견한다. 다른 한편 일부 해석자들은 이런 사상을 진부한 것으로 만드는 장황한 훈계에 반발하면서, 무한한 타자와의 만남의 신학적 '상위 버전'을 옹호한다. 이러한 모호함은 언어의 한가운데, 지시 대상이 텅 비워진 관념과 이것이 동원하는 다양한 형상 사이의 긴장 속에 자리한다.

관념을 강박적으로 사용하면서 개념에 대한 숭배가 점점 강력해진다. 이렇게 단어는 핵심이 되고, 그 단어에서 다른 모든 용어가 뻗어 나간다. 그것은 철학의 장부에 기록된 모든 문제를 파악할 수 있게 해 주는 *허브* 역할을 한다. 그 단어에는 결합시키는 힘이 부여되고, 그 덕에 단어는 언어 위에서 빛을 발할 권위를 갖는다. 그 단어는 강박적으로 사용되면서 이론적인 미덕까지 포괄하는 주술적 기능을 얻기에 이른다. 그 단어의 합리성과 그것이 가능케 한 논거들을 손에 넣은 단어 사용자들은, 단어 속에서 여러 이론적 장소topos에 접근하는 길을 발견하고 단언하는 쾌락이 미치는 영역을 넓혀 나간다. 레비나스의 사례가 추상 개념을 이처럼 다기능적으로 사용한 증거라 하겠다. *타인*은 철학의 모든 문제, 그러니까 윤리학은 말할 것도 없고, 시간, 하느님, 절대 존재, 무한, 진실, 종교, 언어, 소통, 사회, 평화와 폭력, 성적 차별 등등의 문제를 다시 열어젖히는 개념이다.

*타인*은 성찰을 다용도로 조작할 수 있게 되는데, 이는 특

히 각각의 주제 속에 복제되는 논증 시나리오들 덕분이다. 형이상학, 주체, 사회 등 철학의 거대 하위 영역에서 레비나스의 몇몇 단언들 또한 같은 역할을 한다. 그에게 *타인*이란 우리의 넋을 빼앗는 포착할 수 없는 것이고, 시간 또한 같은 도식에 따라 정의될 것이다. "미래는 포착되지 않는 것, 우리 위로 떨어져서 우리를 장악하는 것이다. 미래는 타자이다. 미래와의 관계는 타자와의 관계 자체이다."* *타인*은 절대적 타자이며, 모든 것을 여는 열쇠, 즉 인간이 타인을 이미 환대했기에 그 관념을 갖게 된 무한의 열쇠, 초월성의 열쇠이자 하느님의 열쇠를 제공한다. 또한 *타인*은 구체적 관계 속에서 언어에 철학적 정의를 부여한다. "말하기, 그것은 타인을 앎으로써 동시에 자신을 알게 되는 것이다. 타인은 단지 알게 된 자가 아니라 인사를 받는 자이다. 단지 명명되는 자가 아니라 간청받는 자이다. 문법 용어로 말하면, 타인은 주격이 아니라 호격으로 등장한다."** 레비나스는 사회적인 것을 성찰하는 데 몰입하면서 *타인*의 절대적 정의를 통해 폭력 없는 사회를 상상할 수 있었다. "얼굴로서의 타자와 맺는 관계는 알레르기를 치유한다. 그것은 욕망이자 수용된 가르침이고 담론의 평화적 마주 봄이다."*** *타인*은 모든 개념을 흡수하여 자신의 빛과 일렁임 속에서 반짝이게 한다.

---

* 에마뉘엘 레비나스, 《시간과 타자》, PUF, 1983, p.64.

** 에마뉘엘 레비나스, 《어려운 자유》[1963], Le Livre de Poche, 1984, p.20.

*** 레비나스, 《전체성과 무한》, p.214.

철학이 때때로 운동 도식*이라 부르는 물신-단어는 은유, 환유, 구조적 유추를 통해 확장된다. 단어는 여러 역할을 할 수 있게 해 주는 옷들을 입고 자리를 옮겨 다닌다. 단어는 아바타를 통해 활기를 띠고 구현된다. *타인* 관념의 발현을 보여 주기 위해 레비나스가 사용한 가장 유명한 환유는 얼굴이다. 그는 이 환유를 문체적 수식으로 환원시키기를 거부하지만, 그럴 때에도 그것은 그의 담론 속에서 작동한다. 얼굴은 먼저 타인의 절대화에 적합한, 재정의의 대상이 된다. 그것은 이제 얼굴 정면도, 자아가 표현된 표면도 아니며, 윤리적 명령 그 자체요, 책임에의 호소가 된다. 이러한 이상화 덕에, 구체적이고도 추상적인 이 얼굴은 타인과의 만남에 부여된 모든 원칙을 나타낼 수 있다. 레비나스는 "얼굴은 코, 이마, 눈 등의 집합이 아니다. 물론 이 모든 것이긴 하지만, 어떤 존재의 관점에서 열리는 새로운 차원에 의해 어떤 얼굴의 의미를 띠게 된다"**라고 썼다. 이 이타성의 사상가는 유럽 철학에서 반박할 수 없는 성공을 거두고 있던 하이데거의 '개방성' 은유를 그제야 거부할 수 있었다. 얼굴은 '열린 것', 잠시 열림이다. 레비나스는 *타인*에게 주어진 윤리적 차원을 얼굴에 부여하기 위해, 거기서 명령의 표현, "너는 결코 누구도 죽이지 않을 것이다"

---

* 기억에 축적된 이미지들의 흐름으로부터 선택과 조직화를 이루어 내는 도식. 베르그송이 지각과 운동을 연결하는 습관 체계를 설명하기 위해 사용한 용어로, 현재의 관심이 잠재성을 억눌러 떠오르지 않다가 현재의 관심에서 해방되면 과거의 이미지를 회상하게 된다는 것이다. ― 옮긴이
** 레비나스, 《어려운 자유》, p.20.

를 보았다.

*타인*의 환유인 얼굴은 활기를 띠고, 말을 하고, 명령을 내리고, 일종의 활사법活寫法이 된다. 이 기법은 사실적이고 충격적인 묘사를 가능하게 하며, 상상의 표상들의 힘을 빌려 독자에게 무대를 체험한다는 인상을 준다. 레비나스는《전체성과 무한》의 다음 발췌문에서처럼, 보편 진실의 단언("이것은 ……이다")을 비장한 상황에 섞은 몇 편의 드라마를 제안했다. "간청하고 요청하는 이 시선 — 요청하기 때문에만 간청할 수 있는 —, 모든 것에 권리를 가졌었기 때문에 모든 것을 빼앗긴 그리고 내어 줌으로써 알아보게 되는("내어 줌으로써 사물을 문제" 삼듯이) 시선 — 이 시선은 정확히 얼굴로서 얼굴의 공현公現이다. 얼굴의 벌거벗음은 궁핍이다. 타인을 인정한다는 것은 배고픔을 인정하는 것이다. 타인을 인정한다는 것은 내어 주는 것이다. 하지만 스승에게, 어른에게, 높은 차원에서 '당신'으로 다가오는 자에게 내어 주는 것이다."* 용어의 중복, 대구법, 명사의 연쇄 등의 문체적 효과들이 응시될 무대를 설치하고, 독자의 확신만큼이나 감정이입을 가져다주는 정서들(감동, 연민, 고양감)을 불러일으킨다.

사상가와 독자들 사이의 정서적 일체감은 환유 그리고 개념 연출을 통해 생겨난다. 이를 강조하려면, 레비나스가 타인의 지위에 관한, 나아가 얼굴과 시선에 관한 논쟁을 독특하게 이어 간다는 점을 상기하는 것이 좋겠다. 사르트르, 메를로퐁

* 레비나스,《전체성과 무한》, p.73.

티, 라캉은 인정 투쟁에 대한 헤겔의 성찰을 좇아 타인의 시선 앞에 선 의식을 묘사했다. 타자와의 관계에 대한 이러한 재표명에서 가장 존재감이 뚜렷한 것은 분명 사르트르이지만, 레비나스는 어떤 타자가 그의 시선을 가리키자마자 갑자기 솟아오르는 이타성을 기술한 《존재와 무》의 유명한 대목들을 겨냥했다. 타인을 보며 대상으로 삼는 의식은 그 타인이 바라보는 시선의 대상이 되므로 두 주체는 대립한다는 생각을 거부하며, 레비나스는 타인의 시선이 폭력을 금지한다고 주장한다. 시선을 바라보는 것(사르트르에게 이는 존재론적으로 불가능한 일이다)은 타인에 대한 책임의 윤리학에 길을 열어 준다. 그렇지만 레비나스는 사르트르에게서 철학적 산문에 작은 극작법을 도입한 유명 사례들과 그의 문체를 이어받았다. 이를 비교해 보면 이 개념이 두 철학자에게서 얼마나 다르게 사용되는지 알 수 있다. 사르트르가 인물을 전시하고 이성에 호소하는 반면, 레비나스는 도발하기보다 간청하는 문체를 통해 감정이입과 응시를 이용한다.

개념의 연극화는 서로 다른 극작법에서 생겨난다. 레비나스의 경우 그림은 제시하되 행동하는 장면은 거의 사용하지 않는다. 그의 책에 생기를 부여하는 종교적 어조는 법열의 순간, 공현, 예언 들을 보게 한다. 타인과의 만남이 이야기할 수 없는 것이라는 사실은 그에게 근본적인 윤리학을 예고했지만, 이 사실은 알레고리를 통해 체험하도록 주어진다. 타인은 가난한 자, 헐벗은 자, 배고픈 자이다. 타인은 스승이며, 나를 부르고 또 낮은 곳에서 높은 곳으로 나를 끌어올리는 어른이다.

감정과 명령을 뒤섞는 레비나스는 윤리 철학에 파토스를 도입하며, 이를 위해 타인과의 만남이 초래하는 트라우마에 대한 은유를 늘려 간다. "상처의 수동성 — 대자對自의 출혈 — 은 한창 맛을 즐기고 있는 입에서 빵 한 입을 떼어 놓는 것이다."* 철학 텍스트에 친숙한 인물과 장면과 소재를 채워 주는 공통된 상상력에 다시 활기를 불어넣는 데 성서적 토대 — 이 경우 《이사야서》— 가 암암리에 이바지한다.

때로 철학 담론의 매력은 거기서 기대되는 개념적 엄정성을 위반하는 피상적 유혹인 것처럼 여겨진다. 그러한 매력이 작동하지 않는다고 생각하는 것은 착각이며, 심지어 문체의 인위적 기교를 꺼리는 극히 건조한 글에서도 이는 마찬가지다. 철학적 글쓰기는 작가의 작품과 유사한 언어적 특징을 저마다 가지고 있다. 각각의 글쓰기의 특이성에 대한 분석은 그것이 가진 사변 능력과 흡인력을 이해하는 데 도움이 된다. 레비나스의 글쓰기는 등대 개념 주위로 여러 문체를 동원한다. 숭배받는 만큼 논쟁적인 단어를 둘러싼 수사의 폭주가 그의 많은 텍스트 속에서 일어난다. *타인*이 정의할 수 없는 절대자로 남으면서, 담론은 물신을 보고 부르고 만나려고 그 주변을 맴도는 일종의 완곡어법이 된다. 문체의 조작 — 하이데거식 은유, 성서 《시편》, 현상학적 서술 — 은 동어반복("너는 너다"), 과장, 긴 주문 사이를 오가며 눈에 띄는 기형들을 만들어

---

\* 에마뉘엘 레비나스, 《존재와 달리 또는 존재성을 넘어》[1974], Le Livre de Poche, 1990, p.119.

낸다. 어떤 이론적 글쓰기에서 강박적 표현법이 특징적이라고 한다면, 그것의 효과를 더 잘 이해하기 위해 근거를 검토하는 것이 중요하다.

그러면 의심에 기반한 충격적 역설이 솟아오른다. 만약 어떤 개념의 과도한 팽창이 그것을 낳은 대상을 파괴하는 수단이 된다면? 더 정확히 말해, 타인이라는 단어의 성립이 그것을 부인하는 데서 비롯되어 그것의 삭제를 부추긴다면? 타인을 절대로 만드는 것은 결국 더는 그것이 보이지 않게, 그것의 구체적 현전을 지각하지 못하게 조장하는 일이 될 것이다. 사실 레비나스는 우리가 아무것도 지각해 내지 못하는 얼굴의 내보임을 강조한다. 아무것도 감지되어서는 안 된다. 눈의 색깔도(그것을 관찰한다는 것은 진정한 관계의 부재를 의미한다), 입은 옷도(그는 벌거벗고 있다), 사회적 지위도(노예든 대학교수든 나는 그들에게 똑같이 말을 건넨다고, 레비나스는 말한다), 민족적 특성도(제3자와의 우연한 유사성을 통해서나 나타난다) 말이다. 타자의 공현은 실체의 나타남이라기보다 사라짐이다. 모든 맥락에서 벗어나서, 그의 얼굴은 그의 얼굴이 곧 순결한 말이 되는 대화를 위해 결국 희미해진다. 얼굴이라는 단어를 은유로 받아들이는 것은 오랜 철학적 관습이다(하느님의 얼굴, 존재의 얼굴, 진실의 얼굴, 자아의 얼굴 등). 레비나스는 이를 통해 개별 얼굴을 '상실한다'. 하지만 이는 얼굴을 다른 현실과 접속시킨 들뢰즈의 방식과는 반대의 방법, 즉 얼굴을 찬양하고 또 강력한 환기력과 주술력을 부여받은 마법의 단어로 변형시킨 결과다.

물신-단어가 지시 대상을 부정하는 데서 생겨난다면, 그것이 확립하는 이론 또한 주장과 반대되는 것을 고취하는 게 아니냐고 의심해 볼 수 있다. 역설을 훨씬 더 멀리 밀고 나가서 윤리의 급진화가 어떤 난관을, 나아가 그것의 실현 불가능성을 폭로한다는 의견을 제시할 수 있다. 도덕적 이상은 사실 결코 도달하지 못할 지고함을 향한 행동의 지평으로 구실한다. 대부분의 '도덕'은 조건 없는 원칙에 토대를 두고 있다. 하지만 어떤 태도 — 여기서는 타자 앞에서의 완전한 사라짐과 그것이 요청하는 헌신 — 의 숭고함에 대한 강조는 도덕 법칙의 합리성을 넘어서는 이차적 담론을 생산한다. 레비나스는 자신의 궁극적 제안을 통해, 주체가 결코 갚을 수 없는 무한한 부채를 강조하면서 그를 영원한 결함 상태에 두는 책임의 의무를 주장했다. "머리에서 떠나지 않는 끈질긴 책임, 강박관념이 된 책임. 왜냐하면 타인은 나의 대자, 나의 즉자를 문제 삼을 정도로, 또 나를 인질로 삼을 정도로 나를 포위하고 있기 때문에."* 텍스트 내내 그는 인질이라는 주제, *타인*의 영원한 포로가 되어 자기 자신에게서 벗어나도록, 또한 자기 것이나 자기가 필요로 하는 것마저 *타인*에게 내어 주도록 끊임없이 독촉받는 주체라는 주제를 이야기한다. 빵 한 입도 마찬가지이다. 이 빵은 다른 사람에게 돌아가야 할 몫이므로, 내가 부당하게 먹어서 타인에게 해를 끼친다는 생각 없이는 삼킬 수 없다. 레비나스는 무한한 환대를 정의하기 위해 이와 관련된 개념을 구성했다. "타자에게-자기-입의-빵을-주는-행위

* 레비나스,《신, 죽음 그리고 시간》, pp.157~158.

로-타자를-위해-자기에게서-뽑힌-존재."* 무조건적 수동성
을 띠며 근본적으로 양도된 주체 인질은 자신의 주인이요, 그
앞에서 모든 주체성을 내려놓게 되는 *타인*을 그것이 누가 되
었든 환대한다.

레비나스 주장의 아름다움은 도덕적 관계에 부여된 숭고
함에서 비롯된다. 이 아름다움이 이기적인 이해관계의 전쟁
에서 해방된 인류를 표상하는 데 맞춤한 윤리적 이상을 반짝
이게 만든다. 레비나스가 철학 텍스트와 탈무드식 해설 사이
를 자주 오가기 때문에 그의 문체는 합리적 논증과 성서 이야
기가 결합되어 있다. 그렇기 때문에 이 아름다움은 엄격하고
까다로운 만큼 더 열광적인 어떤 신앙을 공유하도록 촉구한
다. 한편 이 아름다움은 실현 가능한 조건을 따지지 않고 사실
에 기반한 걱정을 넘어 어떤 사상을 극단까지 밀어붙인 급진
적 사고에서 생겨나는 것이기도 하다. 이러한 과장으로는 모
순에 접근할 수 없다. 모든 반론을 과도한 것으로 부풀려 무효
화시키면서 윤리적으로 점점 고조되는, 레비나스와 필립 네모
의 대화가 그렇다. 이 철학자는 어떤 상호성과 계약에도 속하
지 않는, 타자에 대한 책임을 주장한 자신의 견해를 먼저 환기
시켰고…… 우리는 타자에게 책임이 있지만 타인이 내게 책임
질 것은 결코 기대해서는 안 된다고 설명했다. 이러한 도덕적
분위기에서, 사형집행인이라는 인물을 떠올리게 하는 대화 상
대의 반론이 이어진다.

* 레비나스, 《존재와 달리 또는 존재성을 넘어》, p.126.

박해받은 유대인은 자신을 가스실로 보낸 나치에게, 인류라는 이름 앞에서 책임을 느껴야 하는가? 레비나스는 미묘하게 진술하지 않고 우리 각자가 타인의 비책임에 대해 책임이 있다고 주장함으로써 한술 더 떴다. 그리고 이렇게 선언했다. "나는 내가 받은 박해에 책임이 있다."* 이 간결한 문구는 가해자의 무죄를 증명하는 것이 아니다. 그것은 주체를 그 자신뿐만 아니라 모든 심리적·정치적 현실에서 떼어내 도덕의 인큐베이터 안에 위치시킨다. 이는 레비나스의 가장 급진적인 책《존재와 달리 또는 존재성을 넘어》의 명령을 계승하는 것이다. "박해의 트라우마 속에서, 당한 모욕으로부터 가해자에 대한 책임으로 이행하기."** 레비나스는 적어도 윤리적 주장에서는, 용서라는 이미 너무나 복합적인 도덕적 문제를 넘어 그 이상을 요청했다. *타인*이 저지른 죄에 대한 책임을 요구함으로써 말이다. 여기서 나치에 대한 레비나스의 도덕적 태도를 검토하는 것은 그다지 문제가 아니다. 우리가 관찰해야 할 것은 그가 성인과도 같은 태도를 보이며 자신의 근본 윤리의 숭고한 결과들을 초인간적 한계까지 밀고 나갔다는 것이다.

사상의 가치를 문제 삼지 않고 급진성과 매력을 검토해 보면 부인의 힘을 알아챌 수 있다. *타인*에게 주체를 최대한 노출하는 것은 한 개인이 다른 개인을 만나는 모든 상황의 확장된 표상이며, 이는 타자의 거칢, 윤곽, 대조를 제거하는 추상 담

---

* 에마뉘엘 레비나스,《윤리와 무한》, Livre de Poche, 1984, p.106.
** 레비나스,《존재와 달리 또는 존재성을 넘어》, p.176.

론의 빛에 *과다*노출하기에 이른다. 이 과다노출은 인간관계의 이상적 이미지를 위해 일상의 정서를 파기하는 지우기에 상응하는 유혹의 힘을 획득한다. 그것은 사실 다른 개인과의 관계 속에, 특히 차이·지위·상황에 기인한 복합적 이야기가 내포한 일상적 상황들을 은폐한다. 하지만 그것의 가장 큰 마력은 이 윤리적 상상계를 향한 독자의 투사에서 생겨난다.

실제로 절대는 우리를 모든 조건과 모든 상대성에서 벗어나게 하며, 실질적 효과 없는 실천이라는 마법을 용인한다. 독자는 *사변적 감정이입*에 몰두하여, 타자를 위해 끊임없이 자신을 지우고 희생하는 것을 증명하는 윤리적 입지를 즐기기에 이른다. 독자는 우월한 이타주의자라는 도덕적 역할에 몰두하기 위해 관념성을 통해 스스로를 부풀려 간다. 그는 이론적 청원 때문에 스스로를 연출하고 부채감과 무한한 의무를 표현하지만, 그것을 꼭 실현해야 하는 것도 아니고 심지어 그것을 실천할 수 있는 조건에 대해 자문할 필요도 없다. 여기서 이렇게 말하고 싶어진다. 그가 그런 윤리적 이상을 열성적으로 채택하는 이유가 바로 실천에 대해 자문할 필요가 없게 하기 *위해서*라고. 타인의 비책임에 대한 이러한 책임이 견디기 힘들고 실행 불가능하다는 사실은 이 책임을 더욱 매력적으로 만든다. 과장법, 절대로의 이행은 타자에 대해 책임지지 않는 한 방법이다. 요청이 이 정도 수준에 이르면 어차피 책임은 불가능해지기 때문이다. 독자는 한편으로는 모든 실천에 대해 자신을 정당화한다. 이러한 도덕은 실현 불가능하니까. 다른 한편으로는 자신을 의무에 대한 고귀한 의식을 가진 초超도덕적 존재로 자리매김한다. 이득이 두 배다.

　이처럼 추상 언어는 거짓말을 조작할 수 있다. 생각하는 사람 ─ 저자든 독자든 ─ 이 환상 속에서의 실천을 통해 스스로에게 거짓말을 한다는 의미에서 말이다. 그는 자신에게 대체 존재를 제시해 주는 생각들을 따르고 있다고 상상하는 것이다. 단어들의 보증을 받아 이중의 삶을 사는 대체 존재 말이다. 이런 유형의 신기루는 문학, 연극, 영화가 만들어 내는 신기루와는 다르다. 비현실로 이끌어 가는 힘이 모든 주관성을 은폐하는 이상적 관념의 언어에서 나오기 때문이다. 추상 언어로 보편적 진실을 생산하는 것은 겉으로는 중립적으로 보이는 이러한 분열을 허용한다. 사용자들은 자신의 실존을 비현실화하기 위해 뼈다귀뿐인 이 단어들을 채택한다. 그들은 감정이입을 통해 정서를 전이하는 허구의 독자나 관객처럼 이런저런 인물에 자신을 투사하지 않는다. 대신 자신을 순수한 관념성으로, 사고실험을 수행하고 스스로를 이상적 의식인 양 재현하는 주관성 없는 주체로 체험한다.

　개념적 진실은 어떤 마술을 부리기에 자기에 대한 거짓말을 조장할 수 있을까? 사실 철학적 진실은 대개 증거와 검증에 접근할 수 없다. 이성의 언어로 진술될 때조차 그렇다. 그것은 체계성, 권위, 진정성으로 치장되며, 덕분에 사실의 타당성에 대한 책임을 지지 않아도 되게 된다. 타인과의 관계의 *진정성*에 대한 레비나스의 논증도 이와 마찬가지이다. 그는 윤리적 관계가 '인간 간의' 모든 관계에 앞서는 첫째라고 주장함으로써 진실과 거짓의 문제를 이차적인 것으로 만든다. 그의 윤리적 단언은 더 이상 검증 대상으로 분류되지 않고, 논증의 외관을 띠긴 하지만 주문呪文투로 표현되는 계시로만 나타난다. 레비나스는 다음과 같이 쓴다. "거짓말과 진실성은 이미 얼굴의 절대적 진정성을 전제로 한다. 이는 존재를 현시하는 특권적 사실로서, 모든 진실과 그것이 무릅써야 할 거짓 사이의 모호성을 좌절시키며, 진실과 비진실의 양자택일과는 무관하다. [……] 진실을 탐구하기 위해서 나는 이미 자기 자신을 보장할 수 있는 어떤 얼굴과 관계를 유지하고 있었다. 이 얼굴의 공현은 그 자체가 어떻게 보면 일종의 명예를 건 서약이다."* 이러한 제1의 윤리적 계기에 개념적으로 도달하려 노력하면서 이 철학자는 그 자신의 언어를, 증거에서 벗어나 스스로 지시 대상이 되는 하나의 표현 방식으로 이끌어 간다. *타인*으로서 그를 의심 없이 진실로 받아들여야 한다.

추상적 단어들의 작용은, 그것이 일상 언어에 섞여 든 2차 언어의 성질을 띨 때, 통상적 의미 작용을 중단시킬 수 있다. 그때 그것은 생각하는 자아의 자기 표상에 적합한 상상적 몰입의 대상이 된다. 아도르노는 하이데거의 '은어jargon'를 고발하기 위해 키워드stichwort의 주술적 사용을 지적했다. 그리고 논쟁의 부담에서 벗어나 세뇌와 설명에 모두 적합한, 철학적 언어의 모호성을 깨달았다. 아도르노의 이데올로기적 비판은 추상 담론이 초래하는 정신적 투입이라는 우리의 주제와는 거리가 있다. 하지만 철학적 언어에 대한 그의 분석은 그것

* 레비나스, 《전체성과 무한》, p.221.

의 문체적 기교를 통해, 특히 개념의 마법을 통해 초래된 인격의 분열을 명확히 해 주었다. 사상의 모든 영역에서 출입문 구실을 하는 단어를 설정하는 것은 세계에 보편적 의미를 부여할 수 있다고 믿는 독자들에게 환상의 힘을 실제로 행사한다. 경험적 언어의 작용으로, 키워드는 다른 단어들 위에서 빛을 발산하고 그것들을 진실과 계시의 다른 언어의 요소로 변형시킨다. 시는 종종 이런 방식으로 작동하지만, 철학 담론이 언어의 도구적 용법을 내세우며 이 방식을 수용하는 경우는 드물다. 철학 담론에서 보이는 이차적 언어는 문체 때문에 나온 것이 아니라, 여전히 많은 철학자에게 남아 있는 기만적인 고전적 이분법에 따른 관념의 가공에서 비롯된 것이라고 여겨진다. 그렇기에 이 이차적 언어는 매우 은밀하게, 이상적인 아치형처럼 단어들의 별자리를 구성하는 데 성공한다. 이차적 언어는 이런 식으로, 독자들에게 공동체의 느낌을 즐길 수 있게해 주는 공모의 세계를 고무시킨다. 독자들은 그런 단어를 특수 언어 속 일종의 물신으로 받아들이며, 계시가 내포된 언어의 아우라를 공유함으로써 그들끼리 서로를 알아본다.

키워드는 의미 작용을 초월하는 의미를 획득했다. 평상시에 한 가지 의미로만 사용하는 단어에 상위의 의미를 부여했다는 사실에 특별한 것은 아무것도 없다. 하지만 언어를 물신숭배적으로 사용하는 것은 단순한 의미 확장과는 경우가 다르다. 단어의 경험적 의미를 초월하려 애쓰는 철학자들은 이를 이중으로 이용할 수 있다. 철학이 정확성을 기하려고 전문용어를 만들어 내는 것은 언제나 복잡한 문제를 설명하기 위함이었다. 반대로 이 단어들이 변증법에서 벗어나 내재적으로 존재함으로써 상위의 의미를 보증하는 경우, 추상 담론은 물신숭배적 언어의 힘을 빌리게 된다. 키워드가 이런 식으로 사용되면 진실을 계시하는 것처럼 보이게 된다. 마치 계시가 그 단어의 본성에서 비롯된 것처럼, 의미 작용을 초월한 의미가 거기에 응축되어 있는 것처럼 말이다. 키워드는 실제로 이러한 환상을 제공한다. 그 자체와만 관련된, 그리고 독자와의 공모를 강력히 요청하는 어떤 기생적 통사론의 물신이 되었기 때문이다. 철학적 합리성의 이탈, 적어도 합리적 언어의 엄격한 사용에 집착하는 사람들의 비난을 받는 그런 이탈은 이렇게 공통의 이해 가능성 밖으로 뛰어오르는 데에서 비롯된다.

　개념을 숭배의 대상으로 사용함으로써, 논증은 자기 지시적 언어에서 힘을 끌어내고, 독자에게 인상을 주는 효과들을 결합시켜 작동한다. 모든 논의에서 키워드들을 어렵사리 끌어내는 이 반짝이는 언어에 문체적 기법이 기여한다. 키워드가 물신처럼 논의의 여지 없이 명백해졌기 때문이다. 환유의 형태로 확장되고 고양된 이 단어들은 사상이 축복을 내린 관념들의 서임식에 참석한 독자들의 파토스를 자극한다. 그때부터 진실과 비진실은 대립되지 않는다. 경험적 지시 대상이 언어적이고 관념적인 숭고한 쾌락을 위해 완전히 사라졌으니까. 하지만 추상 언어의 자기 지시적 기능에도 불구하고 지시 대상은 완전히 사라지지 않고, 여전히 실체 없는 사본의 형태로 남는다. 위장과 변신에 유리한 하나의 이미지가 되어서 말이다.

　이러한 개념적 아바타가 전복을 준비하고 허구가 가진 거짓 힘을 작동시킬 수 있다는 사실은 놀랍지 않다. 아도르노는 이런 이차적 언어가 "부재하는 구체적인 것의 외관과 그것을 고상하게 만드는 작업을 하나로 결합"\*한다는 사실을 지적했다. 그렇게 이차적 언어는 부재하는 지시 대상이 관념이든 가치든 도덕 원칙이든 무엇이든, 거기에 더 높은 가치를 부여하고 나아가 신성화할 수 있게 해 준다. 그것은 독자가 스스로를 가장 열성적인 제자로 상상하도록 한다. *타인*이라는 단어를 받드는 이들은 타인들과의 관계를 가장 고귀한 헌신이요, 가장 위대한 책임으로 이해한다. 그리고 증명, 계시, 신조를 뒤섞은 담론에 동의하면서 숭고한 관념의 높이에서 사고한다. 하지만 이러한 담론의 주된 기능이 바로 구체적 타인은 지워버리고 순수한 관념성으로 변형된 타인의 시뮬라크르만 간직하는 것이다. 물신-단어가 향유의 대상이 될수록, 지시 대상은 덜 존재한다. 반대로 말할 수도 있을 것이다. 구체적 실체를 견디기 힘들수록, 그것을 이상화하여 파괴하기 위해 그것의 이름을 더더욱 숭배하게 된다고.

위대한 추상 담론들의 이러한 양면성을 알게 되면, 그것의 기만성 또는 그것이 제시하는 미끼를 경계하여 그 담론을 회피하고 싶어질 수도 있다. 하지만 이런 두려움은 반대 방향에서의 추론을 통해, 스스로에게 하는 거짓말을 피하게 해 줄 순

---

\* 테어도어 아도르노, 《진정성이라는 은어》[1964/1989], Éliane Escoubas 옮김, Payot, Critique de la politique, 2009, p.119.

수하거나 구체적이거나 엄격한 언어가 존재한다고 믿게 할 것이다. 불행히도 — 또는 다행히도 — 그런 언어는 존재하지 않으며, 그러한 환상의 힘은 그것이 어떻게 쓰이느냐에 달려 있다. 반대로 언어 표현, 그리고 사변적 언어가 초래하는 정신적 투입에 대해 명철하게 접근하면, 이러한 추상 언어가 낳는 엄청난 동력을 알 수 있다.

어떤 개념의 문체적 기능을 관찰하는 것은 그것을 평가절하하거나 이론적 타당성을 과소평가하기 위해서가 아니다. 어떤 철학자의 '언어'에 관심을 갖는 것은 문체가 장식이 아닌 언어 질료임을 알게 해 준다. 사상은 합리적 논리를 따르면서도 정서와 상상계를 가지고 그 언어 질료에 참여하고 그것을 드러낸다. 철학자들은 이런 분석에 종종 싫은 기색을 내보인다. 거기서 사변적 담론의 주된 관심사인 의미가 잊힌다고 생각하기 때문이다. 그들은 사상이 전적으로 언어 속에서 유지된다는 사실을 등한시한다. 이른바 문체 연구는 형식적 특징(이런저런 은유, 구문, 예문)을 열거하는 것이 아니라 언어 속에서 사상 제작소를 찾아내는 작업이다. 언어는 생각의 에너지가 비틀리고 변형되는 만큼이나 그것을 표현하며, 글 쓰는 주체의 정신은 그 생각 에너지 안에서, 물려받은 불안정한 표상들이 가득 실린 언어의 침전물들과 타협한다.

언어 속에서 사유하고 말하고 쓰는 주체의 정신적 투입에 대한 질문은, 철학을 비롯한 모든 사변적·추상적 담론의 능력을 평가절하하기는커녕, 별개이지만 보완적인 수단으로서 텍스트의 의미 연구에 귀 기울일 것을 권한다. 이 질문은 자아의 권위와 사상가가 택한 가면을 향해 제기된 니체식의 탁월한 문제를 계승하고 있다. 누가 어떤 이론을 글로 쓰는가? 누가 어떤 개념을 촉진하는가? 생각하는 자는 어떤 관심에 복종한 것일까? 그는 자신의 사유를 통해 무엇을 원하는가? 우리가 추상적 관념의 언어로 말할 때, 관념을 주장하거나 사유의 몇몇 형상을 밀어붙일 때, 우리는 어떤 얼굴을 드러내 보이는가? 이 얼굴에서 저자와 독자의 정신을 불러 모으는 모순적인 힘들을 간파하기 위해 지금까지 개념적 언어의 이성의 광택을 긁어 벗겨 보았다. 이제는 추상 언어 덕분에 가능해진 인격 재구성의 비범한 힘을 살펴볼 차례다. 이는 세계의 혼돈을 바로 잡기 위해서라기보다 다양한 실존을 겪어 보기 위해서다.

# 4장

## 다중 인격

쓰는 글과 반대되는 삶을 사는 것, 또는 사는 삶과 반대되는 것을 쓰는 것, 이 기묘한 일들은 글쓰기의 기능, 특히 이론적 글의 기능에 대해 질문하게 만든다. '진정한 삶'이 사상이나 상상력과 별개라고 보는 데에는 분명 이론의 여지가 있다. 플로베르는 "나에게 책은 삶을 사는 특별한 한 방식이다"라고 말했다. 글쓰기 안에서 삶을 어떻게 규정할 것인가? 작가는 문학이 얼마나 많은 상상의 실존을, 그리고 때로는 일상의 '현실'에서보다 더 강력한 감정을 체험하게 해 주는지 알고 있다. 사르트르는 단어와 사물을 혼동하고 오로지 책을 통해서만 살았던 어린 시절 이후로, 자신의 매우 심각한 신경증을 잘 이해하고 있었다. 추상적 사고에 능숙한 사람들이 쉽게 인정하진 않겠지만, 추상 체계를 구상하고 사유하는 일은 불안만큼이나 환희를, 현기증만큼이나 힘의 느낌을 경험하게 한다.

개론, 에세이, 논문을 쓴다는 것 또한 일종의 자기 구성이다. 지적 인격의 의미에서라기보다는, 이상적 자아가 추상 언어의 특징들 속에서 모습을 드러내고 표상되는 정신적 동원의 의미에서 그렇다. 이러한 '구성'은 또한 왜곡과 변형을 통해 이루어지며, 보편의 비호 아래 내면의 감정과 개념이 자기도 모르게 엮여 든다. 구성 작업은 만드는 이의 이미지를 강화하기도 하고 저지하기도 한다. 관념을 단언하는 일은 생각하는 자아의 조작과 재구성을 허용하며, 그 자아는 욕망과 두려움, 자만심과 부끄러움을 보편적 담론 속에 쏟는다. 추상 언어는 허구적 이야기처럼 단번에 이미지를 만들어 내지 않기에, 이러한 정신 작업에 접근하기는 쉽지 않다. 추상 언어는 저자를 대체하는 초상화를 전시하는 것이 아니라, 개념적 스크린을 이용해 저자의 정신적 전이를 은폐한다. 그렇지만 원칙 또는 논증을 주장하는 것은 복합적 언어 형식을 통해 주관적 진술의 실마리를 제공한다. 관념을 단언하는 이들은 언제나 자신에 관한 무엇인가를 말하면서도 이런 자기 반영을 반드시 의식하지는 못한다. 그들의 주장과 삶 사이의 괴리에서 추상적 담론의 기능이 밝혀진다. 그것의 목표는 공개되지 않은 자기의 형상을 공들여 만드는 것이다.

우리가 이미 관찰한, 이야기꾼의 삶과 '모순'되는 여러 담론을 통해 단언의 심리적 기능, 즉 *자기의 통합과 증식*을 추적할 수 있다. 이 두 기능은 대립적인 것처럼 보이지만 기만적인 의도를 통해 결합한다. 모순되는 체험을 유기적으로 결합시켜 주는 부인否認이라는 의미에서 말이다. 거짓말은 *변형시키는*

*허구*라고도 할 수 있는데, 이는 이론적 언어 속에 잠재된 어떤 인격을 주장할 수 있게 한다("나는 이 견해의 저자이며 이 개념의 창안자다"). 거짓말은 이야기꾼의 실존 방식과는 다른, 심지어 반대되는 자기 표상에 유리하게 작용한다. 거짓말은 대립을 통해 통합하고, 체험한 현실과 반대로 존재하려는 욕망을 해방시킨다. 이러한 통합은 자유롭고 창의적으로 이루어지기도 하지만, 어느 정도는 의식적인 부인에서 직접 생명력을 얻는다. 통합의 힘과 기교를 보여 주기 위해, 다양한 교훈을 던져 주는 시몬 드 보부아르의 독특한 사례를 분석할 것이다. 그녀의 사상과 글은 투명성을 향한 의지, 그리고 공표한 진실과 반대 방향으로의 자기 확장을 동시에 잘 보여 준다.


## 이론의 이중적 삶 : 미국에서의 보부아르

보부아르의 글쓰기는 그녀가 병행하며 실천했던 이야기와 이론을 연결시켜 준다. 그녀는 한편에서는 회고록과 소설을 통해 자기 삶을 상세히 이야기했고, 다른 한편에서는 해방적 철학을 정립하기 위해 여성으로서의 자기 조건을 성찰했다. 이야기들은 자기를 줄거리로 바꾸어 낸다는 점에서 리쾨르가 '서사 정체성identité narrative'이라 칭한 것의 성격을 띤다. 하지만 이론 또한 나름의 방식으로, 인물과 이야기 속에 자기를 모방적으로 투사하지 않는 어떤 형성 작업에 속한다. 앞으로 관찰할 것처럼, 이론은 추상화라는 프리즘을 통해 모순적인 삶, 이중적이고 다양한 삶이 체험되는 개인적 허구를 허용한다. 이 경우에 보부아르는 자신의 삶과 반대되는 이론의 모델을 보여 준다. 누군가는 거꾸로, 그녀가 자신이 이론화한 원칙과 반대되는 방식으로 살았다고 말할 수도 있을 것이다. 지금 문제는 보부아르의 행동에 대해 가치판단을 내리는 것이 아니라, 그녀의 실존에 있어 정확한 한 계기를 묻는 것이다. 이는 그녀의 주요 철학서인 《제2의 성》의 글쓰기와 관련된 만큼 꽤 중요하다.

오늘날에도 페미니즘의 중요 기본서로 꼽히는 이 책을 쓰는 동안, 보부아르는 미국 작가 넬슨 앨그렌과 연인 관계였다. 이 개인사가 그녀의 견해 혹은 다른 글들과 선험적으로 모순될 것은 전혀 없다. 그녀가 몇몇 글에서 이 관계에 대해 이야기했던 만큼, 또 이 관계가 그녀가 항상 강력히 요구했던 감정과 성의 자유를 확인시켜 주는 듯 보이는 만큼 더 그렇다. 그렇지만 사후에 그녀가 앨그렌과 주고받은 편지가 출판되자, 소설에서 보여 준 것과 완전히 다른 그녀의 면모에 사람들은 깜짝 놀랐다. 확실히 말할 수 있는 것은 '진짜' 보부아르를 폭로한 이 편지들 속에서 어떤 '진실'도 발견되지 않는다는 것이다. 편지들은 기껏해야 저자가 모순적인 경험을 겪었다는 것을, 그녀가 내세운 투명성의 계약이 그녀 인생에 대해 모든 것을 알고 있다고 믿는 독자들에게 일종의 속임수로 기능한다는 것을 알려 준다. 실제로 편지들은 보부아르가 스스로 그려 낸 상과 어울리지 않는다. 특히 그녀의 철학 논문들 사이를 누비는 것과는 반대되는 이상, 감정, 행위 들을 보여 준다. 여기서 중요한 것은 우리가 어떤 도덕적 판단도 하지 않고 꼼꼼히 다시 봐야 할 한 자료이다.

이 편지 모음은 보부아르가 1986년에 사망한 이후 1997년에 출간되었다. 사적인 글로만 간주할 수는 없는 것이, 사후에 발간되긴 했지만 생전의 보부아르 역시 출간을 고려했기 때문이다. 또한 사르트르와 공유했던 윤리에 따라 보부아르는 언제나 각자의 삶에 있어 투명성을 강력히 요구했다. 따라서 우리는 이 편지들을 저자가 감추고팠던 비밀인 것처럼 읽지 않도록 유의해야 한다. 여기서 흥미로운 것은 오히려 문서와 이야기와 관념 들 사이의 '모순'이며, 더 특별하게는 편지가 쓰인 바로 그 시기에 구성된 이론과의 부조화이다. 그렇지만 연인과 이론가라는 두 인격을 대립시키는 것은 지나치게 단순화된 도식이다. 더욱 생산적인 것은, 같은 시기에 발전해 간 사랑과 이론 속에서 대립하면서도 유기적으로 결합해 간 이 체험들의 정신적 쟁점을 이해하는 것이다.

이러한 이중적 삶과 그 서사가 품은 긴장으로 향한 길목에서, 우리는 먼저 현대 부부의 모델 혹은 반反모델이 된 보부아르-사르트르 관계의 여러 판본 차이를 관찰할 수 있다. 두 실존주의 철학자가 맺은 계약에 따라, 앨그렌은 스쳐 가는 연인 중 하나로 묘사되어 왔다. 이 부부를 중심으로, 주위에 위성 관계들 또한 백일하에 드러난 채 유기적으로 결합되어 있다. 최초의 논쟁은 앨그렌에게 보낸 편지들이 간행되기 전, 사르트르와 보부아르가 주고받은 편지가 출간되었을 때 벌어졌다. 이 편지에서 각자의 애인 몇 명이 공개되었다. 그중 한 명인 비앙카 비넨펠트는 이 부부가 루이즈 베드런이라는 이름으로 자신에 관해 어떻게 말하는지를 발견하고, 성적 자유에 대한 그들의 해석을 규탄하기 위해 보부아르의 책 제목을 패러디한《방탕한 소녀의 회고록》을 썼다.* 이 책에서 이 실존주의자 부부는 진실에 근거한 성도덕의 선구자라기보다《위험한 관계》**의 등장인물과 더 닮아 있다. 사르트르와 보부아르를 경멸하는 사람들은 그들의 부도덕성을 고발하기 위해 이 틈을 파고들었다. 절대적 자유주의의 이상이 쇠퇴하는 1990년대의 분위기에 맞물린 이 악의적 논쟁은 윤리적 원칙과 정열적 체험 사이의 분리를 추적하게 만든다.

보부아르에 친숙한 독자들은 넬슨 앨그렌을, 회고록에 드러난 애인들의 목록에 포함하려는 경향이 있다. 이런 기만적인 관점은 성적 자유의 인상을 주는데, 그러한 성적 자유란 사르트르와 보부아르의 계약에 의해 이론화되어 이미 매뉴얼이 완벽하게 숙지되었을 터였다. 자유의 윤리와 모순적 정서가 뒤섞인 상황을 겪는 것이 얼마나 어려운 일인지를 오히려 잘 보여 주는 것은 이 경험들의 문학적 버전이다. 사르트르의 소설《철들 나이》나 보부아르의《초대받은 여자》에는 다자 관계

* 네 권으로 집필된 보부아르 회고록의 첫 번째 권인《순종적인 소녀의 회고록》(*Mémoires d'une jeune fille rangée*, 1958)의 제목에서 'rangée'를 'dérangée'로 비튼 제목이다. ― 옮긴이
** 피에르 쇼데를로 드 라클로가 1782년 발표한 서간체 소설. 18세기 귀족 사회에 만연한 불륜을 둘러싸고 벌어지는 음모와 파멸을 다루고 있다. ― 옮긴이

나 3인 동거의 삶에 윤기를 더해 주는 사소한 거짓말과 질투가 가져오는 동요가 잘 드러나 있다. 자유가 슬픔을 면하게 해 주는 것은 아니다. 반면 계약이라는 관념은 당사자들 사이의 형평성에 대해 생각하게 하고, 성생활이라는 단어는 반대로 각자의 욕망과 실천의 정도가 다를 수밖에 없음을 내포한다. 하지만 중요한 것은 이러한 세부 사항을 넘어, 왜 보부아르와 앨그렌의 관계가 남녀 애인들의 목록에서 빠져야 하는지를 이해하는 것이다. 회고록을 읽고 그 관계의 강렬함을 근거로 앨그렌과의 관계를 특수한 것이라고 할 수도 있을 것이다. 하지만 보부아르의 삶에서 열렬한 정념의 대상이었다는 이유로 그를 이미 알려진 애인 목록에서 제외하게 만드는 것은 바로 이 인물의 위상이다.

　1947년에 미국 여행을 떠난 보부아르는 대학에서 강연을 했고, 나중에《미국 여행기》라는 제목으로 출간될 여행기를 썼다. 그녀는 시카고에서 넬슨 앨그렌을 만났으며, 캘리포니아로 떠나자마자 그에게 편지를 쓰기 시작하여 17년 동안 300통에 달하는 연서를 썼다. 1948년은 대작《제2의 성》이 집필되던 시기였는데, 그녀는 그해 말 앨그렌에게 이 두꺼운 책에 대해 말하며 "흥미로운 이야기로 가득"하다고 알렸다. 그녀는 제목에 대해 설명했고, 1949년에도 이 책 2권을 '두 번째 아이'라 칭하며 작업을 언급했다. 그토록 열정적인 편지가 증명해 주는 위대한 사랑의 순간은, 규모로나 철학적 위상으로나 엄청난 대작이 될 그녀의 이론적 기획과 같은 시기에 이루어지고 있었던 것이다.

《제2의 성》이 제시하는 논거는 반자연주의 철학, 사회 역사적 분석, 해방의 정치학을 결합하고 있다. 한쪽에 주체의 자유, 모든 선택에 열려 있는 주체의 미래가, 다른 한쪽에 강요된 성적 소명으로 인해 파괴된 그녀의 삶이 놓여 대립된다. 충실한 실존주의자로서 보부아르는 자연과 생물학이 이성도 삶의 방향도 제공하지 않지만, 여전히 모든 행위를 가능하게 하는 출발 조건이라고 주장한다. 육체가 기능을 수행하게 되어 있는 것은 역량 — 가령 생식 능력 — 을 가지고 있기 때문이 아니다. 생리적 육체는 의미 작용과 관련된 모든 종류의 기획에 사용 가능한 하나의 우발적 사실일 뿐이다. 이런 가정에서 출발하여 보부아르는 성적 차이가 어떻게 구조에 기초를 두고 있는지 증명할 수 있었다. 젠더 연구의 선구자인 그녀는 성별이 서술어에 불과하다고 강조한다. 성별은 사회적 역할의 언어 수행을 통해 젠더가 된다. 실존주의 철학에 따르면, 인간의 본성이 없는 것과 마찬가지로 여성의 본성도 없다. 여성이 된다는 것은 타인의 시선 속에서 여성으로 존재하기로, 자기가 아닌 타인으로서 체험된 소외된 의식의 화석화 작용을 감내하기로 선택하는 것이다.

　　"우리는 여성으로 태어나는 것이 아니라, 여성이 되는 것이다."《제2의 성》을 페미니즘의 등대로 만든 이 유명한 구절은 여성이 자신을 여성으로 사고하도록, 성적 차이의 규범집에 따라 여성이 '되게' 하는 문화적 조건을 연구하도록 이끌었다. 이렇게 보부아르는 여성에게 부차적 기능을 수행하도록 만든 교육과 신화를 통해, 흔히 말하는 여성 역할의 해체를 주도했다. 추상적 진술에 머무르지 않고 살아가는 존재의 구체성을 향해 나아갈 수 있게 된 것은 그녀의 분석 덕분이었다. 보부아르는 이런 방식으로, 자유로운 의식과 그것을 조건 짓는 여건 사이의 관계를 규정하는 실존주의의 용어 '상황'에 대해 논했다. 모든 자유는 상황으로서만 존재하며, 그 상황을 자기 것으로 받아들이든 말든 이를 체험하는 방식에 의해 정의된다. 상황에 처한 의식을 묘사하기 위해 사르트르가 시간과 공간 속 인간의 위치를 강조했다면, 보부아르는 구체적인 일련의 상황들, 예컨대 남편, 모성, 성, 사랑 등을 열거했다. 그녀는 언제나 현상학자의 입장에서 여성의 평범한 체험을 분석했고, 거기에 특별한 철학적 입체감을 부여했다.

보부아르가 현상학적이고 비판적으로 설명한 상황 중 가사노동은 정신적 분석의 중요한 계기를 제공한다. 철학자가 세탁, 다림질, 청소 같은 일상적인 일에 관심을 갖는 경우는 드물었다. 보부아르는 이런 유형의 일에 동반되는 정신 현상을 간파했다. 이런 일은 단지 노동하는 여성의 육체, 에너지, 시간만 동원하는 것이 아니라 세계와 시간과의 관계도 함축하기 때문이다. 먼지를 없애고 속옷을 세탁하는 일 따위는 끝도 없고 건설적일 가능성도 없는 행위를 전제로 한다. 어차피 다시 더럽혀질 수밖에 없고, 집안일이란 해 놓지 않았을 때만 눈에 보이는 법이니까. 실패가 예정된 일의 반복은 행위자에게 모든 초월을, 현실에 의식을 투기할 가능성을 가로막는다. 가정생활의 이러한 현실이란 단단히 고정되어 있기 때문이다. 똑같은 속박, 치워 버려야 할 똑같은 지저분함이 되풀이되는 것 외에 어떠한 변화의 전망도 없이 말이다. "시간은 단 한 번의 움직임으로도 창조하고 파괴한다. 가정주부는 그것의 부정적 측면만 본다. 그녀의 태도는 마니교식 이원론의 태도이다. 마니교의 특징은 하나는 선, 다른 것은 악이라고 단순히 두 원칙을 구분하기만 하는 것이 아니라, 선을 향한 적극적 노력이 아니라 악의 파괴를 통해 선에 도달할 수 있다고 주장한다는 것이다."* 이처럼 주부는 끝도 구원도 없는 소멸의 세계에서 살아야 하는 형을 선고받았다. 아무리 노력해도 집은 언제나 다시 더러워질 것이다. 마찬가지로 그녀가 가족을 위해 준비하는 식사도 모두 먹어 치워질 터, 그녀는 언제나 다시 준비해야 한다. 그녀는 가족의 욕구를 만족시키는 데서 기쁨을 느끼겠지만, 생산과 소멸의 대립에 대해 닫혀 있는, 초월성 없는 가사라는 체계에 여전히 종속되어 있을 것이다.

보부아르는 가정생활의 조건과 그것이 결정짓는 정신 현상에 관해 분석했지만, 물질적 상황에만 국한하지 않고 정서적 부분에서 여성의 종속을 설명하고자 했다.《제2의 성》에서 문화가 구축한 여성의 '원형'에 대한 설명은 철학적이면서도 정신적인 초상화의 전시실을 만들어 냈다. 여기서 특히 강조할 것은 사랑에 빠진 여성의 초상이다. 보부아르가 다른 곳에서 서술한 그녀의 애정사와 비교해 보기 위해서다. 그녀는 남성과 여성이 똑같은 방식으로 사랑을 느끼지 않는 불균형을

* 시몬 드 보부아르,《제2의 성(II): 체험》, Gallimard, 1949. 문고판, Gallimard, Idées, 1975, p.63.

강조했는데, 그녀에 따르면 이는 본성이 아니라 문화가 각각의 성에 부여한 역할 때문이다. 보부아르는 여성이 스스로를 사랑받는 존재와 동일시하고 그러한 자의 관점을 택해 세계를 보며 취향이나 생각이나 친구를 고른다고 설명했다. "가치의 척도, 세계의 진리는 사랑받는 존재의 의식 속에 있고, 세계의 중심은 이제 그녀가 서 있는 장소가 아니라 사랑받는 사람이 있는 장소가 된다."* 여성은 다른 사람에게 받는 사랑을 통해서만 자신의 삶을 정당화하기 때문에, 사랑의 상실은 일종의 포기가 된다. 사랑이 그녀에게 어떤 위치, 분명 필요하긴 하지만 부차적인 위치를 부여함으로써 그녀는 이 '인정' 안에서만 존재한다. 남성은 사랑을 느끼면서도 계속 주체이자 '나'로 남는 반면, 여성은 '우리'라는 환상을 제공하는 충동적인 삶을 위해 우연성과 자유를 포기한다. "사랑에 빠진 여성은 포기 속에서 절대의 저 거대한 영토를 알게 된다."**

여성은 사랑의 '우리' 속에 녹아 버려서, 어쩔 수 없이 자신이 사랑하는 자의 전지전능한 시선을 통해 살아가게 된다. 이러한 사랑의 소외가 잘 드러나는 상징적 상황은 사랑받는 존재의 기다림이다. 기다리는 여성은 사랑하는 자가 돌아오지 않을 거라는 생각에 죽음을 상상하고, 그 때문에 근심과 질투와 불안을 알게 된다. 타인의 사랑에 의해서만 존재하게 된 이상, 버림받을 가능성은 그녀를 소멸시키고 그녀에게서 존재의

* 위의 책, p.392.
** 위의 책, p.393.

근거를 빼앗는다. 보부아르는 배신으로 체험되는 부재를 무척이나 강조했다. 사랑하는 자의 부정에 대한 의심은 이처럼 자신이 완전히 종속되었다고 느끼는 사랑에 빠진 여성의 질투를 초래한다. 보부아르는 왜 이 지점에서 부정에 대한 의심과 부재를 결부시켰을까? 더 일반적으로, 우리는 이 철학자가 자신의 사례 연구를 그토록 정확하게 전개해 가기 위해 어떤 자원에 발 딛고 있는지 생각해 볼 수 있다.

철학서는 거기에 실린 사례들로 다시 읽힐 수 있다. 사상을 예시해 준다고 여겨지는 사례가 때로는 상류로 거슬러 올라가 이론적 선택을 결정짓는다. 보부아르의 사례는 그녀의 주장을 구체화하며, 현상학적 서술은 그녀가 상황들을 모의 실험해 보도록, 즉 그녀의 개념을 연출하기 위해 연극적 방식으로 역할들을 재현하도록 만든다. 그녀는 원형적 인물들, 주부, 레즈비언, 매춘부, 아가씨, 할머니, 신비로운 존재를 더 많이 만들어 내고, 소설의 저자인 양 이들의 피부 속으로 스며들었다. 그렇지만 그녀는 마치 분석가가 사례를 제시하듯, 그들의 몸짓과 생각을 해독했다. 그들의 태도를 더 잘 드러내고 그들의 실존적 의미를 보여 주기 위해 보부아르는 그들에게 감정이입하는 방식을 사용했다. 보부아르는 자기가 만든 철학의 무대에서 그들을 연기하게 만들고 그녀 자신도 그들을 통해 연기함으로써 인물의 구현에 강력한 힘을 부여했다. 동시에 보부아르는 그들의 움직임을 해체하면서 암묵적으로 자신을 연구했다. 그녀가 행동의 주체인 동시에 철학적 분석의 대상인 것처럼 말이다.

보부아르는 여성들의 초상화 전시실을 발전시켰고, 거기에 인류학적 두께를 부여했다. 그녀는 일상의 삶에서 이런 모델들과 자주 만나 온 걸까, 아니면 책상 앞에 앉아 그들을 상상한 걸까? 보부아르는 책에서 읽은 신화적·문학적 문화에서 착상을 얻었고, 프란츠 리스트와 마리 다구 백작 부인의 관계, 빅토르 위고와 쥘리에트 드루에의 관계, 에밀리 브론테나 캐서린 맨스필드의 소설에 나오는 관계 등을 참조했다. 그녀는 비올레트 르뒥* 같은 친구들도 소환했다. 그녀는 자유로운 방식을 고수했고, 다양한 신분으로 구성된 참고인들 사이를 누볐다. 현실을 소환하거나 인물을 창조하면서 논거를 모았다. 철학적 견해를 문학적으로 예시하는 데 머무르지 않고, 감정이입과 거리 두기를 함께 이용한 것이다. 보부아르는 자신의 등장인물들을 통해 스스로를 구성했고, 더 명석하고 숙달되게 그들을 해체했다. 간단히 말하자면, 그녀는 위쪽에서 더 잘 내려다보고 행동을 이론적으로 분석하기 위해 등장인물의 심리에서 길을 잃은 척했다. 그녀의 글쓰기는 영원한 분열에서 생겨난다.

'여성적' 역할이 무엇인지를 분석하는 목표는 하나, 바로 해방이다. 보부아르는 마지막 장에 '해방을 향하여'라는 제목을 붙이고, 내재성에서 초월성으로 가는 길을 그려 보여 주었

---

* Violette Leduc(1907~1972). 프랑스의 소설가. 낙태와 동성애 등 자신의 경험을 바탕으로 여성의 삶과 에로티시즘을 거침없이 표현했다. 보부아르의 전격적 후원으로 발표한 자전적 소설《사생아》가 성공을 거두며 대표적인 페미니즘 작가로 알려졌다. ― 옮긴이

다. 보부아르는 정치적 용어를 사용하여 독립의 길, '내적 변모'를 가져다줄 경제적·사회적 평등의 길을 보여 준다. 그렇다면 사랑의 관계는 어떻게 되는 것일까? 여성들은 어떻게 종속되지 않고 사랑을 체험할 수 있을까? 보부아르는 '진정한' 사랑이라는 이상을 권장하면서, 감정의 영역에서 자유의 지평을 추구했다. 이 '진정성'이라는 단어는 — 진실, 성실성, 투명성을 강조한 모든 주창자에게서 계속 관찰되어 온 것인데 — 여전히 정의하기 어려우며, 대개 대립을 통해서만 일관성을 갖는다. 즉 진정성은 진정하지 않은 행위들을 규탄함으로써 모호하게나마 그려지는 것이다. 보부아르는 의식 투쟁과 헤겔에서 출발하여 사랑의 관계를 계속 사유했다. "진정한 사랑은 두 자유의 상호 인정에 기반을 두어야만 할 것이다. 그때 연인들은 각자 자신을 자기 자신으로 그리고 상대방으로 느낄 것이다. 누구도 투명성을 포기하지 않을 것이고, 누구도 자신을 훼손하지 않을 것이다."*

동일시를 끝내라, 사랑의 증표로 자유를 바치는 것도 그만두어라…… 그러면 둘 다 여전히 자유로운 채 서로를 사랑할 것이다. 하지만 자유는 타인의 시선이 강요하는 화석화에서 떨어져 나와 스스로를 투기投企할 때에만 존재하며, 보부아르는 연인의 합일로 귀결되는 사랑의 이상을 받아들일 수 없다. 의식 투쟁은 기만을 감행하지 않고서도 공모를, 사랑의 즉자 안에서 사랑에 빠진 의식의 소멸을 끝낼 수 있을까? 보부아르

* 보부아르, 《제2의 성(II)》, p.413.

도 사르트르와 마찬가지로, 자유를 보장해 줄 떨어져 나오기를 주장했다. 사랑하는 '우리'가 끈적끈적한 관계에 맞선 전쟁까지는 아니더라도 영원한 긴장을 전제하도록 말이다. 《제2의 성》을 쓰기 직전에 부부가 쓴 책들은 이 지옥 같은 초월을 보여 준다. 이를테면 《초대받은 여자》와 《닫힌 방》에는 서로에게 거짓말을 하고, 서로 가장하고, 기만에서 벗어나라고 제삼자에게 다그침당하는 커플들이 나온다. 제삼자는 악마적이지만, 절대 헤어질 수 없는 사랑이라는 거짓말을 고발함으로써 구원자가 된다. 우리는 사르트르와 보부아르의 이야기와 편지를 통해, 그들이 이런 식으로 자유로운 애정 관계를 이어 갔다는 사실을 알고 있다. 그들이 입회시키거나 추방했던 제삼자 앞에서 자신들의 상호적 자유를 느끼면서 말이다. 따라서 《제2의 성》은 보부아르가 공식적으로 쓰고 겪은 것들의 연속성과 일관성 안에서 읽힐 수 있다. 하지만 이 책은 또 다른 글, 또다른 삶과 같은 시기에 쓰였다.

넬슨 앨그렌과의 만남은 보부아르가 사랑에 대해 품었던 표상을 근본적으로 바꾸어 놓았다. 그녀는 합일감과 절대적 욕망을 경험하고 발견했다. 거기서 성생활은 분명 결정적 역할을 하지만, 그것은 사랑하는 사람과 함께하는 **전체**에 대한 욕망을 끌어들이기 때문에 육체적 쾌락만으로 환원되지 않는다. 앨그렌과의 관계에 대해 보부아르가 ― 《사물의 힘》과 《레망다랭》에서 ― 제시한 여러 이야기 가운데 두 사람이 주고받은 편지는 《제2의 성》의 견해들과 비교하면 깜짝 놀랄 만한 새로운 목소리를 들려준다. 그들의 관계가 시작된 몇 달 후,

그녀는 분석과 선언을 뒤섞어 이 갑작스러운 변화를 기술하기 시작한다. 그녀는 대학을 순회하며 치른 강연과 토론에 지친 채 시카고에 도착했고, 사람들이 자신을 지식인이 아니라 한 사람의 여성으로 봐 주기를 바랐다고 설명했다. 그녀는 처음에는 육체적 유혹을 언급했고, 이어서 위대한 사랑을 재빨리 확신했다. "처음에는 당신이 나를 사랑한 방식에 민감했는데, 이어서 별안간 당신을 사랑하게 되었어요. 우리의 사랑이 얼마 되지 않았는데도, 지금 나는 당신을 매우 오래전부터 알고 있었고 우리가 평생 친구였다는 느낌이 듭니다. 내 사랑, 밤낮으로 나는 당신의 사랑에 에워싸여 있다고 느끼며, 그 사랑은 나를 모든 악에서 지켜 줍니다. 당신의 사랑은 더울 때 나를 시원하게 해 주고, 찬 바람이 불면 따뜻하게 해 주지요. 당신이 나를 사랑하는 한 나는 절대로 늙지도 않고 죽지도 않을 거예요."*

한 남성의 시선 아래에서 여성이 되는 것, 그것을 통해 자신이 존재한다고 느끼는 것, 거기서만 삶의 이유를 끌어내는 것, 이것들은 독립적인 여성의 투기와 어울리지 않는다.《레망다랭》에서 보부아르는 안 뒤브뢰유와 루이스 브로건이라는 소설적 인물을 내세워 자신의 성적 도취를 부각시켰다. "그는 나를 꽉 끌어안았고, 그의 살갗은 형벌 기구처럼 내 입술을

---

* 시몬 드 보부아르,《넬슨 앨그렌에게 보낸 편지. 대서양을 가로지른 사랑 (1947~1964)》, Sylvie Le Bon 엮고 옮김, Gallimard, Folio(no.3169), 1997, p.58; 영어판 *A Transatlantic Love Affair. Letters to Nelson Algren*, New York: The New Press, 1998, p.40.

죄었으며, 그의 혀가 내 입안으로 파고들면 내 몸은 시신들 사이에서 깨어났다. 부활한 라자로처럼, 나는 비틀거리며 술집으로 들어갔다."* *자기를 위한* 육체(현상학자가 말하는 '고유한 육체')가 상호 구현의 경험 속에서 *타자를 위한* 육체가 됨으로써, 이런 서술은 욕망되고 욕망하는 육체에 대한 실존주의적 접근에 부합하게 된다.

　하지만 부활을 언급했다는 사실은 이 사랑을 통한 새로운 삶을, 정서와 상상계를 포함한 의식 전체의 급격한 변화를 암시하고 있다. 실제로 일련의 편지들은 개인성이 소멸하는 정념 속에서 일어나는 자기 포기를 명백히 밝히고 있다. 사랑에 빠진 그녀는 애인의 결핍을 느끼며 유럽으로 돌아왔고, 느껴지는 공백을 끝내 메우지 못하고 그만큼 자신이 불완전하다고 느꼈다. "나는 당신으로 인한 고통을 받아들이고 있어요. 당신이 너무나 그리운 것도 당신 또한 나를 그리워하기 때문에 감수하며 참고 있습니다. 마치 내가 당신이고 당신이 나인 것 같습니다."** 편지를 주고받으면서 애인에 대한 숭배는 점점 더 *강해져 갔다.* 그녀는 1947년 9월 26일 자 편지에는 다음과 같이 썼다. "나는 당신의 것, 내 몸과 마음과 영혼에서 마치나 자신을 느끼듯 온종일 당신을 느낍니다. [……] 나는 당신을 사랑하는 작은 개구리예요. 당신의 시몬이."*** 물론 사랑

---

　　* 시몬 드 보부아르, 《레 망다랭》[1954], Gallimard, Folio(no.769~770), 1972, 2권, p.37.
　　** 보부아르, 《넬슨 앨그렌에게 보낸 편지》, p.74; 영어판, p.50.
　*** 위의 책, pp.100~101; 영어판, p.67.

에 빠진 사람이라면 저런 우스꽝스러운 표현을 사용하지 않을 도리가 없을 것이다. 이를 인용한 것은 엄정한 언어를 쓰는 철학자의 이미지를 깨트리기 위해서가 아니다. 연인 사이에서도 개인성을 주장하는 여성 철학자에게서 나온 자기 포기라는 점 때문에 이 구절은 매우 주목할 만한 것이 된다. 사랑받는 남자는 욕망의 전부가 되었고, 애인, 친구, 남편, 연인 등 사랑하는 여성이 불러 주는 모든 역할을 수행한다. 그는 지배하는 동물, 순종적인 귀여운 먹이를 해치울 수 있는 시카고의 '악어'가 된다. 건축가 비버*는 귀여운 *프렌치* 개구리로 변했다.《제2의 성》에서 쓰고 권한 것과 정반대로, 보부아르는 독립성을 포기했다. "나의 행복은 당신 손에 달려 있어요. 어떤 의미에서 나는 그것을 내 손안에 두고 싶어 했었죠. 네, 이제 됐습니다. 나는 이제 내 행복에 대해 아무것도 할 수 없고 이 종속을 받아들여야만 해요. 당신을 사랑하기에 그걸 받아들이고 싶습니다."**

편지의 언어란 일차적으로 표현적 기능을 가지며, 이론적 언어와 동일선상에 놓을 수는 없다. 전자는 개인적이며, 거기에 표현된 감정은 수신자의 마음을 울리는 것을 목표로 한다. 후자는 개념적 보편성을 목표로 하며, 보편적이라고 전제되

---

* 비버는 보부아르의 별명 중 하나다. 보부아르(Beauvoir)와 비버(Beaver)의 발음이 비슷하기도 하고, 나무로 부지런히 댐을 쌓는 비버의 습성이 꾸준하고 왕성한 연구 및 집필 활동을 펼친 보부아르의 모습과도 잘 어울려 애용된 별명이다. — 옮긴이

** 보부아르,《넬슨 앨그렌에게 보내는 편지》, p.106; 영어판, p.71.

는 독자를 대상으로 한다. 그렇지만 보부아르는 자신의 연애 경험을 통해 그녀가 느낀 것, 특히 정신과 육체의 이원론에 대한 초월을 이론화하는 것을 자제할 수 없었다. 이 현상학자는 《제2의 성》에서 자신의 육체를 세계를 향한 투기로 체험한다고, 그녀가 변화시키는 상황들과 직결된, 자유롭고 적극적인 그녀의 의식으로서의 육체가 바로 그녀라고 설명한다. 반대로 사랑에 빠진 그녀는 타자를 향한 욕망과 일체가 되고, 더는 결핍을 느끼지 않으면서 욕망 속에 융화된다. 허무는 사라졌고, 사랑은 연인들을 균열 없는 **존재**의 충만함 속에 존재하게 해준다. "당신과 함께할 때, 나는 쾌락과 사랑의 차이를 전혀 느끼지 못했어요. 내 육체와 정신의 차이가 그렇듯이요. 당신을 갈망하는 사람은 완전한 한 여성입니다. 나는 이제 당신을 향해 불타오르고 당신을 자랑스러워하며 애태우는, 당신을 향한 행복한 욕망 외에 다른 아무것도 아닙니다."*

연인들은 이러한 행복한 비非구분 속에서 서로를 모방하고 같은 시간을 살게 된다. 그렇게 동시에 서로에게 "사랑해요"라고 말하며 자유를 빼앗긴 채 하나의 사랑에 사로잡혀 살아가는 것이다. 보부아르가 《레 망다랭》에서 분신의 입을 빌려 말한바, '새로운 여성'이란 남성에게 한 사람의 여성으로 대접받는 참된 여성, 스스로를 이지적인 여성과는 다른 존재로 느끼는 여성이다. 다소 허술한 이원론을 재연하며 연인의 품에서만 '그녀 자신'이 된다는 보부아르의 말에 《제2의 성》

* 위의 책, p.302; 영어판, p.193.

의 독자들은 앨그렌에게 편지를 쓴 사람이 같은 사람이 맞는지, 그녀가 둘로 쪼개지기라도 한 건지 의아해할 수 있다. 앨그렌에게 자신의 책이 거둔 성공과 미국 매체의 반응을 알려주면서, 보부아르는 그가 그녀와 책의 저자를 연결시켜 보지 않는다고 생각하며 즐거워했다. 더욱 놀라운 것은, 평범하긴 하지만 보부아르가 철학서에서 해체시켰던 모든 것과는 완전히 반대되는 애정의 행동과 태도다. 그녀는 아내라는 단어의 가장 관습적인 용례에 맞게 그 형상을 구현했다.

사르트르와 결혼이라는 절차가 없는 자유 계약을 맺었던 이 여인은 넬슨이 준 반지를 끼고 다녔고 죽을 때까지 간직한다. 그녀는 자신의 충실함과 절대적 복종을 증명하기 위해 그에게 "아랍 아내만큼이나 친절하고 얌전하겠으며 순종하겠어요"*라고 약속했다. 사르트르와의 알제리 방문에서 아랍 여성의 가정 내 고립과 사회적 소외를 두 눈으로 보고도 말이다. 이 문구를 익살로 넘긴다면, 관건은 페미니즘적 비판이 아니라 그녀가 자발적 노예 상태를 즐기게 된 사랑의 게임이 된다. 헤겔과 마르크스의 자리를 《천일야화》가 대체해 버렸다. 이러한 전도의 극치는, 여성을 가둬 둔 가사노동의 정신적·현상학적 쟁점을 그토록 섬세히 기술했던 철학자가 넬슨의 주부가 되겠다고 약속하며 그와 함께하는 완전한 삶을 상상하기 시작했다는 것이다. "오, 넬슨! 당신도 알게 되겠지만, 나는 상냥할 것이고 정숙할 것입니다. 나는 바닥을 청소하고 매 끼니 요

* 위의 책, p.356; 영어판, p.226.

리를 할 것입니다."* 괴리가 너무나 뚜렷해서 아이러니라 할 만한 것이 있을 수가 없다. 보부아르는 틀림없이 하녀, 요리사 역할을 할 것이며, 밤낮으로 열 번씩 사랑을 나눌 작정이므로 그녀는 이 역할들을 강렬한 성생활과 연결시켰다.

《제2의 성》에서 이론화한 이상과는 반대 모습을 보여 주는 이 편지들 속에서 연극적인 부분은 어디일까. 만약 이 연극에서 그녀가 순종적 여성의 역할을 한다면, 그녀는 이 역할에서 어느 정도의 진실을 발견할까? 때로 어조는 심지어 해학적일 때조차 흥분해 있으며, 이 편지들에 실린 정서적 무게로 볼 때 편지 쓰기를 습작 정도로 치부할 수도 없다. 거기에는 고통, 황홀, 질투, 정념, 눈물, 불안이 아무런 치장 없이 표현되어 있다. 보부아르가 이 감정들을 강렬하게 체험했다는 것은 의심의 여지가 없는 것 같다. 따라서 이 특별한 괴리는 하나의 수수께끼가 되고, 이론과 삶의 관계를 성찰하는 출발점이 된다. 이 편지들을 철학서보다 가치가 떨어지는 접근 불가의 사적 영역으로 처박음으로써 이 간격을 축소해 버리는 것은 게으른 짓이다. 위선적 행동을 비난하는 식의 도덕은 관념 형성 과정에서 작동하는 정신적 복합성을 이해하기를 포기하는 것이다.

이 연애편지의 출간은 상당히 공격적인 반응을 불러일으켰다. 사람들은 글과 삶의 모순적 병존을 이해하고 싶어 하지 않기 때문이다. 여성 혐오자들은 유식한 체하는 여성학자 보부아르가 사실은 그들이 가진 여성성의 기준에 맞게도 성적

---

* 위의 책, p.515; 영어판, p.324.

쾌락에 빠질 수 있는 '진짜' 여성이었다며 앙갚음거리를 찾아냈다. 반대로 일부 페미니즘 이론가들은 배신감을 느꼈다. 그들의 철학자는 페미니즘의 시조가 된 그녀의 책의 원칙에 걸맞은 모범을 보여야만 했다. 여성 소외의 전형적 패턴에 타협해 버린 애정 행각은 용서할 수 없는 배신 행위였다. 한 발자국 떨어져서, 보부아르의 질투심과 사르트르와의 암묵적인 경쟁을 지적하며 그녀의 태도를 해석하려 시도한 이들도 있었다. 전후의 세월 동안 이 부부는 비슷한 애정 상황들을 경험하며 정서적으로 격앙되어 갔을 것이다. 사르트르는 1945년 미국 여행에서 만나 나중에 책 몇 권을 헌정하기도 한 돌로레스 바네티와 열렬한 관계를 맺었다. 이 사랑은 5년 동안 지속되며 보부아르와의 관계를 위협했다. 보부아르는 《사물의 힘》에서 돌로레스와의 여행 및 넬슨과의 여행의 스케줄 문제를 두고 한바탕 소동이 일어났다고 적었다. 부부간의 갈등에 초점을 덜 맞춘 다른 해석은 보부아르의 인격이 넬슨에게 충실한 육체와 사르트르에게 충실한 정신으로 분열되었다고 주장하기도 했다. 하지만 육체적 쾌락의 발견에 기반을 둔 이 단순한 이원론은 《제2의 성》과 병존한 이 글쓰기를 설명할 열쇠를 제공하지 못한다. 삶과 이론이 대립한다면, 이 둘의 정신분열증적 양립 가능성을 이해해 보는 편이 훨씬 더 흥미로울 성싶다. 삶과 글쓰기 사이의 모순, 기만, 결합을 이해하려면 성격에 초점을 맞춘 심리학과는 다른 심리학이 필요하다. 앨그렌을 향한 보부아르의 정념 또한 단어들에 의해 체험되는 만큼 말이다. 분열은 글쓰기 그 자체에 있다.

보부아르의 인격에서 일어나는 분열은 *적어도* 그녀가 자기 삶을 이야기하기 위해 택한 다양한 목소리 속에서 관찰된다. 그녀와 앨그렌의 관계도 이와 마찬가지인데, 이는 이 정념과 동 시기의 것이면서도 매우 다른 위상을 가진 네 개의 텍스트에 묘사되어 있다. 1948년의 《미국 여행기》에서 그녀는 그와의 만남 이야기를 문화적·사회적 관점에 맞게 시카고의 최하층민과 폴란드식 술집 이야기에 통합시켜 버린다. 여기서 연애 사건은 프랑스 출신 여성 지식인이 쓴 여행기의 한 에피소드일 뿐이다. 반면 1954년 발표된 《레 망다랭》에서는 이 이야기가 허구로 다뤄진다. 이 핵심작이 여성 소설가의 삶을, 특히 그 책을 헌정한 앨그렌을 향한 성적 열정을 이야기하고 있긴 하지만 말이다. 1963년에 쓰인 회고록 《사물의 힘》에서, 보부아르는 종말로 치닫고 있는 그 관계의 역사를 거리를 두고 분석함으로써 논리 정연한 모습을 보여 주었다. 마지막으로 그녀가 앨그렌에게 보낸 《편지》는 그들의 사랑, 그들의 기쁨과 혼란의 순간에 대한 또 다른 해석을 드러냈다. 이 글쓰기들을 통해 보부아르는 자신의 삶을 이야기하고 감정을 표현하며 인물을 창조했다. 그녀는 진정 어디에 있는가? 각각의 이야기 속에 모방되어 있는가? 결론을 내리는 것은 불가능하다. 글쓰기의 코드란 것이 원래 그렇다. 어느 글이 더 진정성 있다고 판단하지 못하게 하는 어떤 표준과 표상이 문장 첫머리에서부터 내포되어 있기 때문이다. 삶을 기술한다는 것은 단번에, 이야기된 현실의 변형이 된다. 하지만 가장 커다란 교훈은 '진실'과 관련하여 어떤 것도 우선권을 누리지 못하는 다양한 판본이 존재할 수 있고 그것들 사이에 차이가 있을 수 있다는 점이다. 보부아르가 자기 이야기를 증식시킴으로써 그녀 자신을 확장시켜 갔기 때문에, 이 글들 사이의 긴장만이 체험한 진실과 다중 인격의 관념을 우리에게 알려줄 수 있다.

《제2의 성》에는 앨그렌의 존재가 언급되지 않지만, 이 텍스트 역시 보부아르의 애정 생활을 '표현한' 글쓰기에 포함된다. 이 책의 이론적 주장이 삶과 반대 방향으로 전개되는 한, 이런 주장은 역설적이다. 여기서 표현이란 다소간 숨겨진, 해독 불가한 삶의 표상으로서가 아니라 복합적인 유기적 결합으로 이해된다. 《제2의 성》은 같은 시기에 쓰인 편지들과의 불일치성 및 비일관성을 통해 보부아르 삶의 무엇인가를 정확히 표현한다. 본성에 대한 또 다른 가설이 제기되어야 할 것이다. 첫 번째 가설은 사랑에 빠진 여성 앞에 펼쳐진 함정에 맞닥뜨린 보부아르가 그 함정의 암호를 푼다고 생각하는 것이다. 그때 《제2의 성》은 정념에 빠져서 무릅쓴 위험의 치료제가 될 것이다. 앨그렌과 함께, 보부아르는 자유를 통제하지 못하는 위험을 무릅썼다. 하지만 그녀는 이 혼란을 분석하고, 명료하고 합리적인 검토를 거쳐 감정을 정확히 말함으로써 혼란을 억제했다. 그녀는 이 검토를 책의 소재로 삼았고, 책은 사랑의 가장 강렬한 시기를 다루는 만큼 더 방대해졌다. 이러한 방대함이 곧 정열의 체험과 이론적 글쓰기를 통한 통제 의지 사이의 정신적 긴장의 증거일 것이다. 분석과 이론은 성찰적 거리를 도입하고, 정서와 상상계의 바다에 빠지지 않게끔 해 준다. 현실을 명명하며 지시하는 것이 도리어 상황을 적절히 통제할 수 있게 해 준다. 파괴력을 줄이기 위해 거짓말이라는 대가를 치르기는 해야 하지만 말이다. 사실 보부아르는 앨그렌과 함께 살기 위해 파리를 떠나 사르트르를 놓아주고 지식인으로서의 이력도 포기하고픈 유혹에 시달렸다.

그렇지만 보부아르가 편지에서 표현한 이러한 정념에의 유혹을 전적으로 신뢰할 수는 없다. 앨그렌과 결혼하기 위해 모든 것을 버리고 싶은 욕망은 아마도 그녀가 즐겼던 환상일 것이다. 그녀는 두려웠을 것이고, 자신이 구축한 자유로운 여성의 지적 삶의 이미지와 단절할 수도 있다는 그 가능성을 즐겼다. 파괴를 새로운 탄생의 가능성으로 느꼈던 그녀는 틀림없이 파괴의 즐거움 또한 알고 있었을 것이다. 여기에서 두 번째 가설이 도출된다. 보부아르는 독립적 여성에 관한 이론이라는 보호막을 구축해 두었기 때문에, 포기의 욕망을 표출하고 순종적 여성의 역할을 해도 좋다고 스스로에게 허락한 것이다. 그녀는 떨어질 위험을 무릅쓰고 팽팽한 줄 위를 걸어가는 외줄 타기 훈련에 몰두할 수 있다. 수백 쪽짜리 보호망이 결정적 추락으로부터 그녀를 보호해 줄 테니까. 그녀는 다 알고 연기를 한 것이다. 앨그렌과의 열애의 위험도 알고 있었고 그것의 한계도 느끼면서 말이다. 실제로 그녀는 연애편지에서 《제2의 성》 집필을 언급했고, 《사물의 힘》에서도 앨그렌과의 밀월여행과 이 이론서의 대중적 성공이 같은 시기에 일어났다고 보고하지 않았는가. 양면성을 받아들인 것이다. 그것이 통제되고 있다는 확신도 없이 말이다. 게임은 사실 이중의 의미로 체험될 수 있다. 보부아르는 독립적인 여성인 동시에 의존적인 여성인 척을 한 것이다. 정념을 써 내려간 글에 눈물과 절망이 떠나지 않는 것을 보면 그녀가 이 역할들을 강렬히 체험하고 있었다는 것에는 의심의 여지가 없는 듯하다.

글쓰기는 정신적 기능을 수행한다. 허구적이거나 자전적인 작품에 대해서는 그 사실을 기꺼이 받아들이면서도, 이론적인 글에 대해서는 그러지 못하는 경우가 많다. 같은 사건이 다양한 장르로 이야기되는 만큼 더욱 눈길을 끄는 보부아르 글쓰기 속 증식은 이러한 정신의 투입을 이해할 수 있게 해 준다. '모순'이 사변적이고 관념적인 언어 속에 위치할 때, 우리는 그 모순의 복합성과 힘에 다가갈 수 있다. 문학적 글쓰기와 철학적 글쓰기를 나누는 것은, 여성적 글쓰기를 상상계나 정서와 묶고 남성적 글쓰기를 개념이나 합리성과 묶는 식의 구분만큼이나 단순하다. 《제2의 성》과 《넬슨 앨그렌에게 보내는 편지》 사이의 선명한 모순 덕택에, 우리는 이중적 삶, 나아가 저자가 최종적 입장을 확신하지 못한 채 떠돌고 있는 다중적 삶의 흔적을 쫓을 수 있게 된다. 저자는 자신이 겪고 있는 것을 표현하고 사유하며, 자신의 단어장을 뒤적이며 이 삶을 추적한다.

보부아르의 이론서와 연애편지 사이의 부조화가 특히 잘 드러내 주는 것은 다중적 삶을 겪어 내는 자아의 유연성이다. 해석자들은 앨그렌에게 쓴 편지가 어떤 점에서 독특한지를 충분히 강조하지 않았다. 편지가 영어로 쓰였다는 점이 간과되어 온 것이다. 외국어로 글을 쓴다는 것은 단순한 번역 작업이 아니다. 보부아르는 자신의 사랑을 영어로 체험했다. 새로운 언어로 욕망의 단어들을 발설하고 느낀 것을 표현했으며 자기 삶을 말하고 생각했다. 그녀는 다른 언어적 상상계를 통합했을 뿐만 아니라, 프랑스어로는 체험하지 못했을 경험들을 겪고 이야기할 수 있었다. 외국어로 욕망을 표현하는 일은 억압으로부터의 해방을 촉구한다. 이른바 모어의 금기에서 오는 부담이 덜해지기 때문이다. 이처럼 일종의 순수함과 정숙치 못함이 보부아르 편지의 성격을 특징짓는다. 앨그렌을 다시 만나러 떠난 시카고 여행에 대해 말할 때, 그녀는 자신이 사랑에 빠진 사랑받는 여성이 되면서 "완전히 달라졌다"라고 털어놓는다. 그렇다고 한 인격에서 다른 인격으로 옮겨 가는 일이 이사를 하는 일만큼 간단하겠는가. 보부아르는 대서양을 오가는 생활에서 정신적 동요와 의식의 상실을 체험했다. 때때로 그녀는 앨그렌이 다른 곳에 있는데도 공항에서 앨그렌을 보았다고 착각했고, 다른 이의 얼굴에 자신이 욕망하는 이미지를 투사했으며, *해리 장애*를 겪기도 했다. 앨그렌을 몇 달 동안 보지 못하고 상상만 하며 보낸 뒤에는 그를 알아볼지 확신하지 못할 정도로, 그녀의 욕망 대상은 지속적이지만 불안정한 상태였던 것처럼 보인다. 두 삶의 깔끔한 분할은《사물의 힘》에서 그녀가 고백하듯 일종의 '정신분열증'을 전제로 한다.* 그녀는 미국인이나 인디언이 될 채비를 마치고 애인과 일리노이나 멕시코에서 꾸릴 수도 있는 삶에 도취해 있었다.《레

---

* 시몬 드 보부아르,《사물의 힘》[1963], Gallimard, Folio(no.764~765), 1972, 1권, p.224.

망다랭》에서 그녀의 분신은 "삶을 몇 개는 가져야 할 텐데"*
라고 말한다. 그녀는 글쓰기를 통해 그 삶들을 상상할 수 있었
고, 자기 증식이 낳은 현기증에 약간이나마 질서를 부여할 수
있었다.

　　보부아르가 자백한 정신분열은 그녀가 자신의 삶과 글쓰
기를 구분하고 있다고 생각하게 한다. 그러나 이 삶들은 견고
하지 못하며, 이론적 생산물의 측면에서 말하자면 이 삶들은
복합적이고 모순적인 관계에 따라 유기적으로 결합한다.《제2
의 성》을 쓰면서 보부아르는 보완하고 조정하고 환상을 품고
스스로에게 거짓말을 했다. 이러한 심리적 부침이 그 책의 타
당성을 무효화하는 것은 절대 아니다. 사상의 타당성을 유지
하며 스스로에게 한 거짓말에서 보편적 진실이 나올 수 있음
을 우리는 이미 많은 사상가에게서 관찰했다. 보부아르는 진
실을 말하는 동시에 거짓말을 했다. 그녀는 부인과 모순을 통
해 '진실한' 견해와 분석에 다가갔다. 이처럼 진실과 거짓말
사이의 긴장에서 보편적 진실이 비롯될 수 있는 것이다. 만약
《제2의 성》의 독자가 이 책은 너무도 특별한 철학서라서 집필
과정에 내포된 정신적 불확실성 같은 건 몰라도 된다고 주장
하더라도, 이론가의 주관적 동기를 분석하여 어떤 관념의 선
택과 구성이 거짓말하는 행위와 어떻게 결탁하는지 이해해 보
는 것은 흥미롭다. 여기서 거짓말은 도덕적 잣대를 들이대지
않고, 추상 언어에서 작동하는 부조화스러운 욕망들의 결합

* 보부아르,《레 망다랭》, 2권, p.228.

속에서 이해되어야 한다.

허구든 이론이든 글쓰기는 현실을 살아내는 하나의 방식이고, 우리는 단어들을 통해 존재하겠다는 이 선택에 대해, 언어 속에서 연장되고 변형되고 가공되는 어떤 실존의 구축에 대해 검토해 볼 수 있다. 보부아르와 앨그렌의 관계는 언어에서 일어나는 이러한 정신적 투입을 잘 보여 준다. 앨그렌은 그들의 사랑에 관해 이야기할 필요를 느끼지 않으며, 표현하지 않고 그것을 체험했다. 보부아르는 앨그렌에게 말하고 분석하는 성향이 별로 없음을 강조했다. 그녀는 작품 속 한 인물을 통해 "단어들은 위험해. 모든 걸 뒤죽박죽 만들 수도 있어"*라고 말했다. 앨그렌이 말을 아끼는 것은 어떤 장애 때문이 아니었다. 그는 작가였지만 사랑의 언어가 가진 표현적 기능에 만족했다. 설명하거나 묘사하거나 해석하려 하지 않고 그저 "사랑하오"라고 말할 뿐이었다. 보부아르는 그들의 관계를 이야기할 때 말 없고 소박하지만 확실한 욕망을 가진 그를 보여 주었다. 그럴 때 육체의 충만함은 별다른 주석을 필요로 하지 않았다. 독자에게는 앨그렌이 너무도 단순하고 거친 사람, 미 중서부 출신 호탕한 사내로 보일 수도 있겠다. 그렇지만 언어와 출판에 대한 그의 태도는 보부아르의 태도와는 달랐다. 연애를 공표하는 데 반대했던 그는 말의 진실을 믿지 않았다. 그는 "가장 나쁜 거짓말은 서로에게 진실을 말하고 있다고 우기는 것"**이라며, 투명함을 권장하는 그녀에게 이의를 제기했다.

* 위의 책, 2권, p.229.

반대로 보부아르는 단어들에 계속 의존했는데, 이는 단지 이야기하기 위해서만이 아니라 무엇보다도 그녀가 체험한 것에 형식을 부여하기 위해서였다.

자신의 욕망을 묘사하고 사유하기 위해 보부아르는 각각의 독특한 기능을 수행하는 네 가지 글쓰기를 사용했다.

소설을 통해서는 등장인물들의 껍데기 아래 앨그렌과의 애정 생활과 성생활을 이야기하며 문학적 작업을 이어 간다. 《레 망다랭》에서 그녀의 분신은 "사랑하는 것이 이토록 충격적인 일인 줄 몰랐어"***라고 말한다. 그녀는 자전적 허구라는 보호막 아래에서 자신의 이상적 자아에 걸맞은 이미지를 계속해서 구성했다.

철학적 글쓰기는 보부아르의 이론적 야망에 부합한다. 그녀는 자신이 느꼈고, 다른 여성들도 그럴 것이라고 추정하는 욕망에 대해 사유했다. 《제2의 성》에서 그녀는 여성의 성에 대한 입문에 몇 개의 장을 할애하고, 프로이트의 제자 스테켈이 쓴 불감증 여성에 관한 책에 대해 장황하게 해설하며, 여성의 수동성과 쾌락의 불균형에 대한 여러 일반론을 늘어놓았다. 미국인의 성생활을 다룬 《킨제이 보고서》를 인용할 때는 생리학적 관찰에 근거를 둔 임상용 문체를 사용하기도 했다.

세 번째 글쓰기는 연인에게 보내는 편지와 청원이다. 편지 쓰기라는 행위 자체가 성적 결핍과 관련되는 만큼 여기서

** 위의 책, 2권, p.263.
*** 위의 책, 2권, p.55.

는 에로틱한 계기가 중요한 역할을 한다. 이 글쓰기에서 보부아르는 자신의 육체적 자아를 되찾고, 욕망의 표현 속에서, 나아가 성적 요구의 글쓰기가 가져다주는 흥분 속에서 스스로를 안심시키려 애썼다. 그녀는 타자와 자기 자신에게 자신을 욕망하는 여성으로 표현했다. 대조적으로 그녀는 앨그렌에게, 실패로 끝난 사르트르와의 첫 섹스를 묘사했다. 넬슨이 보는 앞에서 신체의 몇 부분을 연출하기도 했다. 심지어 다른 연인에게는 욕실에서 벌거벗은 자신의 뒷모습을 사진 찍도록 내버려 둔 적도 있다.

　　자서전 장르라 할 수 있는 네 번째 글쓰기는 방어적 역할을 하는 것으로 특징지을 수 있다. 앨그렌과의 관계가 거의 파국에 이르렀을 때, 보부아르는 욕망하는 자신의 육체가 사라질 거라고 예감했고 우울증에 빠지지 않으려 애썼다. 《사물의 힘》에서 그녀는 절단의 감각을 묘사했다. "갑자기, 단번에, 나 자신의 큰 한 부분 전체가 무너졌다. 그것은 신체 절단처럼 충격적이었으나, 아무 일도 일어나지 않았기 때문에 설명할 수는 없었다."* 그녀는 가슴에서 종양을 발견했고, 그것을 도려내야만 한다는 사실에 두려워한다. 욕망의 종말과 함께 자아의 통일성이 위험에 처했다. 그때 앨그렌과의 관계 이야기가 하나의 치유책이 된다. 보부아르는 이성의 지혜를 택해 이야기를 재구성하면서, 그 관계를 회고적이면서도 냉정하게 평가한다. 독립적 삶에 대한 선택과 앨그렌과의 결혼 계획 사이의

　*　보부아르, 《사물의 힘》, 1권, p.347.

불일치를 의식한 그녀는 거기서 자신을 절제된 모습으로 묘사한다. 파토스가 싹 빠진 자전적 이야기는 편지글 및 그 자유분방한 문체와 어울리지 않는다. 독립적 여성이라는 보부아르의 이미지는 안전하다. 이런 식으로 자신을 드러내면서, 그녀는 익명의 독자들을 자신의 분열을 더 잘 억제하고 숨기기 위해 구축한 완전하고 전적인 진실의 증인으로 삼았다. 더 잘 숨기 위해 자신을 노출하기. 투명성이야말로 부인否認의 왕도이다.

보부아르의 모순은 글쓰기의 정신적 동기에 관해 많은 것을 가르쳐 준다. 거기에는 독자를 속이기보다, 스스로에게 거짓말하는 작가를 위해 술책을 짜 주는 거짓말들이 내포되어 있다. 하지만 거짓말이라는 단어는 너무나 일의적이다. 긴장 속에서의 글쓰기가 드러내 주는 것은 도리어 언어의 다양한 층위를 통해 구축된 다중 인격이다. 보부아르가 앨그렌과 주고받은 편지를 읽으면서 독자는 거짓말과 속임수를 규탄하고 싶어진다. 페미니즘을 주장하는 철학자가 어떻게 《제2의 성》에서는 자신이 체험하고 느끼고 열망했던 것과 그토록 반대되는 견해를 주장할 수 있었을까? 그렇지만 역설은 그렇게 간단하지가 않아서, 글 쓰는 주체는 허구를 이용할 때만이 아니라 이론 체계를 구축할 때에도 등장인물을 통해 구성된다는 사실을 관찰하는 것이 더 공정한 듯하다.

우리 자신에 대한 거짓말은 우리가 만든 모든 인격을 스스로 통제할 수 있다고 생각하는 것이다. 보부아르도 그 사실을 믿었다. 그것이 그녀의 삶과 글쓰기의 분리를 의미하는데도 말이다. 그녀는 파리에서 사르트르와 살 때는 독립적인 여성으로, 앨그렌과의 여행에서는 사랑에 빠진 순종적인 여성으로 살았다. 냉철한 통찰력을 발휘하여 《제2의 성》을 썼고, 열정적으로 주고받은 편지에서는 한껏 흥분해 있었다. 보부아르는 여러 관점을 취하고 그중 하나에 마음대로 빠져들 수 있다는 환상을 품었고, 동시에 여러 곳에 존재하고픈 유혹을 받았다. 그녀는 자신이 가벼운 정신분열증을 앓고 있으며 위층에서 굽어보는 전지전능한 자아에 의해 불안정하게 통제되고 있다고 상상했다. 여러 다양한 글쓰기의 실행을 통해 분석의 대상인 동시에 주체가 됨으로써 그녀는 그렇게 믿을 수 있었다.

　보부아르는 단어를 방패막이로 사용하면서 자신도 모르게 다중 인격을 경험했다. 그녀는 철학서에서만큼 소설에서도 자신을 상상하고 투사하고 숨기고 변형시켰다. 이론은 그녀에게, 그 불가피한 흩어지기를 더 잘 억제할 수 있도록 보편적 주체라는 가면을 제공했다. 작가 철학자의 자아는 투명하지 않으며 인격과도 일치하지 않는다는 생각을 받아들이지 않는 독자들은 이 지점에서 기만적이라고 느끼게 된다. 반대로 심지어 이론적 언어에서도 다중 인격이 드러날 수 있다는 점을 받아들이는 독자에게는, 거짓말은 곧 글쓰기의 무대에서 자아를 분열시키고 확대하는 주체의 유연성이 될 것이다. 소설이든 고백록이든 편지든 철학 개론이든, 그것을 쓴 사람 역시 문을 열고 커튼을 걷은 뒤 가면을 착용한 채 무대에서 모습을 드러냈다가 무대 뒤로 사라지는 한 명의 등장인물이다.

　우리는 투명성에 대한 확언이 정신적 불확정성 상태를 도덕적 선택으로 변형시키는 환상을 낳는다는 사실을 또다시 관찰했다. 도덕은 종종 우리를 행동하게 만드는 진짜 이유를 은폐한다. 삶과 담론 사이의 조화란 자명한 동시에 기만적이며, 자기에 관한 허구다. 그 조화는 암묵, 부인, 브리콜라주, 기만, 거짓말 덕분에 가능해진다. 이런 '모순들'을 통해 글쓰기의 기능을 추정해 볼 수 있다. 주체는 왜, 무엇 대신에, 무엇에 형식을 부여하려고, 무엇을 말하지 않기 위해 글을 쓰는가? 그리고 더 특별히, 보편적 주체의 옷을 입고 이른바 추상 언어로 진술되는 이론적 글쓰기는 어떤 역할을 하는가? 어느 정도는 잘 알려진 이런 선택지들을 통해 우리는 글쓰기의 창작과 표상의 기능을 이해할 수 있다. 글 쓰는 주체는 어떤 것과 그 반대의 것을 주장할 수 있고, 느낀 것을 부인할 수 있으며, 겪은 것과 반대의 것을 이론화할 수도 있다. 그러한 주체는 그가 되었을 수도 있는 인물, 잠재적 방식이든 상상적 방식이든 *이론적 방식*이든 어떤 방식으로든 그 자신이기도 한 인물을 만들어 낸다.

자신이 만든 이론에 내포된 심리적·상상적 차원까지 받아들이는 이론가는 별로 없다. 이론서를 쓰면서 어떤 인물을 연기한다고 말하거나, "어떤 사상을 주장하는 사람은 내가 아니다" 또는 "어떤 관점에서는 나일 수 있다"라고 자백하는 이들은 정말로 흔치 않다. 기껏해야 자신이 달라졌다, 어떤 지적인 이유 때문에 모순되는 말이 나온 것이다 하고 인정하는 정도다. 그들 또한 어떤 대립에도 불구하고 통일성을 유지하는 자신의 추론을 진척시켜 온 것이다. 하지만 그들은 조금만 확신이 줄어도 다음과 같이 인정하게 될 것이다. "나는 몇 가지 주장을 통해 시험해 보았고, 주장하는 나의 인격을 만들었고,

추상적인 삶을 살았고, 그 속에서 내가 느꼈던 것을 반대하고 추격하고 변형시켰다. 글쓰기가 내게 말하고 겪게 한 것이 무엇인지 진정으로 알지 못한 채. 책 표지에 박힌 이름은 내 것이기도 하고 내 이름으로 표현된 어떤 인물의 이름이기도 하다." 그러한 다양성을 수용했던 드문 사상가들 중 키르케고르는 철학적 글쓰기의 정신적 힘을 이해하기 위해 다多형태적 정신을 가장 명확히 구현한 사상가이다. 그가 실천한 사유와 글쓰기는 우리를 '다중 인격'에 다가갈 수 있게 해 준다.


## 수많은 타인으로 살고 생각하기 : 키르케고르의 가명들

자신이 그 말과 글의 발신자가 아니라는 생각을 어느 사상가가 받아들일 수 있을까? 논증 과정에서의 진술이 자신이 체험하고 느끼고 사유한 것과 정확히 일치하지는 않는다는 생각이나마 받아들일 수 있는 이들은 얼마나 될까? 이러한 불일치가 주장의 진실성과 타당성을 저당 잡는 것으로 보일 수도 있겠다. 작가들은 때로 가명의 힘을 빌려, 글쓰기의 '나'들 사이의 이러한 거리를 가지고 노는 데 기꺼이 동의한다. 어쨌든 철학사는, 철학자가 이름을 빌려와 대담한 주장을 시도하는 것을 편의상 '문학적'이라고 부르며 허용해 왔다. 자신이 기반을 둔 이론적 '입장'을 독자가 알 수 없도록 가면을 뒤집어쓴 사상가들이 쓴 뛰어난 글들의 사례는 18세기에 많이 등장한다. 대화의 형식으로 여러 주장을 공존시키는 방식은 물론 소크라테스 철학의 초기작부터 존재해 왔다. 하지만 이러한 공존이 진정 연극적이고 양면적이려면, 독자에게 게시된 여러 인물들 가운데 '진실을 알고 있는' 등장인물의 교육적 측면은 제거되어야만 한다. 이와 관련하여 디드로는 많은 버전을 제안했는데, 그중 가장 성공적인 작품이《달랑베르의 꿈》이다. 이 작품에서 철학자는 우스꽝스럽고 기발한 유물론적 주제의 위험을 무릅쓰고, 재치 있는 여성과 의사와 백과전서파 학자의 논쟁에 슬그머니 끼어든다. 디드로는 어디에 있을까? 그가 모순적으로 지지하는 등장인물들 각각에 스며 있다. 개념적 형상에 대한 자기 투사는 놀이인 동시에 전략이며, 전복적 논증은 강력한 변론을 얻기 위해 가림막을 필요로 한다.

가명 사용이 검열을 피하기 위한 방책이라면, 그것은 또한 실존적 선택이기도 하다. 키르케고르의 경우, 가명 사용은 살아가고 사유하는 하나의 방식이다. 이 철학자는 수많은 글을 저술하고 이론적 명제를 증식시키기 위해 가명을 썼다. 추상 언어가 보편적인 익명 주체의 이름으로 실행되는 반면, 키르케고르는 저자들의 이름을 지어내고 진술자 각각의 주관성을 전적으로 떠맡았다. 이는 문체의 차원에만 영향을 미치는 것이 아니라 글 쓰는 주체의 실존 및 철학적 구상과도 관련이 된다. 여기서 저자는 하나의 이름을 택해 어떤 생각을 제안하는 사람으로 이해되며, 그는 자신의 주관성을 강력히 주장하고, 추상화된 말 뒤로 숨지 않는다. 그는 글에서 '스스로를 떼어놓지' 않으며, 그가 쓰는 글 '자체'이다. 그의 사유하는 삶의 가능태 중 하나로서 말이다. 실제로 키르케고르는 객관적 이성

속에서 개인성을 와해시키는 철학의 거짓말을 고발했다. 헤겔에 반대하며, 그는 역사의 위대한 생성으로 환원할 수 없는 개인의 현전과 유일성을 소환했다. 그에 따르면, 철학자들은 스스로에게 거짓말을 더 잘하기 위해 합리적 체계 속에 상상적으로 녹아들어 간다. 그가 보기에 비인칭은 책임에서 벗어나고 싶어 하는 사상가들의 비겁함이다. 익명은 삶과 주장 사이의 모순에 대한 질문을 피하는 유일한 방법이기 때문이다.

반대로 키르케고르는 글 쓰는 사람의 개인적·실존적 참여를 옹호했다. 따라서 그는 각각의 책에 저자의 이름이 주어져야 한다고 요구한다. 새로운 이름을 만들어 내서라도 말이다. 가명은 단지 구성하는 역할만 하는 것이 아니라 개인의 실존을 제안한다. 이런 실천은 그토록 많은 해석을 불러왔던, 평상시의 자아와 저자로서의 자아라는 전통적 구별을 좌절시킨다. 독자들은 두 가지 접근법으로 대립해 왔다. 한편에는 저자의 삶이 작품들 속에서 다양한 필터를 거쳐 표출된다고 생각하는 독자들이, 다른 한편에는 심리적 삶과 창조적 삶은 본질적으로 다르다고 생각하는 독자들이 있다. 후자를 택한 프루스트의 유명한 《생트뵈브에 반대하여》보다 앞서서, 키르케고르는 이 논쟁에 독창적 태도로 참여했다. 그는 저자의 자아와 작가의 자아 각각의 단일성을 부인하며 양자를 분리하기를 거부했다. 그는 내면의 진정한 자아란 받아들여지지 않는 허구요, 언제나 빌려온 것인 정체성이요, 영원한 신기루 같은 것이라 규탄함으로써 자아와 글쓰기의 가면에 대한 성찰을 일찌감치 무력화했다. 반대로 가명으로 구현된 *자아*들은 그들이 쓰는 글 속에서 작동하고 있으며, 자기 외부에서 다양한 가능태와 경험을 빌려온다. 이 잠재적 *자아*들은 글쓰기를 통해 현실화되는 잠재성으로서, 글 쓰는 주체에 소속된다.

가명의 사용에 관한 심리학적 해석은 아마도 대리인을 내세워 살아가는 개인의 보상 전략을 설명으로 제시할 것이다. 작가가 상상력을 이용하듯이, 철학자는 정신적 감흥을 느끼기 위해 추상적 사변을 택한다는 것이다. 그런데 이러한 심리적 설명은 가명 사용이 제공하는 실존의 힘을 비껴간다. 삶과 사상의 매우 복합적인 결합 속에서 작동되고 있는 것을 이해하려면, 무의식적 동기 또는 결정의 퇴행적 이해보다는 이론 속에 잠재된 자아의 단언을 분석하는 편이 더 흥미롭다. 추상의 생산이 이루어지는 현재 속에서 모순적 전이와 위선적 연출이 실행되며, 이 덕분에 삶의 투기들이 실현되고 감정과 희망과 의지가 느껴진다. 사상의 체험에는 나름의 고유한 현실이 있다. 그리고 그 체험은 자아 전체를, 그리고 실재적인 만큼이나 잠재적인 모든 *자아*를 동시에 함축한다. 가짜 이름이라고 해서 가짜 삶을 사는 것도 아니고 가짜 감정을 느끼는 것도 아니다. 그 삶과 감정은 글쓰기와 사유의 형태로 현실화된다. 키르케고르는 자신을 진실과 거짓을 발견하기 위해 더 높은 차원의 이해관계를 따르는 탐정이라고 규정하며, 헛된 권위를 내세우지 않은 채 환상들을 경험하고 이를 제 것으로 삼는 데 동의했다.

이렇게 이해된 가명은 자기의 실존과 재구성을 허용한다. 가명은 '삶의 방식'에 상응한다. '삶의 방식'이라는 표현을, 어떤 저작이 제시하는 방법대로 삶을 수양하던 고대 철학자들의 방식을 가리키기 위해 푸코가 사용한 자기 배려라는 개념을 넘어선 것으로 이해한다면 그렇다. 사실 키르케고르가 이해한 바와 같은 주체적 참여를 조작이라 볼 수는 없다. 지혜나 균형이나 완성을 지향하는 유일한 자아를 실제로 구성하지는 않기 때문이다. 그러한 참여는 의지대로 되는 것이 아니다. 주체가 이론 형성에 자기를 투여하는 것은, 그가 느끼고 때로는 명확히 확인한, 또는 눈멀어 그 안에서 맴돌고 있는 모순과 속임수에 걸린 채 매달려 있다. 그렇지만 우리가 무엇을 구축하고 있는지 정확히 알지 못한다고 해서 혼신을 다해 거기에 참여하지 못하는 것은 아니다. 이 다른 실존들은 주체가 상상으로 만들어 낸 다른 세계들 속에서 사는 것을 허용한다. 그때 다른 실존들은 주체가 다른 인격들을 전개하는 상상계를 향해 감으로써, 대체代替 전기의 대상이 될 수 있다. 키르케고르는 다른 삶들을 채택하고 방황하고 스스로를 속여 가면서, 그러나 이 사색적 삶들을 끝까지 살아 보면서 그 자신이기를 받아들였다. 그는 저자의 이름들을 자신에게 부과함으로써 삶들을 지어냈고, 의심과 정신적 야망을 뒤섞어 그 삶들을 집중과 분산의 장소로 설정했다. 우리가 태어날 때 받은 '고유'명사는, 비록 기억으로 가득 차 있긴 하지만, 하나의 우연한 사건이며, 우리가 지어내는 이름 역시 자기의 고유한 속성, 채택한 인격으로 받아들여질 수 있다. 각각의 가명은 가면이 아니라 진정한 실존의 제안이다.

만약 우리가 끝끝내 누가 진정한 키르케고르인지 모른다

면, 그의 다양한 이름이 유효한 진실을 보여 줄 것이다. 1846년에 그는 이런 사용법에 관해 표명할 필요를 느꼈다. "형식상 또 규정상, 나는 여기서 인정하려 한다. 사람들이 말하듯 아무도 정말로 거기에 관심이 없다 해도, 다음 저서들의 저자가 바로 나라는 사실을 말이다.《이것이냐 저것이냐》(빅토르 에레미타), 코펜하겐, 1843년 2월.《두려움과 떨림》(요한네스 데 실렌티오), 1843.《반복》(콘스탄틴 콘스탄티우스), 1843.《불안의 개념에 관하여》(비길리우스 하우프니엔시스), 1844.《서문들》(니콜라우스 노타벤), 1844.《철학적 단편》(요한네스 클리마쿠스), 1844.《인생길의 여러 단계》(제본공 힐라리우스, 보좌인 윌리엄 아프함), 1845.《철학적 단편에 부치는 마지막 추신》(요한네스 클리마쿠스), 1846."* 이 목록은 완전하지 않으며, 자백이라기보다 역설적 설명의 성격을 띤다. 키르케고르가 그는 자신의 가명들이면서 또 가명들이 아니라고 말하기 때문이다. 현자 느낌을 풍기는 라틴어식 가명과 누가 봐도 뻔한 가명의 선택은 거대한 아이러니를 보여 준다. 키르케고르는 그의 이름들에서 자신이 저자임이 전혀 느껴지지 않도록 거리를 두었다. 마치 각 이름이 자율성을 가졌고 거기에 자신의 인격을 부과하기 위해 개입할 필요가 없다는 듯이 말이다.

가명들의 승인은 복합적인 것으로 보인다. 이 허구적인 저자들은 그의 자손도, 심지어 분신도 아니다. 그들은 스스로 존

---

* 쇠렌 키르케고르,《철학적 단편에 부치는 마지막 추신》, Gallimard, Tel, 2002, p.523.

재하기 때문에, 키르케고르라는 이름을 가진 사상가의 이차적 아바타로 취급될 수 없다. 키르케고르 연구자들은 전체적 관점을 취해 가명들을 지적 행보에 통합시키려는 유혹에 시달린다. 실제로 이 이름들은 4년이라는 기간에 걸쳐 사용되었다. 하나의 '작업'이 회고적으로 만들어 내는 총체성이라는 유령은 그 이름들을 하나의 시퀀스로 묶어 따로 떼어 보게끔 만든다. 그리하여 그 시퀀스 뒤에 성姓이 제대로 서명된 종교적 담론들이 이어지는 것으로 말이다. 하지만 키르케고르는 그 시기 이후에도 이 가명들에 의존했는데, 이는 그의 성 '키르케고르'와의 관계를 검토해 보게 한다. 키르케고르 역시 호적과 혈통이 강요했을 뿐인 또 다른 이름 아닌가? 이 성으로 서명하는 자는 거기서 자신을 완전하게 알아볼까?

가명들 각자가 정해진 역할을 연기하는 하나의 체계 내로 가명을 통합시키는 것은 작품에 연속성과 통일성을 강제로 부과하려는 해석에의 욕망이다. 해석자들은 인격과 사상이 분열될 수 있고 다양할 수 있다는 사실을 받아들이기 꺼린다. 하지만 가명은 단순히 임시로 빌려 온 이름이 아니며, 개인적 성향과 성찰 방식을 보여 준다. 게다가 키르케고르는 모든 의식 위에 편재한 신처럼 그를 여기저기에 존재할 수 있게 해 주는 총체적 관점이라는 관념을 거부했다. 그는 자신의 모든 가명의 총합도 아니고, 그 이름들의 근거도 아니다. 키르케고르는 신 정도는 되어야 스스로의 여정과 다양한 실존들의 열쇠를 알 수 있을 거라고 생각했다. 반대로 그와 같은 인간들은 자기와 타인들을 위해 지어내는 모순과 거짓말 속에서 살 운명을 타고났다.

　어떤 개괄도 그가 사용한 모든 이름에 대한 진실을 제공하지 못한다. 키르케고르는 자신의 전작全作을 결산할 계획을 품을 때도 또다시 가명에 의존하지 않았는가! 1849년에 쓴 《저자로서의 나의 저서에 관한 설명적인 관점》에서 그는 생이 끝나 간다고 생각하면서, 마치 그동안 프로그래밍되어 있던 계획을 따라 왔던 것처럼 자신의 지적·정신적 진화를 일관성 있게 그린 도표를 상상했다. 그는 삶의 순간들에 거리를 두고 그것들을 단계별로 구성하면서, 본명으로 쓴 종교적 저서들로 나아가기 위해 미학적인 글들을 거쳐 왔다고 설명했다. 하지만 그는 이 지적 자서전을 출간하기를 주저했고 결국 포기했다. "나는 완전히 진실한 모습으로 나를 보여 줄 수가 없다." 가명인 요한네스 데 실렌티오로는 키르케고르의 이 자화상을 실현할 수 있을 것이다. 하지만 그 스스로는 그럴 수 없다. 이 책은 1851년에 요약본만 출간되었고, 나머지는 사후에 출간된다. 키르케고르는 이러한 설명과 함께, 이전의 작업을 종결하고 마침내 자기 작품의 저자가 되었다고 주장한다. 사실 저자의 권위란 결코 획득되는 것이 아니다. 그것은 떨어져 나오기와 망설임, 우회를 통해 구성되며, 언제나 의심스러운 것이다. 키르케고르는 모든 진실이 속임수에 불과하다는 상대주의적 방식에 안주하지 않았다. 그는 완전하게 진실한 의미에 도달할 수 없다는 사실을 받아들이면서도 그것을 계속 추구했다. 그의 탐구의 마지막 단계는 다가올 빛의 그늘 속에 여전히 머물러 있으면서도 이전 단계들 위에서 매번 빛을 발한다. 이

길과 그 단계들에도 불구하고, 연대기가 진실에 모범적인 길을 제공할 수는 없다. 단지 다양한 얼굴을 가진 주체의 여러 안면을 반사할 뿐이다.

권위를 가진 관점과 입장이 여럿이라는 사실은 어떤 결정적 계시로도 종결짓지 못할 영원한 불안을 보여 준다. 기독교에 독실했던 키르케고르로서도 어쩔 수 없는 불안이었다. 그때부터 거짓말과 진실의 관계는 뒤죽박죽이 된다. 실제로 진실 탐구는 저 유명한 책 제목처럼 *이것이냐 저것이냐*를 받아들이는 자의 이중성을 전제로 한다. 키르케고르는 심지어 이 선택 게임을 찬반을 가늠하는 하나의 방법으로 제시하지 않는다. 이 성찰 방식은 의지를 넘어, 저자가 '심미적 실존', '윤리적 실존', '종교적 실존'으로 특징지은 상태와 성향인 '단계들'에 상응한다. 그렇지만 독자들은 거기서 선善을 향한 발전만 보는 실수를 저지를 수 있다. 키르케고르는 이러한 삼중의 관점이 그의 삶의 시작부터 끝까지 존재한다고 분명히 밝혔다. 그는 결코 진실의 유일한 장소에 있을 수 없다. 진실은 때때로 거짓말 가운데에 있기도 하기 때문이다. 키르케고르는 자신이 심미적 단계에 있다고 생각했을 때에도, 심지어 절망을 알게 되고 관능에 빠졌을 때조차 이미 종교적 단계에 있었다.

키르케고르는 자신이 삶과는 반대되는 글을 쓴다고 고백했다. 가장 신비주의적인 글들은 무신론자였던 때 구상되었고, 가장 외설적인 글들은 금욕의 시기에 쓰였다. 종교 서적을 읽던 시기에 수도원에서 쓴《유혹자의 일기》도 마찬가지이다. 준엄하든 자유분방하든, 철학적이든 문학적이든, 어떤 글쓰기도 진실과 거짓의 게임에서 벗어나지 못한다. 진실은 어떤 장소에도 가만히 있지 않고, 풍부한 거짓말을 통해 말해지기 때문이다. 진실은 편파적 진술에 붙잡혀 있다. 반대되는 버전을 동시에 품고서 이를 시도하고 시험해 보는 주체, 모순을 일종의 실존 방식으로 체험하는 주체에 예속된 채 말이다. 결코 평온할 수 없는, 언제나 불안한 진실 탐구자는 하나의 삶과 사상 안에서 존재할 수 없으며, 다양한 관점들로 옮겨 다녀야 한다.

가명의 사용은 그렇게 철학적 지위를 얻는다. 키르케고르만큼 과감하게 가명을 많이 만들어 내고 그 논리적·정치적·정신적 기능을 실험해 본 사상가도 흔치 않다. 그는 근본적으로 새로운 가명 사용법을 만들어 냈다. 가명은 저자가 빌린 이름 뒤에 숨어 검열을 피하는 데에만 쓰이는 것이 아니게 되었다. 가명은 오히려 사상가가 자기 글에 행사하려 드는 권위적 입장을 좌절시킨다. 키르케고르는 본명을 쓰지 않은 작품에 대해 책임지지 않음으로써 저자의 무책임을 권장한 것이 아니라, 자신이 그가 쓴 것들 속에 오롯이 존재하지는 않는다고 강력히 주장한 것이다. 그리고 그가 위반하고 비판하는 입장을 견지하기 위해 화자를 창조해 낸, 종종 팸플릿 형태로 배포된 이러한 글들이 이전까지 수행해 온 논쟁적 역할에 변화를 가져왔다. 키르케고르는 모순을 해소할 지양을 따르지는 않는 변증법의 관점에서, 하나의 견해와 반대 견해를 받아들일 것을 제안했다. 가명은 소크라테스의 대화에서처럼 저자가 진실을 발생시키기 위해 비밀리에 제시하는 가짜 견해들을 구현하는 것이 아니다. 가명은 모순적 가정에 긴장을 유발하고, 어떤 것과 그에 반하는 다른 것을 사유할 수 있는 화자의 내부에 부단한 틈을 만들어 낸다.

가명을 통해 키르케고르가 추구한 것은 초연함이라는 하나의 입장이었다. 그는 삶과 사상의 입장에 대해 판단을 내리지도, 교육적 목적에 맞게 꿰맞추지도 않으면서 그 입장들을 시도해 보았다. 그는 이 허구의 저자들을 존재하게 해 준 도덕적·정서적 거리를 유지한 채 이 입장들의 실존적 밀도를 경험했다.

"내가 가명 또는 여러 개의 이름을 쓴 것은 성격에서 기인한 우연한 동기 때문이 아니었다(물론 법의 처벌이 두려워 가명을 쓴 것도 아니며, 이 점에서 죄의식은 전혀 없다. 더욱이 인쇄업자는 검열관과 마찬가지로 책 출간과 동시에 저자의 인적 사항을 언제나 공식적으로 알고 있다). 그보다는 생산 과정 자체에 내포된 본질적인 동기가 있었다. 개인들의 차이가 보여 주는 심리학적 다양성과 반응에 관한 관심 속에서, 이 동기는 선과 악, 회한과 태만, 절망과 자만, 고통과 기쁨에 대해 초연할 것을 시적 차원에서 요청했다."*

등장인물을 창조하는 작가와 마찬가지로, 키르케고르는 자신이 만들어 낸 사상가들이 마치 정말로 존재하는 것처럼, 자기 자신의 정신을 투사하지 않고 그들이 나름의 견해와 생활방식을 가지고 그네들의 인생을 살아 보게끔 하려 했다. 그래야만 이론적 입장을 끝까지 밀어붙일 수 있고, 독자에게 사

* 위의 책, p.424.

랑받지 못할까 봐 두려워하지 않을 수 있을 것이었다. 자기가 만든 인물이나 개념과 따로 떼어 놓고 자신을 봐 달라는 저자의 주장을 비웃을 수도 있겠다. 하지만 초연함이란 관객과의 거리를 의미한다기보다, 자신의 희망과 불안과 오류를 그대로 떠안고 다른 실존으로 강제로 이주해 가는 것과 관련된다. 키르케고르는 가명의 저자를 창조함으로써 절대적이고 강력한 *낯선 목소리*로 살기를 선택했다.

목소리의 관념이 가명의 본성에, 가명이 운반하는 진실에 아마 가장 잘 부합할 것이다. 저자의 인격은 자취를 감추었고, 자아에서 두께와 굳어진 의미가 빠져나갔다. 가명이 이것들을 떼어 냈다. 그리고 외침, 말, 노래, 비탄, 기도 속에 퍼져 있는 다양한 목소리의 숨결이 지나갈 수 있도록 공간을 터 주었다. 키르케고르는 진실에 접근하는 왕도로서 청각을 강조했다. 그는 시각의 우월성을 깨부수고 철학을 청각의 문제로 만든 드문 사상가 중 하나다. 열정적인 음악 애호가였던 그는 선악에서 벗어나 음역에 따라 사상에 귀 기울였다. 그는 인격을 뺀 하나의 목소리로 자신을 표현했다. 진실은 아마도 거기에, 목소리에 자기를 내맡긴 데, 기만을 벗어 버린 실존적 입장에 부합하는 음성을 시도하는 데 있을 것이다. 정확한 음색을 발견할 때 진실도 들려오는 것이다.

사상가가 택할 수 있는 목소리의 다양성은 미리 짜인 화음이 없는 역설적 악보 속에 뚜렷이 나타난다. 음악에 비교하자면, 진실의 합창단을 꾸리기 위해 서로 관계 맺은 저자의 가명들이 빚어내는 다성음악을 생각해 볼 수 있다. 그렇지만 가명들은 소통을 하긴 해도 종종 독주를 펼친다. 키르케고르는 내면의 작은 무대를 만들어 거기서 그의 허구적 이름들이 대화를 나누거나 타인들에 대해 말하는 것을 즐겼는데, 목소리의 여러 겹들을 푸가나 대위법보다는 레코드 트랙 식으로, 서로 겹쳐지고 또 때로는 교차하게끔 배열했다. 그 자신, 즉 고유명사로서의 키르케고르는 그러한 목소리의 층을 기준으로 스스로를 평가하여, 그 목소리들이 구성하는 담론보다 자신이 열등하다느니 우월하다느니 무관하다느니 생각했다. 각각의 목소리는, 고유한 것으로서든 비유적인 의미에서든, 자기 무대를 발명하고 때로 거기에 타인들을 입장시킨다.

따라서 가명은 얼굴이라기보다 목소리이며, 진정성의 문제를 시대에 뒤떨어진 것으로 만들어 버린다. 많은 사상가가 자신의 진실성을 내보이길 원했고 그런 만큼 거짓말에 대한 의심을 받았지만, 차명 사용자들은 진실이 굴절될 수 있고 그에 대한 오해가 있을 수 있음을 받아들인다. 가명은 저자의 가면을 보여 주는 것이 아니다. 그는 정말로 그 저자이다. 그와 무관하면서 동시에 그와 거리를 둔, 다시 말해 모든 가능태들, 그이면서 그가 아니고 그일 수도 있는 인격들의 긴장 속에 독특한 방식으로 있는 저자인 것이다. 그는 이들을 통해 자기 삶의 진실을 말할 수 있다. 자기의 다양한 전환은 어떤 진실한 얼굴에도 이르지 못하고, 도리어 글쓰기를 통해 발언했던 여러 목소리, 즉 변증론자나 작가나 호색한 또는 성직자의 목소리들을 메아리치게 한다. 가명을 사용함으로써, 키르케고르는 가면을 쓰지 않으며, 자신의 인격을 벗어나 움직여 가고, 자신을 잃어버릴 위험을 무릅쓰면서도 스스로의 진실에 접근할 더 많은 기회를 얻어 그 자신보다 더 멀리 나아간다.

쇠렌 키르케고르는 가명들 덕분에 성실한 진실의 지지자들을 호시탐탐 노리는 허울 좋은 거짓말을 피할 수 있었던 것일까? 명철함을 발휘하든 '배후 생각pensée de derrière'을 활용하든, 그러한 거짓말은 아무리 피하려 해 봐도 맞닥뜨릴 수밖에 없다. 여기서 '배후 생각'이란 파스칼의 표현으로, 화자와 그의 진실이 품은 필연적 양면성을 알아차리게 만드는 것이다. 키르케고르는 우리가 앞서 그 수법들을 분석했던, 모순적 주장을 하는 사람에 확실히 포함된다. 사상가가 체험한 것과 이론화한 것 사이의 모순을 보여 주는 인상적인 사례에는 실제로 키르케고르가 표명한 결혼의 이론이 포함된다. 결혼해 본적 없는 사람, 열정적으로 한 여성을 사랑하고도 약혼을 파기한 사람이 어떻게 결혼 예찬론을 펼칠 수 있을까? 이 질문은 상식적으로 할 수 있는 질문이다. 교육자 루소에게 왜 자신의 아이들을 버렸는지, 페미니즘을 주장하는 철학자 보부아르에게 어떻게 순종적인 하녀로 살고 싶은 열망을 품을 수 있었는지, 또는 노마디즘의 사상가에게 어떻게 칩거인이 될 수 있었는지, 참여를 주장한 사상가에게 어떻게 중대한 정치적 약속을 어길 수 있었는지 물어볼 수 있는 것과 마찬가지로 말이다. 철학적 비판은 이런 순진한 질문들에 답하는 법을 알고 있다. 저자들의 전기를 무시하든가, 모순의 지적 원인 및 그것들의 지양과 해소를 제시하는 것이다. 그렇지만 우리는 반대의 삶을 살면서도 어떤 주제를 지지하는 정신적 경향을 검토하기 위해 이런 방식은 피해 왔다. 그리고 키르케고르는 이 간극에 대해 새로운 해석을 제공한다.

한데 결혼을 예찬한 이는 정확히 누구인가? 저자 키르케고르인가, 아니면 편집자 빅토르 에레미타인가. 그도 아니면 심미적 글들을 쓴 A와 《유혹자의 일기》를 쓴 요한네스에 뒤따라 나오는 빌헬름 B인가? 그리고 키르케고르가 A와 B와 요한네스의 견해에 대해 어떻게 생각하는지, 그들 중 누가 우세를 점하는지 어떻게 알 수 있을까? 이 질문에 대답하려면 귀 기울여 들어야 한다. 실제로 에레미타는 청각을 가장 소중한 감각이라고 말한다. 고해실에서처럼 내면성을 파악할 수 있게 해 주기 때문이다. 이들의 합창에서 핵심이 되는 단어는 '비밀'이다. 허구의 편집자는 고물상에서 산 책상의 숨겨진 서랍에서 이 원고를 발견했다고 말한다. 그는 이 가구를 외관과 숨겨진 내면을 가진 인간의 은유로 제시했다. 원고는 세 명의 가상 인물이 쓴 것인데, 편집자는 이 중 누구도 돋보이게 할 생각이 없다. 우리는 그들이 상반되는 견해를 내세우더라도 키르케고르가 그 세 사람 각각임을, 적어도 그렇게 될 수 있음을 알고 있다. 그리고 무엇보다, 그중 누구도 결정적인 철학적 승리를 거두지 못할 것이다. "책을 읽고 나면 A와 B는 잊힐 것이고, 이런저런 인물이 결정적 해법을 제시하는 일 없이, 두 개의 구상만 계속 서로 대립하게 될 것이다."* 따라서 우리는 이

---

* 쇠렌 키르케고르, 《이것이냐 저것이냐》[1843], F. Prior & O. Prior & M.-H. Guignot 옮김, Gallimard, Tel, 1984, p.13.

결혼 예찬을 어떤 모범적인 버전으로서가 아니라, 이토록 풍부하고 치밀한 글을 쓰는 데 자신을 쏟아부은 키르케고르가 지지한 수긍할 만한 버전으로 검토할 것이다.

결혼에 관한 변론은 A가 주장하는 '심미적' 삶에 대한 응답으로서, 결혼 제도가 보증해 주는 영원한 사랑을 찬양한다. 부부 생활에서 정열은 식어 버린다는 반론에 맞서 B는 반대로 결혼이 사랑을 실현한다고 주장한다. 동거 생활은 부부가 서로에게 모든 것을 털어놓음으로써 거짓말이 사라진 이해심 깊은 삶을 전제하는데, B는 사이좋은 자기 부부를 예로 들어 몸소 이를 구현한다. 키르케고르의 삶에 대해 약간의 정보를 가진 독자라면, 사랑하는 여인 레기네 올센에게조차 자신이 어떤 사람인지 털어놓을 수 없게 했던 비밀 준수를 떠올릴 것이다.* B는 반론자이자 친구에게 말하듯 키르케고르에게 말하는 것처럼 보인다. 게다가 그는 키르케고르에게 매우 소중한 인물인 돈 후안을 비판하며 애정 생활에 대한 돈 후안의 자신만

* 키르케고르의 아버지는 첫 부인이 아이를 낳지 못하고 병사하자 교회법을 어기고 어린 하녀와 재혼해 키르케고르를 낳았다. 이 사실은 아버지에게도 평생 죄의식으로 작용했고, 사실을 알게 된 키르케고르 또한 충격을 받고 절망하여 방탕의 길로 빠져든다. 키르케고르는 어린 레기네 올센과 사랑에 빠지고 약혼까지 했지만, 원죄처럼 씌워진 이 죄의식 때문에 그녀를 불행에 빠트리지 않기 위해, 최대한 자신에게 문제가 있어서 파혼한다는 것을 보여 주려고 노력한 끝에 결국 파혼했다. 자신의 의지와 결단으로 선택하는 도덕적인 삶을 중시했던 그는 역설적이게도 가장 사랑하는 사람을 파혼을 통해 지키려 한 것이다. 비밀 준수란 아버지의 비밀을 알게 된 키르케고르가 독실한 신자로서 도덕적 삶을 실천하는 것을 목표로 삼고 죽을 때까지 이를 놓지 않은 것을 지적하는 말이다. — 옮긴이

만한 구상을 규탄했다. 그는 정복하는 것보다 지키는 데 더 많은 힘이 필요한 법이라고 선언했다.

왜 독신자가 결혼 예찬론을 썼을까? 처음 귀 기울일 때는 사랑하는 사람과의 이상적 결합에 대한 그리움인 것처럼 들린다. 키르케고르는 이처럼 *이론적 상상력*의 경로를 따라 결혼했다. 추상 언어가 좌절된 사랑을 체험할 수 있게 해 주었다. 키르케고르는 가명에 힘입어, 사랑의 상위 표현으로서 결혼의 관념에 대해 철학적으로 사색하면서, 꿈꿨던 아내와의 충만한 애정 생활을 영위할 수 있었다. 결혼에 관한 철학적 이론을 구축하기 위해 자신의 행복한 부부 생활을 언급하는 진술자 B는 저자의 분신일 터이다. 사실 레기네 올센은 명시적으로든 암시적으로든 키르케고르의 여러 텍스트에 등장하며, 어떤 글에서는 이름이 쓰였다가 줄 그어 지워지기도 했다. 《일기》에서 키르케고르는 그녀 이야기를 길게 늘어놓다가, 페이지를 뜯어내거나 문장을 잉크로 빙글빙글 칠해 덮어 버리곤 했다. 이 문장들은 기록보관소의 문서 담당자가 현미경으로 들여다보고 해독할 수 있었다.

그가 사랑하는 여성은 지워 버려도 여전히 현전하며, 그녀의 형상은 이 철학자의 글쓰기와 성찰에 늘 들러붙어 있다. 키르케고르는 파혼했지만, 그 결심 이전의 양자택일 속에 여전히 머물러 있었다. 심지어 이 파혼에 기반한 책을 쓸 계획까지 세웠다. 이는 나중에 〈유죄인가 무죄인가〉로 나온다. 레기네를 위해 그녀와 자신의 관계가 일종의 기만이었다고 그녀를 믿게 하려 시도하는 동안에도, 그는 계속해서 그녀와의 결혼을 상상했다. 그는 그녀를 사랑했고, 잊을 수 없었다. "그녀는 연극 속 공주가 아니었다 ― 가능하다면 나의 아내가 될 것이다. [……] 만약 내가 그녀를 나의 미래의 아내로서 나 자신보다 더 존경하지 않았다면, 만약 그녀의 명예가 나의 명예보다 더 소중하지 않았다면, 나는 입을 다물었을 것이며, 그녀의 욕망을 실현시켜 주었을 것이며, 그녀와 결혼했을 것이다 ― 많은 결혼에 사소한 역사가 감춰져 있다. 나는 그것을 원치 않았다. 그녀는 나의 동거녀가 되었을 것이다. 나는 차라리 그녀의 생명을 없애 버리려 했을 것이다. 그러나 나의 입장을 설명해야 했다면, 그때 나는 그녀에게 끔찍한 비밀을 털어놓아야 했을 것이다. 아버지와의 관계를, 그의 우울증을, 내 마음 깊은 곳에서 나의 방황과 갈망과 방종을 은밀히 덮고 있는 영원한 밤을."* 키르케고르가 결별에 대해 제시한 여러 이유는 여전히 모호하며, 이를 《일기》에 썼다가 지웠다는 사실이 더 진정성 있다고 여겨질 근거는 되지 못한다. 키르케고르 자신은 왜 그가 레기네와의 관계를 끊었는지 진정으로 알고 있을까, 그가 자신의 윤리적 논거나 자기 약점을 고백한 것은 일종의 자기 변론 아닐까? 각각의 진술은 끊임없는 중심 이탈의 증거일 뿐, 그중 어떤 것도 진짜 키르케고르의 것이라고 지정될 수 없다.

그렇다면 그는 어떤 목소리에서 자신을 알아볼 수 있을

* 쇠렌 키르케고르, 《일기와 메모 수첩》, 전 2권, 1권(일기 AA~DD), Else-Marie Jacques-Tisseau & Jacques Lafarge 옮김, 2권(일기 EE~KK), Else-Marie Jacques-Tisseau & Anne-Marie Finnemann & Flemming Fleinert-Jensen 옮김, L'Orante/Fayard, 2007/2013, 2권, pp.161~162.

까? 자신의 육체와 영혼이 어떤 목소리와 연결되어 있다고 느낄까? 결정을 내리는 것은 불가능하다. 독자가 이렇게 분노하는 것도 이해할 만하다. "이보시오, 키르케고르, 반대 견해까지 옹호하다니요, 그건 신빙성이 없잖소!" 하지만 가명의 사용은 이러한 반론을 물리치고 저자를 자신의 고유한 입장에 대해 변명할 의무에서 벗어나게 해 준다. 살아온 동안 쌓아 올린 모든 관념의 근거를 해명해야 하는 단일한 주체라는 허구는 다양성과 양면성을 통해 거부된다. 모순적 입장들이 펄떡이는 긴장으로 묶여 있을 때조차도 더는 자기와 자기 사이의 모순을 해결할 필요가 없다. 여러 개의 목소리를 받아들이는 것, 살면서 겪게 되는 위기 때마다 그에 맞는 곡조들을 부르며 사는 것, 이것이 곧 여러 개의 악보/분할partition을 통과해야만 하는 진실의 길이다.

키르케고르는 통일성과 다양성의 이러한 결합을 음악을 통해 정식화할 수 있었다. 음악은 그에게 목소리의 떨림으로 가늠되는 삶의 경험과 언어를 모두 제공했다. B의 음악은 결혼 예찬에 부합하고, A의 음악은 *직접적이며 에로틱한 단계들**에 상응한다. 여기서 키르케고르는 리비도의 여러 유형을 정의하기 위해 모차르트의 오페라 작품들에 해설을 달았다. 서정적인 작품 각각에 욕망의 도식이 짝을 이룬다. 〈피가로의 결혼〉은 케루비노라는 등장인물을 통해 두 여인 사이에서 망설이는, 대상이 정해지지 않은 리비도를 보여 준다. 반면 〈마술

* 《이것이나 저것이냐》 2장의 제목이기도 하다. — 옮긴이

피리〉는 파파게노를 통해 불분명한 다양성 속에 흩어져 종알 거리는 리비도를 보여 준다. 마지막으로 〈돈 조반니〉*는 쾌락 과 힘을 결합하고 욕망에 관한 자신의 관념을 즐기는, 대상을 결정지은 리비도를 구현한다. 키르케고르는 이 개념적 인물들 에 자신의 인격이나 이상을 투사한 걸까? 그럴 가능성은 매우 희박하다. 이 형상들은 음악적으로만 존재하기 때문이다. 돈 후안은 "말하자면 우리 눈앞에서 음악 속에 용해되고, 소리의 세계 속에서 피어오른다".** 돈 후안은 인격이라기보다 하나 의 음악 작품이다. 키르케고르는 심지어 눈앞에 보이는 것을 잊고 음악에만 흠뻑 빠지기 위해 무대에서 멀리 떨어진 좌석 에 앉는다고 말했다. 젊었을 때의 그라면 오페라 좌석을 구하 려고 온갖 것을 내주었을 테지만, 이제 그는 칸막이 너머에서 작품을 듣는 것만으로도 충분하다. 육체가 음악적 기체基體로 변환되었고, 이를 통해 우리는 마침내 관념이 키르케고르에게 서 차지하는 지위를 이해할 수 있다. 관념들은 조화로운 선행 성부聲部와 같은 효력을 지니며, 그는 그 정확함과 강도를 느 끼려 그것들을 듣는다. 이때부터 이론적 입장은 단편적인 소 리들로 곡을 구성하는 역량, 삶과 사상의 화음에 맞게 들리거 나 불릴 수 있는 역량에 따라 평가받게 된다.

　　가명들의 오페라에서 거짓말과 진실에 어떤 의미를 부여 할 수 있을까? 키르케고르는 이 질문을 회피하지 않고, 이름

---

　　* 돈 후안의 이탈리아어식 표기다. ― 옮긴이
　　** 쇠렌 키르케고르,《양자택일》, 1부,《전집》 3권, L'Orante, 1970, p.128.

을 바꿔 가며 모순되는 견해를 번갈아 제시하는 것이 일종의 속임수라는 사실을 시인했다. *이중 기만*을 인정한 것이다. 생각하는 바를 보여 주지 않고, 실제 체험과 반대되는 것을 말한다는 두 가지 의미에서 말이다. 이 놀랍고도 용감한 자백은 거짓말의 철학적이고 정신적인 기능에 대해 다시 생각해 보게 한다. 속임수의 사용은 무엇보다도 교육적 알리바이를 구실로 삼을 수 있다. 사상가는 현학적으로 강제하기를 원하지 않는 진실의 관념을 가지고 있으면서도 의식적으로 거짓말을 할 수 있다. '배후 생각'을 이용하여 저자는 청중이나 독자가 곧장 진실로 나아갈 역량은 없다고 생각한다. 그들은 환상 속에서 살기 때문에, 그들에게는 그들의 언어로 말을 건네며 계략을 써서 행동하는 것이 필요하다. 그때 무지한 사람들과 의견 일치를 이루기 위해 그들의 관점을 받아들이는 것 또한 거짓말이다. 키르케고르는 묻는다. "속인다는 것은 무엇인가? 그것은 어떤 타인의 환상을 현찰로 간주하는 것에서 시작한다. 그에게 주입하고 싶은 것에서 바로 시작하지 않으면서 말이다."* 여기서 키르케고르는 무신론자 또는 자기들 스스로 신도라고 믿는 기독교도들과 대화하기 위해 소크라테스의 산파술을 사용하고 음화陰畵의 단계를 거쳤는데, 이 음화를 '부식 약품 용법'이라고 불렀다. 그가 쓰는 용어로 하자면, 그는 '윤리'와 '종교'에 더 잘 도달하기 위해 '심미'의 언어를 사용했

---

* 쇠렌 키르케고르, 《저자로서의 나의 저서에 관한 설명적 관점》, 《전집》 16권, L'Orante, 1971, p.29.

다. 하지만 이 전략은 너무 간략하며, 거짓말을 인정하는 편이 어떤 교육 방법보다 훨씬 멀리 나아갈 수 있다.

인간이 오류 속에서 살고 있다고 생각하는 것은 또한 그 자신의 환상을 인정하는 것을 전제로 한다. 사람들이 오류와 자가중독이라는 이중의 의미로 실수를 저지른다는 사실을 받아들이는 것은 역설적 통찰을 던져 준다, 즉, 사람은 속기 쉽기 때문에 쉽게 속지 않는다. 이런 기만의 가능성을 의식하는 사상가는 자신의 인격을 수용하면서도 불신한다. 자기를 반박하는 작업을 함축하는 거짓말의 두 번째 차원은 이렇게 나타난다. 가명의 인격 안에서 사라짐으로써 키르케고르는 기만의 경험을 삶의 체험으로 만들었다. 그는 자신이 반드시 거짓말을 거쳐 가야만 한다는 것을 알고 있었다. 거기서 벗어나 있다고 믿는 사람이야말로 최악의 거짓말쟁이이기 때문이다. 진실을 희망하는 데 필요한 환상으로서의 거짓말은 모방, 외적 투사, 내적 투사의 형태로 이루어지는데, 이 작용들 모두 인생의 양식이자 비非인생의 양식이다. 키르케고르는 *자신이 가명들에게 정탐당하고 있다고* 말했다. 그는 타인들이 되고 자기 인격을 버림으로써 세계를 다른 눈으로, 자신을 낯선 눈으로 바라본다. 또 잠재적으로 그의 것일 수도 있을 정서와 관념을 인지하기 위해, 그에게 다른 존재 형식을 부여하는 삶과 사상 속에서 자신을 체험했다. 그는 그렇게 사라져 갔다. 심지어 침묵조차 거짓말일 수 있다는 것을 알면서도 말이다. 가명 요한네스 데 실렌티오처럼 침묵 이후에 말을 하는 것은, 언어 밖에 있을 진실의 미끼들을 경계하면서 솔직하게 진실을 말하는 것을 규탄하는 것이다. 자신이 진실 속에 있으며 어떤 환상도 갖고 있지 않다고 믿는 무모함에서 벗어나려면, 말을 해야 하고 생각해야 하고 글을 써야 하고 거짓말을 체험해야 한다.

하나 또는 여럿의 진실에 도달하려면 몰입과 후퇴라는 이중의 움직임이 필요하다. 거짓말이 행해지는 것은, 속기를 원하며 환상으로 살아갈 세상에 대한 타협 때문이라기보다는, 스스로를 소진시켜 자기 인격에 동요되지 않으려는 의지 때문이다. 키르케고르는 그의 마음에 따라 살기로, 또 그런 만큼 세상에 거리를 둔 채 살기로 결심했다. 그는 위대한 사상서의 저자로 이름을 써넣어 위대한 철학자로 인정받으려 애쓰지 않았다. 그는 사상을 내세워 삶을 살고 자기가 만들어 낸 개념을 상표처럼 여기는 이들을 경멸했다. 그는 이러한 권위에 반발하여 가명을 '견지함으로써' 사상과 삶의 실존적 입장을 체험했다. 그는 진실인 동시에 거짓인 가명들로 존재하며, 잠재적인 삶들을 통해 세상에 몰입했다. 서성거리는 사람, 우울한 사람, 유혹하는 사람, 경건한 사람, 냉소적인 사람, 열광한 사람이 되면서 말이다. 그는 감정이입을 통해 이 속임수를 위대한 실존의 시험으로 경험했다. 가명은 그에게 *익명*으로 진실을 제공했다.

지어낸 이름들 사이를 옮겨 다니는 키르케고르는 저자와 화자 사이의 게임이 문학에만 있는 것이 아니며 철학 또한 이 둘의 거리에 의존할 수 있다는 것을 보여 주었다. 작가 페소아*는 수십 개의 가명을 만들어 각각에 전기를 부여했으며, 그것들을 '같은 어근을 가진 이질적 이름hétéronymie'이라 불렀다. 그러한 자기 확장 덕에 페소아는 자신이 '수호자'이고 싶었던 여러 사상을 담은, 갖가지 양상의 작품을 낳을 수 있었다. 철학에서는 이러한 확장이 실제로 이성과 진실의 본성과 관련됨에 따라 더욱 신랄한 결과를 낳는다. 사상을 표명할 때 현전하게 되는 저자의 자아를 은폐하려는 전술 이상으로, 가명 사용 또한 사상가의 통일성을 문제 삼고, 그의 성찰의 절대성에 대한 환상을 무너뜨린다. 내가 말을 할 때 과연 누가 말을 하는 것일까? 이 질문은 위험을 무릅쓰고 진실을 말하는 모든 사람에게 던져질 수 있다. 그러나 그러한 진술은, 판결의 형식이든 논증의 형식이든, 주체와 그의 말이 일체를 이룬다는 인상을 준다. 이처럼 사상의 권위가 의심받는 것을 감수할 준비가 되어 있는 철학자는 별로 없을 것이다. 이성이 아무리 방법론적 의심과 논리적 재검토를 통해 획득되는 것이라 하더라도, 그것은 통제할 수 있다는 믿음에서 실행되기 때문이다. 그렇다고 해서 여러 인격을 택한다는 것이 저자의 책임을 회피하거나 진실의 확립을 포기한다는 것을 의미하지는 않는다. 자기 확장은 오히려 어떤 견해를 경험하고 그것을 실존의 방식으로 실험에 들게 한다. 글 쓰는 주체가 가명을 사용하는 것은 단지 주장만이 아니라 타인들과 세상을 향한 어떤 태도 또한 함께 택하는 것이다. 그는 그것들을 몸과 마음으로 체험한다.

우리에게 모순으로, 나아가 거짓말로 보였던 것은 이처럼

---

  \* Fernando Pessoa(1888~1935). 포르투갈의 시인, 작가, 평론가, 번역자이자 철학자. 실명으로뿐만 아니라 많은 가명으로 글을 쓴 것으로 유명하다.
                                        — 옮긴이

*다중 인격*의 영역에 속한다. 정신질환 분류표에서 빌려 온 이용어는 논쟁의 대상이 되어 왔지만,* 주체가 스스로 설정한 잠재적 삶에 접근할 수 있게 해 주는 풍부한 개념을 제공해 왔다. 정신의학에서 이 용어는 한 인격에서 다른 인격으로의 통제되지 않는 이행을 가리키는 말이었는데, 우리는 이를 넘어서 이 용어를 사용하고자 한다. 허구적 인물들과 결합해 강도 높게 체험되는 만큼이나 또한 분리되는 자아의 파급을 묘사하기 위해서 말이다. 문학적 허구는 다중 인격에 이르는 길들 가운데 하나이며, 분석가들은 오래전부터 이 대리 삶들을 관찰해 왔다. 이러한 투사를 통해 저자는 스스로를 등장인물 중 하나로 생각하고 가능한 삶을 상상하면서 세계와의 관계를 변화시킬 수 있다. 이런 방식으로, "마담 보바리는 나다"라는 플로베르의 유명한 말은 그의 인격에 관해 많은 해석을 불러일으켰다. 견해를 주장하는, 특히 추상 언어를 사용해 그러는 사람들의 경우에는 쟁점이 더 복합적인 것으로 보인다. 여러 인격의 사용은 언어의 본성 자체와 사람들이 거기에 부여하는 신뢰를 재검토하게 만들기 때문이다.

문학은 작가가 자신을 다른 누군가로 생각하도록 허용한다. 독서라는 계약 행위는 허구의 상상계에 근거를 두고 있기 때문이다. 반대로 이론은 여전히 진실에 저당 잡혀 있다. 거기서 권위가 중단되면 더 큰 혼란이 일어난다. 그 중단으로 인해

---

* 이언 해킹, 《다시 쓰인 영혼, 다중 인격과 기억학에 관한 연구》, Julie Brumbert-Chaumont & Bertrand Revol 옮김, Les empêcheurs de penser en rond, 1995.

사상가가 모든 주장은 자신의 주장일 것이라고, 하지만 동시에 무엇도 그의 주장이 아닐 것이라고 말할 수 있게 된다면 더더욱 그렇다. 키르케고르처럼 위험을 무릅쓰고 다중 인격을 받아들이는 사람들은 독자를 당황하게 할 뿐만 아니라, 자신을 비롯한 모든 이들의 성찰의 일관성을 의문에 부친다. 여럿으로 쪼개지며, 때로는 정반대의 인격이 되기도 하며, 다중 인격을 받아들이는 사람들은 진실의 여러 얼굴을 거쳐 간다. 실존의 방식으로 이용되는 가명은 다중 인격의 표식이며, 이를 통해 놀랍도록 풍부한 사색이 가능해진다. 그렇지만 단 하나의 이름으로도 이런 다양성을 포괄할 수 있다. 보부아르가 그 생생한 예다. 그녀는 살았던 것과 반대되는 사상을 표명했고, 모순되는 삶들을 쓰고 겪기 위해 이론·분석·소설·일기·편지를 펼쳐 놓았으며, 어떤 입장 및 그 반대 입장을 탐색하고, 회고적 일관성 속에 모순들을 압축하는 척했다.

언어는 부인하는 최고의 무기인 확언의 힘이 실린 채 사용될 때, 이러한 자기 통합의 경향을 더 강하게 띤다. 니체 같은 독특한 철학자들은 이런 속임수에 맞서 싸웠고, 다중적 자아를 공표했다. 니체는 《이 사람을 보라》에서 다중적 자아의 변신을 보여 준다. 자신의 삶과 책을 재검토하면서 이 사상가는 자신의 사상이 삶의 순간들과 여행과 음악에서 어느 정도로 유래되었는지를 상기시킴으로써 저자로서의 자아를 거창하게 전시했다. 그는 언제나 자신에게 무슨 일이 일어나고 있는지 알지 못한 채로 강렬한 삶을 살았다. 자신의 저작들을 코끼리의 임신에 비유하면서 말이다. 이 여정의 끝에 있는 그는 누구일까? 그는 베일로 자신을 가리고 변신하는 바로 그 장소에서 자신을 노출했다. 그는 자신의 모순을 계속 소화하고 또 새로운 모순을 살아가기를 멈추지 않았다. 그는 힘이요, 영원한 몰락이다. 추락이 호시탐탐 그를 노리고, 그는 계속해서 걸어가며 끝없이 달아난다. 마치 니체라는 이름의 다중 인격처럼. 만약 우리가 이 프리즘을 통해 철학사를 다시 읽는다면, 자기 권위를 매우 확신하는 사상가들에게서조차 수많은 다중 인격의 현상을 발견할 수 있을 것이다.

이런 경험들 덕에 우리는 삶과 이론 사이의 모순을 더 잘 이해하게 되었다. 동일한 주체를 구성하면서 추상적 구성물 속에 표현된 잠재적 인격들, 그들 사이의 결합이 명백한 거짓말을 낳았다. 주장자 각각이 정신적 해법을 발견하고, 그중 어떤 해법은 보편적 진리를 생산한다. 다중 인격들의 연극은 그것들끼리 서로 회피하고 대화하고 대치하기 때문에 불협화음을 일으킨다. 기질, 상황, 이해관계가 거짓말 또는 진실을 지지하며 그것들의 관계를 결정짓고, 어느 순간에 한쪽의 손을 들어 준다.

## 거짓말과 사후死後 진실

진실을 선언하거나 거짓말을 실행하는 데 유리한 상황이 따로 있을까? 삶과 주장 사이의 균열을 의식한 사상가라면 어떤 진실을 풀어놓기 위해 미리 조치를 해 놓을 수도 있다. 더

'진실한', 덜 의심스러운 다른 인격을 미리 보여 주는 것이다. 때로는 진실의 순간을 미루기도 한다. 실상 많은 이들이 자신이 죽고 난 뒤로 폭로를 유보한다. 소위 *사후의 진실*에 맡겨 버리는 것이다. 더는 자신이 존재하지 않아서 몸으로 결과를 감당하지 않아도 될 때 진실이 표명되어야 한다고 생각하는 주체는 진실에 대해 어떤 관념을 품고 있는 것일까? 그는 죽음 뒤에 남겨질 자기 이미지 속에 스스로를 투사한다. 후대에 남겨질 정보를 통제하거나, 남겨진 것의 통제되지 않는 결과를 감수함으로써 말이다. 이 첫 의도는 아마 후대의 욕망에 따라 결정될 것이다. 수많은 작가, 예술가, 철학자가 삶이 다한 뒤 그들 작품의 미래, 나아가 운명에 대해 생각했다. 때때로 그들은 영광스러운 사건과 일상적 사건을 구별하여 그에 따라 크고 작은 이야기들을 연결하면서, 악의적 해석에서 미리 자신을 보호하면서, 자기 삶의 이야기를 구성했다. 샤토브리앙*의 《무덤 너머의 회고록》이 가장 좋은 예이다. 이 걸작은 문체 면에서 기념비적인 작품인 동시에, 그가 거쳐 온 시대에 대한 성찰이면서 자기 자신에게 상당한 분량을 할애한 일종의 자서전이다. 더 일반적으로 말해서, 영광을 향한 꿈이 저자들의 상상계를 살찌웠고, 인류의 신전에 한자리를 차지하여 결국에는 자신에게 걸맞은 훌륭한 독자들을 발견하리라는 그들의 희망을

* François-René de Chateaubriand(1768~1848). 프랑스의 작가이자 정치가. 화려하고 섬세한 문체의 서정적인 작품을 주로 남겨 낭만주의 문학의 선구자가 되었다. 대표작으로 《아탈라》, 《기독교의 정수》, 30년에 걸쳐 집필한 《무덤 너머의 회고록》이 있다. ─옮긴이

북돋았다. 작가와 사상가 들이 살아생전에 만든 아카이브는 대개 삶에 관한 절반의 진실을 정리한 것인 만큼 선별과 누락과 왜곡을 통해 자기 이미지를 구축했다는 증거가 된다. 그렇지만 다중 인격의 아바타로서 어느 정도 미리 조직된 이 자화상들은, 저자가 생전에 밝힐 수 없다고 판단했던 불리한 진실을 밝히려 계획할 때 이해하기 힘든 난해한 것으로 드러난다.

 *사후* 폭로에 대한 두려움은 평판에 해로운 흔적들을 지우기 위해 신변을 정리하게 한다. 하지만 자신에게 타격이 될 사후 폭로까지 고려하는 저자라면, 그 자신 및 그의 통일성에 대한 복잡한 표상을 가지게 마련이다. 키르케고르는 "내가 죽고 난 뒤에 열어 보라"라는 말과 함께, 그의 작업을 설명해 줄 것으로 추정되는 원고를 남겼다. 살아 있을 때 책을 출간하면, 스스로의 분열과 다양성을 뻔히 알고 있으면서도 자신의 통일된 인격과 자기 삶에 대한 유일한 진실을 책임져야 했을 것이다. 통일성과 권위는 더는 다른 삶을 경험할 수 없게 된 사후에만 획득할 수 있는 것처럼 보인다. 《저자로서의 나의 저서에 관한 설명적 관점》은 키르케고르가 죽은 4년 뒤에 완간될 것이다. 그렇지만 *사후에* 폭로되었다고 해서 저자의 '절대' 진실을 드러낼 것이라는 '해명'을 맹목적으로 믿는 것도 헛된 일이다. '결정적' 버전이라는 것도 결국 하나의 재구성일 따름이다. 주어진 삶의 어느 시기에, 물론 최종안처럼 제시되긴 하지만 회고적인 통일성에 얽매여 있기에 생의 마지막 글쓰기의 시간과 관련되어 있는 재구성인 것이다. 단일한 이미지가 충분히 잘 드러나면 그것은 다른 이미지에 덧붙어 저자의 가능

태들 가운데 하나로서 전체를 구성한다. 사후의 통일성을 미리 마련하려는 이 의지가 최후의 흩어짐에 대한 불안을 몰아낸다.

때때로 사상가는 미래의 독자들이 스스로 종합하고, 쪼개진 인격 조각을 다시 접합하게 맡겨 버린다. 철학서와는 동떨어져 있던 보부아르의 연애편지는 그녀가 죽은 뒤 벽장 속에서 찾아낸 비밀 같은 것이 아니었다. 그녀는 연애편지의 출간을 수락하고 나아가 그것을 원했지만, 아마도 사르트르처럼 *자기 죽음은 타인들의 몫*이라 생각하고, 삶 저 너머로 그것을 밀쳐놓은 것이다. 살아 있는 개인은 과거에서 되찾을 것과 미래에 투사할 것을 고려하여 과거의 방향을 얼마든 수정할 수 있다. 하지만 죽고 나면, 타인들이 해석할 수 있는 의미들의 집합체가 된 즉자로서의 삶은 변화시킬 수도 제어할 수도 없다. 보부아르는 결국 양립할 수 없는 욕망들로 구성된 다중 인격의 모순을 사후의 독자에게 넘김으로써 그것을 받아들인 것이다. 진실이란 이처럼 뒤늦게 말해지고 '청산淸算인 양' 공표된다. 혹은 적어도, 옆걸음질과 반半거짓말과 잠재적 *자아*들과의 타협을 밝혀 주는, 그리고 다음 세대가 제공하는 새로운 진실들을 통해 다시 변형될 '하나의 진실'이 된다.

진실의 공개는 진실 추구자들 앞에서 그것을 책임질 의무를 부과한다. 이러한 해명에의 압박 때문에 고백할 수 없는 사실이나 생각의 공표는 미뤄진다. 해법이라고 한다면, 난처한 흔적들을 지우거나 모든 '개인적 진실'이 부질없다고 이론적으로 단언하는 것이다. 미완성 원고, 개인적 편지 등 삶의 흔적은 진실을 추구하는 이들의 먹잇감이 된다. 작품의 부스러기 혹은 삶의 찌꺼기인 이 실존의 잔해는 자기 자신과 타협한 증거다. 들뢰즈는 이를 "자질구레하고 사소한 비밀들"이라 부르며 정신분석가들이 여기에 몰두한다고 생각했다. 하지만 비인칭적 삶을 산 이 사상가는 촬영을 허락한 대담 시리즈에서는 철학적 이야기에 자전적 요소를 인색하다 싶을 만큼 조금씩 곁들임으로써 '몸소' 자신을 드러냈다.《질 들뢰즈 ABC》*의 형식은 분명 고백이나 인생사와 동떨어져 있는데도, 들뢰즈는 이 대담을 그가 죽은 뒤에 발표하기를 고집했다. 공개되더라도 개인적 입장에 책임을 지거나 그것을 견지할 의무는 없었을 텐데도 말이다. 그의 육체와 주관성을 노출하긴 했지만, 그는 망자의 목소리를 소환하기 위해 탁자를 돌리는 사람들에게 직접 호소하는 *순수 정신*이 된 자신을 해학적으로 상상했다.《수상록》에서 자신이 이 책의 소재가 되었다고 단언한 몽테뉴와는 반대로, 들뢰즈는 자아의 휘청이는 변이형들을 현재에서 받아들이면서도 자신의 개별 인격에 관련된 모든 담론을 삶 저 너머로 던져 버렸다. 그리고 어차피 사후에 발표될 것이면서도, 인터뷰에서 특정 인물의 이름이나 개인적 이야기를 드러내는 데 신중을 기했다. 그는 — 말년에 요약본이 방송되면서 타협하게 된 경우를 제외하고 — 전기적 호기심에 노출되는 것을 극도로 피했다. 들뢰즈는 한편으로는 뼈와 살로

---

* 질 들뢰즈·클레르 파르네·피에르 앙드레 부탕,《질 들뢰즈 ABC》, 3 DVDs, Éditions Montparnasse, 2004.

이루어진 인간으로서 스스로를 노출하여 직접 이야기를 풀어내며, 다른 한편으로는 책임질 필요도 없고 판단당할 부담도 없이 육체를 초월한 비가시적 존재가 된다는 환상을 품고 있다. 촬영된 '진실'의 발표를 미루는 것은 이 둘 사이를 오락가락하는 들뢰즈의 상상계를 보여 준다. 사후에 이해받는 행위는 비인칭적 자아라는 유토피아에, 그리고 모든 사상의 유령화에 공헌한다.

사소한 타협과 거대한 불안의 근거가 개인적이든 일반적이든, 또 공표된 것이든 혼자 중얼거린 것이든, *사후* 진실의 지위는 모호한 채로 남는다. 독자는 저자가 생전에 공표되길 원하지 않았거나 그럴 수 없었다는 이유로 그것을 더 상위의 진실이라고 착각할 수 있다. 개인은 의도했든 의도하지 않았든 스스로를 꾸며 내고, 스스로에게 거짓말을 하고, 예측할 수 없는 결과에 맞추어 그 안에서 살아남는 스스로를 상상한다. 사후 진실은 이러한 표상이 어느 정도 의식적으로 변환되는 대상이기도 하다. 사후 진실은 저자의 통제에서 벗어나 있는 해석자의 시선 속에서만 존재한다. 유언에 대한 알레고리를 보여 주는 일화가 하나 있다. 생전에 인쇄업자였던 아버지가 밀봉해 둔 편지 몇 통을 아들이 발견한다. 그중 한 통에는 "열지 마시오"라는 말이 적혀 있었다. 이 역설적인 지령은 아버지의 뜻을 지키고 싶으면서도 아버지가 간직한 비밀을 알고 싶은 상속인을 혼란스럽게 한다. 그는 편지에 끔찍한 진실이 담겨 있으리라 추측하고 모든 것을 휩쓸어 버릴 폭로를 두려워한다. 그는 몇 주를 의심과 양심의 가책에 시달렸고, 아버지의 삶에 대한 불손한 상상을 이어 갔다. 그 결과 그동안 가져 왔던 아버지의 이미지는 완전히 달라지고 말았다. 결국 그는 봉투를 열기로 작정한다. 그는 무엇을 발견했을까? 인쇄업자 아버지가 고객에게 판매할 '열지 마시오' 카드 묶음이었다.

　사후 출판물에서는 진실의 비율이 더 높을 것이라고 가정되지만, 그것들 역시 투사된 상상계에 종속되어 있다. 유가족을 위해 자신의 인격을 구성한 '저자'의 상상계든, 통합적 진실을 향한 욕망을 채우려는 독자의 상상계든 말이다. *사후* 자료는 여전히 허구이며, 의도적이든 아니든 객관적 현실의 외피를 쓴 유산에서 출발하여 구성된다. 마침내 저자의 인격을 알게 되었다는 환상은 몇 편의 글 또는 전기적 요소가 유언으로서 가치 있다는 믿음에서 생겨난 것이다. 하지만 이 자료들 또한 하나의 시각을 보탤 뿐이며, 그것은 고인의 인격의 또 다른 가공물이지 그의 삶의 열쇠를 제공해 줄 회고적 진실 같은 것은 아니다. 그러니까 바르트 사후 30년 뒤에 출간된《애도 일기》역시 어머니 사망 후 그가 느꼈던 깊은 우울을 확실히 보여 주지만, 그렇다고 그 책이 이미지에 남은 실재의 흔적을 분석하며 어머니의 형상을 끌어들였던 사진 이론서《밝은 방》보다 더 타당한 진실을 보여 주는 것은 아닌 것이다. 출간 목적이 아닌, 흩어져 있는 메모들 속에 바르트가 더 많이 현전하는 것도 아니고 그 속에서 더 '진실한' 것도 아니다. 그는 사진의 시선을 분석하기 위해 만들어 낸 관념들만큼만 진실하다.

　망자의 방에 몰래 들어가 원고를 발견한 것 같은 느낌은 그것이 진실이리라는 환상을 만들어 낸다. 조사관은 방에 남아 있던 것을 비밀의 위치로 격상시키고 자신이 숨겨진 의미에 다가갔다고 믿는다. 그는 없던 심층을 만들어 그것을 지식으로 구축한다. 하지만 저자의 뒤에서 얻어 낸 이 진실들은, 유산이 예상했던 것인지 예상치 못했던 것인지에 따라 그 유산의 상대적 우연성을 통해서만 존재한다. 진실은 저 사이비 발견자들이 어떤 '인생'에 대해 가진 표상을 통해 가공된다. 전기적 규준이 어떤 삶에 대해 우리가 갖는 관념을 결정짓기 때문에, 우리는 *사후의* 자료에 진정성과 실증성을 부여하게 된다. 이러한 신념은 진실과 거짓말이 분명히 나뉠 수 있다는 환상 위에서 작동한다. 무엇이 진본인지 결정하는 기록 보관원의 시선으로, 마치 어떤 삶의 외관을 따라 경계선이 그려질 수 있는 것처럼 말이다. 하지만 보관되어 구성된 자료나 *사후* 찾아낸 사실이, 저자가 자기 삶에 대해 스스로 발언한 것보다 더 많은 진실을 내포하고 있는 것은 아니다. 그 진실은 외부의 시선으로 작성되었기에 분명 다른 성격을 지닌, 실존의 다른 버전일 뿐이며, *진실의* 특정한 개념에 묶여 있기 때문에 "이게 바로 재확립된 진실"이라느니 "저자의 여러 이야기 중 이게 진짜 진실"이라고 확실히 말할 수는 없다. 글 쓰고 사유하는 자기의 흩어짐에 대해 우리가 분석해 온 바에 따르면, 삶은 오히려 담론과 실천 사이의 긴장에서 구축되며, 진실은 거짓말을 통해 말해진다는 사실을 떠올릴 수 있다. 이론과 삶의 명백한 모순은 허구, 사상, 이미지, 개념 속에 스스로를 투사한 의식의 다중적 삶의 일부다. 사후 발견된 사실들의 진실을 갖다 대며 거짓말을 규탄하는 것은 유혹적이지만, 우리는 거짓말이 스스로에 대해 말하고 언어적 존재로서 실존하는 한 방식이라는 것을 알고 있다. 이른바 일상적 삶과 모순되는 것처럼 보이더라도, '이론적 삶' 또한 실제 삶에 속한다. 그것이 잠재적이라는 점은 그것을 무효로 만들지도, 거기서 어떤 현실을 제거하지도 않는다. 그것이 사상이 담긴 책을 낳을 때는 더더욱 그렇다. 픽션이든 이론서든, 책은 실존의 확장이자 실제 체험한 명제이며, 진실의 지위를 획득한다.

그러므로 *사후* 폭로에서 나온 사후 진실을 저자가 생전에 했던 '거짓말'보다 더 진실된 것으로 미화할 수는 없다. 이 진실들은 죽기 전 체험한 모순들에 덧붙여지는, 연장되고 또 서로 상충하는 자기의 은유로 기능한다. 은유는 본연의 의미를 떠나 자기의 이러한 갱신된 구성물의 전달을 가리키는 단어이다. 은유는 형상들을 복잡하게 얽히게 하며, 자기 투사의 움직임을 파급함으로써 다른 은유들을 은유적 형태로 표현한다. 이 움직임 이전에는 어떤 핵심도, 어떤 진정한 인격도 존재하지 않는다. 이론과 추상적 견해를 통한 *자기*들의 발명은 사실상 다중 인격의 성격을 띠며, 사후 진실을 통해 '진정성을 인정받은' 자기는 이 영원한 자기 표상의 복합성을 추구한다.

공개되든 밀봉되든, 사후 진실은 투명하지도 심오하지도 않다. 그것의 본성을 아는 데 중요한 것은 그것들을 뒷받침하는 것, 즉 *진술 상황*과 심리적 의도, 사후 진실을 말하게 만든 우여곡절을 이해하는 것이다. 사후 진실의 검증 가능성이나 개념적·논리적·보편적 타당성은 다른 차원에서 분석되어야 한다. 사후 진실이 성공을 거두고 다른 진술자들이 그것을 이

어받아 반복한다고 해서 그것이 만들어진 과정과 심리적 기능을 관찰할 수 없는 것은 아니다. 사후 진실의 맥락·공식·술책·이면, 그리고 사후 진실을 통해 완전히 달리 판단될 거짓말은 사후 진실과 한 몸이다. 이 사실을 관찰하기 위해 위대한 사유의 경험을 참조할 필요도 없다. 진실과의 관계는 진술하는 상황에 긴밀하게 종속되어 있다. 왜 우리는 진료실에서 진찰과 상관없는 매우 내밀한 질문에도 대답할 준비가 되어 있을까? 대화의 규약이 직업상 비밀 유지 의무라는 '보호막 아래' 특정한 진술 양식을 성립하게 하고, 이것이 어느 정도 자백을 수월하게 해 준다. 진실과 거짓말의 작용을 분석하기 위해 일상적 삶 속 다양한 상황으로 질문을 확장해 볼 수 있다. 개인의 성생활에서 일어나기에 더 스스럼없이 말할 것으로 추정되는 '베갯머리 진실'도, 절대 다시 만날 일이 없는 낯선 이에게 여행자가 털어놓는 진실도 이와 마찬가지이다. 물론 개인적 자백에 속하는 진실은 논리적 진실이나 철학적 진실과 공통점이 전혀 없지만, 그것이 진술되는 양상은 추상적 견해의 경우에 대해서도 많은 것을 알게 해 준다. 진실과 거짓말이 표명되는 일상의 상황은 거의 탐구된 적 없는 방대한 연구 영역을 제공한다. 이는 추상적 견해의 경우에도 진술 상황을 고려할 것을 권장하는데, 진술의 상황은 맥락을 벗어나게 하는 역할을 할 뿐만 아니라, 매우 복합적이어서 진실한 거짓말하기의 형식을 학습하는 데 풍부한 정보를 담고 있다. 사상의 고고학 내지는 사상의 심리학은 모든 진실이 가진 상황적 성격을 이해하게 해 준다.

사상가를 진실 연습에 몰두할 수 있게 해 주는 대화 형식은 특히 진술 장치의 중요성을 강조한다. 특히 무덤 너머의 대화처럼 사후에 드러날 때 더더욱 그렇다. 대화 상대에게 하는 말은 설명과 자백 사이에서 흔들린다. 자기 말을 규범에 맞춰 초기화하고 후대에 관례적 진실만을 남기는 표준화의 위험을 감수한 채 규범을 부과하든, 다른 사람이 자신의 진실에 귀 기울임으로써 통제되지 않는 의미를 받아들이고 불확실한 수용과 타협하게 하든 해야 한다. 자기 자신에게 하는 거짓말이라는, 스스로와 '마주한' 주체의 기만은 어느 정도 유순한 청취와 대면해야 한다. 물론 사상가가 자신에게 마음이 끌린 사람과 나누는 대화는 종종 자기 사상의 일관성을 설명하기 위한 교육적 훈련과 같은 인상을 준다. 간혹 자신을 둘로 분리하는 척하는 사람은 오직 저자뿐이다. 마치 장자크와 루소처럼 말이다. 하지만 개인적 비밀이 보편적 진리와 자주 뒤섞인다. 대화자가 상대방을 돋보이게 하는 역할만 한다면 교류는 막히며, 신뢰가 예기치 못한 진실을 유발할 때 그 길이 뚫린다. 장폴이 죽은 뒤 《작별 의식》에 실린 사르트르와 보부아르의 대화가 그 좋은 예이다. 사르트르는 성찰과 고백을 결합하고, 자신의 삶에 대해 특권적 위치를 가진 증인의 시선을 받아들이며, 통제 의지를 일부 포기했다. 들뢰즈 또한 《질 들뢰즈 ABC》에서 클레르 파르네의 질문에 답하면서 자신의 개념에 대한 설명 그 이상의 것을 이야기한다. 그는 신체 반응, 특히 목소리에서 탐지되는, 정서가 가득 담긴 진실을 어쩔 수 없이 누설하게 된다. 대화를 나눌 때, 진실과 거짓말의 기교는 딱히 해독할 코드가 없더라도 들려오게 마련이다. 큰소리나 떨림, 침묵이나 더듬거림은 언어 아래의 움직임, 물밑의 분열과 전투를 드러내 준다. 이는 심지어 글에서도 들린다. 키르케고르나 니체 같은 사상가들은 얼마나 많은 진실이 귀로 감지할 수 있는 어조와 음색에 좌우되는지 알고 있었다. 키르케고르는 진실이 의미보다 목소리를 통과한다고 생각했다. 음악광이었던 니체 역시 스스로를 개념 속에서 작동되는 정신의 소리를 들을 수 있는 가장 명민한 귀를 가진 철학자라고 자랑했다. 사후의 말들, 인터뷰에서 털어놓거나 불특정 다수의 후손에게 던져진 이 말들이 우리에게 제공하는 것은 조명이 아닌 귓속말이다. 그리고 이 말들은 아직 살아 있는 저자가 속삭임의 형태로 후대에 남긴 거짓말과 진실의 메아리를 확산시킨다.

# 5장

## 거짓말의 해방

거짓말에는 진실의 의도적 부인을 넘어서는 다양한 태도와 형상과 과정이 포함된다. 우리가 살펴본 철학자들이 구사한 복합적 표현은 거짓말의 사변적 능력을 보여 준다. 어떤 저자의 삶도 객관적 사실만으로 요약될 수는 없다. 이들 내면의 분열을 일러 주는 모순들을 고발함으로써 그들에게 오명을 씌우는 것에 무슨 이득이 있을까. 논리적 일관성을 갖췄다 하더라도, 이론적 담론 역시 복합적이고 불투명한 힘들의 산물이다. 이론은 *실제 삶*을 정당화하고 확장한다. 이론적 담론은 개념적 논증으로 환원되지 않으며 심리적 에너지를 동원한다. 완성된 작품에 관한 관심이 이러한 담론의 풍부한 생산 작용을 은폐해서는 안 될 것이다. 위대한 공상가인 철학자들은 이점과 관련하여 이성적 담론이 만들어지는 과정에서 작동하는 긴장에 관해 매우 교훈적인 소재를 제공한다. 물론 모든 철학서가 거짓말에 기반한 것은 아니지만, 지금까지 살펴본 사례들은 한 사상가에게 공존하는 여러 *자아* 사이의 심한 불균형을 보여 준다.

분석의 막바지에 이른 지금, 거짓말은 더 이상 (의도적인 거짓말 대 비의도적인 거짓말처럼) 의도를 기준으로 규정될 수 없다. 심적 정서가 실린, 언어 효과로서의 이러한 거짓말 개념은 일관성을 어느 정도 조정할 수 있는 다중 인격의 구성이 택한 다양한 표현법을 새롭게 연결 짓는다. 우리가 이 여정에 들어서면서 제안했던 '자기 자신에게 하는 거짓말'이라는 표현 또한 여전히 문젯거리인데, 자아가 통일적이고 객관적일 수 있다는 허구에 근거를 두고 있기 때문이다. 자기는 주체화 과정에서 생겨난 일시적 형상으로서, 분열되고 혼합적이고 다중적이다. 저자의 이름 아래 임의로 모아 둔 것들이 균열되는 징후라 할 수 있는 모순에서 볼 수 있는 것처럼 말이다. 작동 중인 거짓 '일반'을 개념화하는 대신, 우리는 추상 담론을 만들어 내는 자양분이 되는 동시에 창조자에게는 '이론적 실존'을 제공하는 창의적 다중성을 분석하는 편을 택할 것이다. 이들에게 이론적 실존은 이른바 실제의 삶과 마찬가지로 감정적·감각적으로 일관되게 체험된다. 이론이 행하는 진실한 거짓말하기는 일종의 자기 구성이며, 언어 복합체 속에서 태어나 스스로를 표상하는 하나의 방식이다.

거짓말하기는 *해방*과 깊은 연관이 있다. 물론 철학사는 그 반대의 것을 말한다. 사람들이 힘겹게 일구어 내는 것은 진실이지 거짓말이 아니라고 말이다. 소크라테스의 산파술은 **진**

**실**을 탄생시키기 위해 가식, 억견, 우상에 맞선 투쟁을 기획하며, 더 보편적으로 해방의 움직임을 그려 낸다. 이는 곧 그곳에 이르기 위해 엄청난 에너지를 들인 만큼 더 눈부신 신격화를 연출해 내는 모든 선언의 모델이다. 형이상학적 진실, 도덕적 진실, 사실들의 진실도 같은 시나리오에 따라 전개된다. 하지만 배출과 자유를 결합함으로써 거짓말 또한 해방으로 이어질 수 있다. 문자 그대로 이해하면, 거짓말을 해방시키는 것은 누군가에게 가짜 화물을 넘겨준다는 것을 의미한다. 전달한 사람은 진실의 압력에서 벗어남으로써 아마 자신은 해방될 것이다. 실제로 자동사적이 된 거짓말은 진실과 거짓의 대립을 중단시키고, 지정될 수 없는 자기의 탄생을 돕는다. 우리가 진실에 접근하면서 오류로부터 해방된다면, 반대로 거짓말 덕분에 진실의 제국에서 해방된다고 말할 수도 있다. 니체가 순진무구하게 거짓말을 한다고 말했던 어린아이처럼 말이다. 상습적 거짓말쟁이는 자신을 마음껏 증식할 수 있게 해 주는 모든 역할을 맡을 준비를 하고 카멜레온이 됨으로써 진실의 의무에서 벗어난다. 거짓말이 그에게 새 여권을 발급해 준다. 만들어진 배역을 받아들임으로써, 거짓말쟁이는 자신이 정말 누구인지까지는 알지 못하지만 타인들에게 투명한 존재가 되라는 명령에서는 빠져나온다. 허풍 떠는 어린아이는 진실을 부인하지 않고 피한다. 이러한 푸가 곡조 속에서 쾌락과 자유, 무의식적인 것이 뒤섞인다. 도덕은 그것들을 억누르라 명하지만, 경청하는 귀는 그것들 안에서 거짓말의 다형태적 능력을 발견한다.

## 거짓말의 세 가지 길

거짓말하기를 통해 펼쳐지는 심리의 경제학은 거짓말하기의 긍정적인 힘을 보여 준다. 그것은 세 가지 방식으로 드러난다. 첫째, 진실과 거짓의 이항 대립을 따르는 경우다. 거짓말이 그물망에 진실을 더 오래 붙잡아 둘수록, 폭로는 더 짜릿해질 것이다. 둘째, 거짓말이 단호하게 부인하며 진실에 맞서 저항하는 가운데 진실을 해방하는 경우다. 셋째, 거짓말이 진실과 거짓의 대립에서 벗어나 새로운 진실을 만들어 내는 경우다. 이때 거짓말은 보상이 아니라 소비를 촉구한다. 진실의 단언은 이제 부정의 반대가 아니며, 검증에서 벗어난다.

첫 번째 길은 진실의 승리를 위한 무대를 마련한다. 그것은 진실의 해방을 부추기면서 거짓말쟁이에게 결국 진실을 실토하게 하는 경찰이나 법관의 압력과 비슷하다. 모순은 욕망을 자극하고 그것이 내뿜는 힘을 반복적으로 만들어 왔고, 비밀이 간파되면 그 분출은 급작스러운 폭발이 될 것이다. 자백의 에너지가 순간적이고 폭발적이라면, 머릿속을 맴돌며 끈질기게 괴롭히는 부인의 에너지는 지속적으로 작용한다. 두 번의 살인을 자백하는 라스콜리니코프*의 속죄가 이를 뚜렷이 보여 준다. 거짓말은 결국 무너진다. 죄인은 인정하고 수용하고 확인한다. 그렇다. 그는 비난받을 만한 죄를 저질렀다. 그는 달아났으나, 이제 구원받으리라.

---

\* 도스토옙스키의 장편소설 《죄와 벌》의 주인공. ─옮긴이

자백의 순간은 흔히 말을 하는 사람과 듣는 사람 모두에게 두려움과 쾌락을 불러일으킨다. 폭로를 연출하는 것은 사법과 수사 차원의 이야기를 넘어선다. 진실에 대한 신비한 욕망을 유발하고 일종의 공헌을 통해 그 욕망을 만족시키기 때문이다. 진실은 한 육체에서 나와 사물의 질서를 기적적으로 복구하며, 계시 이후로 만물은 제자리를 잡는다. 완전한 상태가 복원되었다. 죄지은 사람과 죄 없는 사람의 분류, 진실과 거짓의 구별이 또다시 강요되었고, 현실을 왜곡시킨 불명확한 동기는 부차적인 것이 되었다. 이후 빛이 쏟아졌고 진실이 태어났다. 텔레비전에서 제 잘못을 공개적으로 고백하는 복음주의자들의 쇼를 보면, 그들이 관객에게 이중의 쾌락을 제공한다는 것을 짐작할 수 있다. 하나는 판단하고 단죄하고 비하하는 쾌락이고, 다른 하나는 만장일치로 찬양받는 벌거벗은 진실을 지켜보는 쾌락이다. 이는 공연 이론가들이 말하는 정념의 카타르시스, 더 정확히 말해 악덕을 경멸하는 자가 범죄자들 앞에서 누리는 강박적 쾌락이다. 그가 가진 비열함을 범죄자들이 대신 보여 주기 때문이다.

진실과 거짓말의 이항으로 이루어진 시나리오에서는 '아니다'에 대한 '맞다'의 승리를 허용하기만 하면, 죄와 그 심각성은 그다지 중요하지 않아진다. 국회의원이나 반짝 TV 스타가 카메라 앞에서 맞다, 다른 여성과 적절치 못한 관계를 맺었다 자백한다. 맞습니다, 사임하겠습니다, 이혼하겠습니다, 당신을 위해 눈앞에서 사라지겠습니다. 선의 신성함을 보여 주기 위해 모든 악을 자백하겠습니다. 자백의 의식은 고백자들이 가진 사악한 충동을 드러내 준다. 어떤 사제들은 신자들이 자기 죄를 고백하며 자기만족을 느끼는 건 아닌지 의심스럽다며, 고해성사를 절제시켜야 한다고 주장하기도 한다. 하지만 자백이 강한 효과를 내려면 거짓말과 진실의 투쟁이 있은 뒤여야 한다. 비밀스러운 이야기를 하는 숨결 속에서 또는 공개 선언의 소란 속에서 부인否認이 억압에 저항하다가 결국엔 굴복하고 마는 상황에 발맞추어서 말이다. 쾌락의 경제학은 이러한 내면의 고통을 거쳐 작동하며, 완전한 해방은 그 뒤에야 따라온다.

거짓말을 집단적으로 드러내는 것은 거짓말을 없애 버리는 이 공연에서 기능을 수행한다. 그것은 거짓말을 지탱해 온 긴장과 노력을 지워 버리고 거짓말을 없는 것으로 만들려는 희생 제의 속에서 드러난다. 진실은 그것이 불러일으키는 기쁨과 긴밀히 연결되어 있으므로, 아무런 의심도 받지 않고 눈부신 빛을 발산한다. 그렇지만 그늘 없는 단 하나의 진실을 이렇게 극화하는 것은 거짓말의 긴장 속에 흔적을 남긴 또 다른 진실에 접근하지 못하게 한다. 거짓말쟁이는 한 번 맞다고 말했지만, 여러 번 아니라고 말했다. 부인의 여러 단계에서 그가 표명한 부정은 서로 동등하지 않다. 거짓의 발화 자체 속에 옹크리고 있는 진실에 어떻게 접근할 수 있을까? 거짓말의 계략과 힘을 이해하기 위해서는, 도덕적 판단을 거부하고 도덕적 판단을 부추기는 충동을 억누를 필요가 있다.

거짓말의 심리적 경제학이 따르는 두 번째 길은 진실과 거짓의 이항 대립에서 멀어지면 이해할 수 있다. 거짓 담론의 폭파를 기대하는 것보다, 그것을 유지하고 관찰하며 경청하는 것이 더 큰 이득이 된다. 이런 태도를 택한 프로이트는 현실 거부의 문제를 부각하기 위해 1925년에 'Die Verneinung'이라는 제목의 소책자를 썼는데, 이는 프랑스어판에서 《부정La Négation》으로, 이어서 《거부La Dénégation》로 번역되었다. 여기서 프로이트는 무언가를 추측한 뒤에 바로 그것을 폐기해 버리는 일부 환자의 역설적 표현 방식에 주목했다. "당신은 꿈에 나타난 사람이 누구일지 물어본다. 저희 어머니…… 아뇨, 어머니가 아니에요." 프로이트는 "따라서 그 인물은 그의 어머니가 맞다"라고 결론짓는다. 있을 수 있는 진실을 부인하려 애쓴다는 사실이 곧 이 진실이 타당하다는 증거이다. 그렇지 않다면 그렇게 말할 필요가 없었을 테니까. 의식적인 거짓말쟁이는, 이처럼 예상되지만 의심스러운 의지를 발휘해 아무도 그를 고발하려 들지 않았는데도 비난을 피하려고 자수한다. 반면 의식적이지 않은 거짓말쟁이는 스스로에게 말하고 또 스스로에게 거짓말한다. 프로이트는 억압되었던 생각이 말의 장벽을 뛰어넘어 의식에 가닿는 순간, 부인의 형식을 취하는 이 순간을 분석했다. 말하는 사람 스스로도 모르게 표출되고, 또 그 자신이 억압을 통해 진실을 찾아내기 때문에, 프로이트가 밝혀낸 과정은 더더욱 설득력을 갖는다. 꿈속에 나타난 대체 이미지 속에서 어머니가 얼굴을 보인다. 환자는 갑자기 그것을 '보았고' 이어서 그것을 다시 무의식의 경계로 돌려보냈다.

분석적 듣기는 거짓말을 이해하는 모범적 태도다. 분석적 듣기는 진실을 선언함으로써 화자 스스로에게 하는 거짓말을 규탄하고픈 열망에 저항한다. 또 심판대에 세우고픈 우리의 욕망을 보류한다. 이처럼 내용이 진실한지 분석하는 데 매달려 보류된 거짓말은 지위와 기능이 근본적으로 달라진다. 거짓말은 이제 의식적으로 진실을 부정하려는 의도를 가진 것이 아니라, 진실의 여러 형상 중 하나가 된다. 프로이트가 이미 히스테리 환자들 앞에서 이런 식의 전복을 했던 적이 있다. 그에 따르면 이들의 말과 행동은 연극도 거짓말도 아니다. 부인하는 말을 들으면서 이 정신분석가는 무의식의 목소리를 들었다. 그는 부정적 표현의 의미를 찾아내는 법을 알고 있었다. "아뇨, 그게 진실일 리 없어요. 설령 그렇다 해도 그렇게 말하지 않았겠죠!" 그런 사람에게 진실을 인정하라고 강요하면서 그의 말을 반박하는 건 문제가 아니다. 진실을 수용하는 작업이 수행될 수 있도록 진실을 부인하게 내버려 두는 것이 중요하다. 억압된 내용이 더 일반적인 의식화와 차츰차츰 결합한다. 프로이트는 안과 밖이라는 공간적 비유를 사용했다. 환자가 마치 신체 일부처럼 무언가를 스스로에게서 끄집어내어 그것과 완벽히 분리되기 위해 그것을 성공적으로 배출해야 한다는 것을 증명하기 위해서다. 마침내 진실을 인정한 거짓말쟁이한테 사용하는 프랑스어 표현 '조각을 뱉어내다cracher le morceau'가 바로 이 배출을 말한다. 거짓말쟁이가 자기 거짓말과 분리되는 상태에 이르려면, 부인하는 말이 입 밖으로 튀어나와 내달리게 내버려 두고 그것을 청취하는 데, 또한 그 풍성함과 결합을 더 잘 이해하는 데 익숙해져야 한다. 거짓말에는 다양한 동기와 삽입된 이야기가 가득하다. 프로이트가 여전히 심층과 표층을 가정하며 표현의 관념에 얽매여 있는 동안, 우리는 기만적인 허구를 주체화 과정으로 분석할 수 있다. 꼭 동일한 무의식적 심층에서 유래된 것은 아니지만 그들끼리 유기적으로 연결된 여러 주체화의 과정으로 말이다.

이 두 번째 길에서, 거짓말과 진실은 한쪽이 다른 쪽을 폭로하며 긴밀하게 뒤섞인다. 부인도 하나의 실마리가 되지만, 거짓말쟁이는 때로 진실을 부인할 필요조차 느끼지 못한다. 그때 거짓말이 갖는 지고한 권위는 본래 목적을 우회한 단언이 된다. 숨기고 부정하는 대신, 거짓말쟁이는 기생적 진실을 발설한다. 마치 자기 접시의 음식을 버리는 동안 다른 사람들의 접시를 가리키는 거식증 환자처럼. 이러한 기생적 진실은 잠시 분위기를 바꾸고 주의를 다른 데로 돌리는 것을 목표로 한다. 어떤 현실을 은폐하기 위해 다른 현실을 가리킨다고 해서 그것이 언제나 의도적인 거짓말인 것은 아니며, 말하는 이는 의식적으로든 아니든 혼란스러운 진실과의 대면을 피하고 다른 진실로 대체할 수 있게 해 주는 방패막이를 동원할 수 있다. 말할 수 없는 내용을 환자의 기억이나 해석이 은폐할 때, 정신분석은 보호막이나 덮개의 이름 아래 가려진 단언들을 탐지해 낸다. 이런 유형의 단언은 은폐하는 힘이 약해짐에 따라 끊임없는 업데이트와 교체가 필요하다.

한편 세 번째 길은 기만적 주장의 강력한 버전을 제시한다. 그것은 아름다운 지적 일관성을 지닌 '반反진실' — 또는 대체 진실 — 의 완고한 자기만족적 구성이다. 은폐하는 주장들의 무정부적 무질서 대신에, 이 구성은 논리정연함을 보이며 때로는 하나의 체계로서의 힘을 획득하기도 한다. 우리가 살펴본 철학 이론들이 바로 이 내인성內因性 진실이었다. 체계적으로 주장하는 사람은 자기 말이 사실에 근거한 진실성에 기반한 것이 아니라면, 딱히 진정성을 증명할 의무를 느끼지 않는다. 그 스스로가 진정하다느니 성실하다느니 투명하다느니 선언한다면, 그것은 그의 '삶'을 준거로 하는 것이 아니라 진술하는 입장에만 따른 것이다. 그는 주장을 펼치면서 스스로에게 거짓말을 할 수 있고, 타인들을 자신이 거둔 성과의 인질로 삼을 수도 있다. 자신의 담론에서 태어난 자, 그는 단언하는 즐거움을 전시한다.

## 단언하는 리비도

단언적인 말에 자기를 과다하게 투입하는 것은 다소 화려한 단계를 밟아 간다. 그것은 강도는 약하지만 자주 반복되는 관례일 뿐일 수도 있는데, 우리는 이를 *화자 간섭주의*라 부를 수도 있다. 단언이 반드시 타동사적인 것은 아니며, 단언하는 사람이 특정 생각과 동일시되지 않는다면 적어도 대상은 바뀔 수 있다. 그는 최대한 많이 말하고픈 욕망을 느낀다. 내용은 부차적이고 말이 단언 그 자체가 되기 때문이다. 사회생활에서 쉽게 볼 수 있는 이런 태도는 대화를 독점하는 사람들과 관련 있다. 남들이 자기 말에 귀 기울이는 것을 통해 인정받으려는 욕망도 분명 이와 마찬가지다. 그렇지만 단언하는 말을 권력의지로만 귀결시킨다면 우리는 많은 것을 놓칠 것이고, 자기 말과 지나치게 일체가 된 주체의 불협화음을 이해하지 못할 것이다. 진술 속에 단언이 과잉되게 존재한다는 것은 위조가 있다는 징후이다. 자기주장이 우렁차면 우렁찰수록, 우리는 그 자기가 취약해서 유난스럽게도 보험을 하나 더 들어야 했을 거라고 의심할 수 있다. 작가들은 말의 용법 속에 내재된 이러한 균열들을 설명할 수 있다. 특히 그 틈들이 풍성한 목소리들 속에서 드러날 때는 더더욱 그렇다. 사로트*는 끊임없이 주장을 늘어놓고 무슨무슨주의 같은 거대한 개념을 즐겨 썼던 화자들을 섬세하고 날카로운 방식으로 무대에 올렸다. 그 말들 아래에서 사로트는 세속적인 대재앙과 의미의 아찔한 추락으로 이어질, 겨우 들을 수 있는 극히 사소한 사건들을 도입한다. 화자의 단언적 조화를 흐트러뜨리고 그 취약함을 이해시키려면, 보통의 수다 옆에 침묵하는 인물 하나만 앉혀 놔도 충분하다.

단언적으로 간섭하기는 공개 발언 속에서 자연스럽게 표현된다. 전문가 역할을 하든 예언자 역할을 하든, 단언하는 자들은 선언·연설·논쟁·청원의 형식으로 방송 매체용 양식장

* Nathalie Sarraute(1900~1999). 러시아 태생의 프랑스 소설가. 정통 서술 방식에 반기를 들고 새로운 언어 영역을 일궈 냈다는 점에서 누보로망 계열로 분류되면서도 거기서 벗어나 고유의 자기 세계를 구축했다고 평가받는다. 끊임없이 변하는 인간 심리의 미세한 움직임을 있는 그대로 포착하여 현대인 특유의 불안한 심리 상황을 그려 내는 새로운 인간 묘사법을 제시했다. 대표작은 《황금 열매》. — 옮긴이

을 만들어 둔다. 주장의 합법성 여부를 떠나, 그들은 요청만 받으면 바로 개입할 만반의 준비가 되어 있다. 그들은 또한 방송 프로그램이 만족시켜야 하는, 단언을 듣고 싶어 하는 욕구에 부응한다. 이 프로그램은 청중의 열망을 휘젓고 유지시키는데, 그러면 청중은 그러한 자격을 얻은 단언자들을 흉내 내어 말하게 된다. 가정 내에서 단언의 쾌락을 좇으며 말이다. 지식의 장에서 펼쳐지는 입장들의 전략을 사회학을 통해 관찰해 보면, 그것의 논리 또한 단언의 쾌락이 실행되는 심리 경제학에 따르고 있다. 공적 공간에 끊임없이 개입하고 '의견'을 표현하려는 관심, 단언하는 자신들의 존재가 방해받지 않도록 연관된 책들을 최대한 많이 펴내도록 이끄는 글쓰기로의 몰입…… 이 모든 행위는 얼마나 많은 확신적 단언이 자아의 상상계에 순종하는 실존 방식인지를 말해 준다.

강도 높은 단언은 말에 국한되지 않는다. 읽는 법을 알면 처음 보는 악보도 연주할 수 있는 것과 마찬가지로, 그것은 텍스트에서도 읽힐 수 있다. 단언하는 방식, 그것의 리듬과 형상은 문체 형식보다도 음성으로 더 잘 읽힐 수 있다. 진실이든 거짓이든, 말이든 글이든 엄청나게 다양한 단언이 존재한다는 것을, 또 단언문을 사용한다는 사실 자체가 곧 기만적 의도를 품고 있는 것은 아니라는 것을 분명히 해 둘 필요도 있겠다(만약 그렇지 않다면, 언어를 말하는 이들은 모두 거짓말쟁이가 될 것이다!). "우주는 무한하다"나 "법은 모두에게 적용된다"라고 단언하는 것은, 정신적 쟁점과 상관없이 과학적 또는 도덕적 진실 체계에 따라 논의해 볼 수 있다. 반대로 단언의 양식 ─ 맥락과 강도, 주체가 투입한 자기, 청자/독자에게 가닿는 수법 — 은 단언의 정서 자체에 충실하게 읽고 듣는 것을 전제로 한다.

단언하려는 욕망은 단언자의 자아를 믿어 줄 실재의 혹은 상상의 대화 상대를 불러낸다. 논증적 내용의 이편에서, 단언자는 말을 건네는 행위를 통해, 자아의 깃발이 된 관념이나 견해를 통해 자신을 존재하게 한다. 물론 상식적으로는 논증 그 자체에 그것을 지지하게 하거나 지지하지 않게 하는 어떤 진실이 포함되어 있다고 생각해 볼 수 있다. 우리는 어떤 관념을 좋다고 생각하기 때문에 그것을 택한다. 이는 자명해 보인다. 하지만 어떤 논증에 대한 지지가 진실성 있다고 해서, 어떤 관념을 믿고 신봉하며 나아가 열정을 쏟는 주체, 거기에 상당한 에너지와 시간을 할애하는 주체, 자신의 주장 속에서 스스로를 알아보기에 자신이 누구인지 안다고 생각하는 주체가 쏟아붓는 몰입에 의문을 표할 수 없는 것은 아니다. 단언자는 상상적 실존으로 변형될 수 있는 그 자신의 이미지를 말을 통해 구성해 낸다.

어떤 관념에 대한 심리적 몰입은 단언자가 그 관념의 기획자이거나 스스로 그렇다고 상상할 때 절정에 이른다. *개념 창시자*가 된다는 것은 당연하게 받아들여지는 일이 아니며, 이 표현은 철학이 태동한 이래 꾸준히 논란이 되어 왔다. 소크라테스와 진리, 스피노자와 코나투스, 라이프니츠와 모나드, 데카르트와 코기토, 헤겔과 절대정신 등, 개념의 보편성을 주장하는 철학자들은 이처럼 개념을 창시자와 동일시했지만, 프로이트는 심술궂게도 철학자들의 저 모호함을 표적으로 삼았다. 물론 그는 철학에 경탄하는 동시에 비판적인, 양면적 관계를 유지했다. 그가 경계한 것은 추상적 관념을 남용하는 것이었다. 프로이트는 〈세계관에 대하여〉에서, 개념 창시자들이 그 개념에 대한 우상숭배를 부추기는 것을 비꼬았다. 하지만 그는 철학과의 경쟁 관계 때문에, 일생을 추상 관념에 바치기로 마음먹은 철학자들의 정신을 독특하게 분석하지는 못했다. 그의 아이러니가 적용된 곳은 오히려 '철학사', 그러니까 별로 역사적이지도 않고 관념적이지도 않은 역사 분야였다. 철학사에서는 철학적 관념을 철학자가 자신들의 상황과 무관하게 만들어 낸 자율적인 실체로 생각하기 때문이다. 철학자의 위인전들은 사상가와 그의 사상의 유기적 통일성이라는 환상을 실제로 만들어 낸다. 사상에는 언제나 수많은 이질적인 담론이, 생각하는 주체에 내재된 긴장이 관통하는데도 말이다.

비록 단순화되어 있긴 하지만, 개념과 그 창시자의 우상숭배적 관계에 대한 프로이트의 지적은 이론적 단언을 가능하게 하는 동기를 검토하도록 부추긴다. 철학에 익숙한 사람들은 단언이야말로 철학 담론에서 가장 급이 낮은 방식이라고 반박할 것이고, 이는 얼마간 정당하다. 철학의 본래 태도는 이와는 반대로 틀에 박힌 단언적 주장을 해체하고 경탄·불안·의심 등을 도입하는 데 있기 때문이다. 하지만 단언은 그저 진실의 진술이라는 차원으로만 요약될 수 없다. 그 점에서 의미의 내용과 거기에 투입된 정신의 몰입을 구분하는 것이 중요하다. 담론·논쟁·사상 속에서 자기를 드러낸다s'affirmer는 것은 동사 단언하다affirmer의 문법적 의미를 내포하지 않는다.* 자기의 단언은 어떤 한 견해를 축으로 삼아 동일시, 고착, 반복의 여러 과정을 보여 주며 매우 다양한 형식을 취한다. 어떤 관념을 발전시키는 데 일생을 보내는 것, 개론을 쓰는 데 모든 에너지를 바치는 것, 어떤 사상의 선구자가 된다는 것…… 이런 태도들은 심리적이고 실존적인 관점에서 검토되어야 한다.

주체가 과다하게 투입된 단언의 사례들 가운데, 철학의 경우는 무엇보다 다음 두 가지 특징으로 명확히 설명된다. 철학의 불명확한 지위, 그리고 철학을 특징짓는 추상 언어의 사용이 그것이다. 철학자들 각자가 철학이란 무엇인가에 대해 말하거나 그 질문을 불러와야 했다는 사실이 전자에 대한 증거가 되겠다. 철학이라는 단어는 사실 때로는 전혀 공통점이 없는 매우 다양한 용법들로 쓰인다. 하나의 '철학사'에 온갖 담론이 통합된다고 해도, 고대 그리스 견유학파의 사유 방식, 고전주의 시대의 형이상학 체계, 20세기 영미 사상가들의 언어 분석 사이의 판이한 차이를 가릴 수는 없다. 철학이란 단어가 아무리 흔하게 사용된다 해도, 그것은 가상의 계보학에 따라 매번 새로 정의되어야 한다. 철학의 지위가 단단히 고정되지 않았기 때문에, 철학적 실천은 제 지위를 담보로 잡힌다. 철학이 진실을 추구하든 처세를 제안하든, 행동을 촉구하든 명상을 권장하든, 세계관을 제공하든 공통 가치를 비판하든, 개념

---

* '단언하다'를 뜻하는 'affirmer'의 대명동사(말하는 주체가 동사의 직접·간접 목적어가 되는 형태)인 's'affirmer'는 '자기 존재를 명백하게 드러내다'라는 뜻이다. 후자에서 '진실임을 단언하다'라는 의미는 변화한다. ― 옮긴이

을 규명하든 고안하든, 어떤 경우든 담론의 정당성을 세우려면 단언하려는 의도가 언제나 요청된다.

이런저런 '철학자'가 옹호하는 사상은 그 이상의 단언을 필요로 한다. 논거의 내용뿐만 아니라 언어적 행위 그 자체의 측면에서 말이다. 철학의 끊임없는 재정의는 철학자 화자를 실제로 더더욱 끌어들인다. 그 철학자의 실천과 동일시하는 언어의 선택이 거기에 함축되어 있기 때문이다. 어떤 언어에 투여된 화자의 정신은 철학적 단언의 두드러진 또 하나의 특징이다. 언어적·문체적 특징에 관한 관심은 거기서 형식적 차원만 읽어 내는 철학자들에게 자주 무시되며 평가절하되기까지 하지만, 이 관심을 통해 우리는 논증적 확신 아래에서 들끓는 독특한 정신적 에너지를 파악할 수 있다.

*단언하기, 선언하기, 정의하기, 진술하기, 제안하기, 단정하기*……. 이러한 양식들을 분석하면 철학자들을 다른 방식으로 읽을 수 있는 거대한 장이 열린다. 문체의 표준에 관해서는 아주 소수의 분석가들만 관심을 갖지만, 그 여러 가지 중 être 동사의 사용은 *단언하는 리비도*libido affirmandi, 즉 단언하고픈 욕망의 증거이다. 이 선언 동사의 절대 권력은 존재론적 정의에서 표출된다. 이를테면 "인간은 사회적인/생각하는/말하는 동물이다" 또는 "아름다움, 그것은 ……이다", "사랑, 그것은 ……이다"에서처럼 말이다. 소크라테스의 형이상학에 동의하든 하지 않든, 원칙적으로 "……이란 무엇인가?"라고 질문하는 그의 방법을 참조하는 것은 정의定義의 기쁨을 불러일으킨다. 정의에 관한 관심은 많은 철학자에게서 당연한 듯이 보

이며, 그만큼 추론의 엄정성과 연관되어 있는 것 같다. 명확히 규정된 분명한 개념에 도달하기 위해, 사람들이 말하는 것을 정의해서는 안 될 이유가 무엇인가? 이러한 자명함이 다른 철학적 실천들의 반박에 부딪힐 수도 있겠지만, 선언을 통해 진실을 정립하는 언어의 힘을 확고히 한다는 점에서 언제나 매력적이다.

단언적인 언어 구사는 이론적 논증에 밀려 좀처럼 이해받지 못한다. 하지만 그것은 언어 속에 정신의 성향을 끌어들인다. 이러한 일종의 신병 확보를 통해 주체는 진실을 말하고 선포하고 강요할 수 있게 된다. 이러한 강요는 추상적이고 코드화된 언어를 사용하고, 다른 이들 ― 독자나 청자 ― 도 같은 단어로 대답하고 같은 어투를 받아들일 것을 요구할 때 더욱 강력해진다. 그것을 따르지 않는 독자나 청자는 무지한 사람으로 치부되어 물러나게 된다. 펜싱 검을 든 귀족 앞에 몽둥이를 들고 맞서는 평민을 상상하지는 않을 것이다. 추상 언어의 이러한 자기 합리적 선택 또한 그 지적인 장점 이전에 많은 질문을 야기한다. 개념의 보편성과 이론적 과장은, 학문적 기교에 비견될 만한 언어적 기교의 문제에 한정되지 않으며, 이상적 자기의 표상이 동원되는 정신적 에너지 속에서 자원을 발견한다.

단언하고픈 욕망은 전략과 무기를 배치하고, 반발에 타협하고, 영토를 정립하는 쾌락의 전략에 들어선다. 이 욕망의 일부는 심리 경제학에 속하는데, 여기서 만족과 불만, 사랑과 죽음, 단언과 부정이 대립된다. 이 갈등에 관심을 기울이면, 공언하는 것과 반대되는 삶을 영위하거나 삶과 반대되는 것을 이론화하는 위대한 단언가들의 꺼림칙한 모순을 이해할 수 있다. 때로는 우리가 진심으로 믿고 있는 그 주장들 안에서 부정성이 작동하기도 한다. 일부 철학자의 화려하고 명백한 모순은 지나치게 힘을 쏟은 말들 속에는 어김없이 분열이 존재함을 여실히 보여 준다. 우리가 진실을 단언할 때 주는 힘은 반대편에서 가해지는 억압의 크기에 비례한다. 단언에는 부정이 숨어 있다. 이 비밀이 주장 자체에 영향을 미쳐서, 그 주장이 과도해지고 거창한 외관을 취하도록 세심히 가공한다. 정신분석은 '승화sublimation'라는 용어를 도입했는데, 이는 욕망의 대상을 대체한 지적 상상에 투입된 성적 몰입을 이해하기 위한 것이었다. 우리는 지나치게 일반적인 해석 도식을 답습하지 않고, 승화 개념이 징후의 논리 속에 가둬 둔, 단언에 내포된 복합적이고 다형태적인 본성을 존중하려 한다. 실제로 단언하기가 반드시 초자아의 저항에 맞닥뜨리는 것은 아니다. 적어도 에너지를 거기에만 집중시키지는 않는다. 단언은 거짓말을 지어내고 폭주할 때, 자기의 무한한 자원이 되어 줄 반反진실을 지어낸다. 그 무엇도 어떻게도 이것을 멈추지 못한다. 단언은 이 샘에서 물을 길어 올려 자신을 반복하고 확장하고 변신할 수 있다. 방향을 바꾸라고 강요하는 금기를 피해 끝없이 떠밀려 가며 자신의 형식을 늘려 갈 수도 있다. 단언은 그 자체의 거짓말을, 그것이 점점 더 공고해지는 것을 마음껏 즐긴다.

따라서 단언과 부정은 대척점에 놓인 것이 아니다. 단언은 도리어 부정과 양립하며 심지어 공모하기까지 한다. 때로는 부정에 표현을 제공할 정도로 말이다. 단언은 고백할 수 없는 부정을 담고 있으며, 스스로 변형시키고 가다듬고 부풀린 어떤 부인된 진실을 감추고 나아가 생산하려 한다. 정확히 말해서, 과장된 언어 형식은 정신이 과도하게 몰입한 단언의 특징이라 할 수 있는 진실과 거짓말 사이의 긴장을 알려 준다. 공통의 어원(adfirmare)이 암시하듯, '단언하기affirmer'라는 단어는 *굳히기*affermir와 뜻이 겹친다. 단언을 통해 확고해지고 그것을 단단히 지켜 가는 것, 바로 이것이 지적 구성물, 거창한 관념, 강철처럼 단단한 주장으로 상징되는 이상적 자아로서 스스로를 상상할 수 있게 해 주는 자기 생성의 환상이다. 단언하려는 욕망이 단호한 언어를 낳는다. 단언하다라는 동사의 핵심에 내재된 거짓말에서 여러 종양과 돌기 또한 딸려 나온다. 피노키오의 코가 보여 주는 것이 바로 이 욕망의 가장 순진하고 히스테릭한 버전이다. 단언자의 연설이나 글이 가진 에너지는 진실과 거짓말의 갈등에 의해 움직이는, 과도한 말의 돌기들을 실제로 생성한다.


## 이차적 청취를 위해

화자는 단언을 통해 확고해지고 자신의 보조물을 늘려 가며, 우리는 그러한 화자의 어조, 거동, 몸짓을 통해 단언을 듣게 되고 또 청취한다. 그는 확신에 차 자기 생각을 말한다. 풍부한 목소리가 진술된 의미와 일체를 이룬다. 말이든 글이든, 목소리가 소리 공간 또는 글 공간을 가득 채운다. 목소리는 지면에서나 강의실에서나 마음껏 자리매김한다. 사상가들의 녹음된 목소리가 최근에 연구 대상이 되고 있다. 들뢰즈의 대담에서 그의 단언 속에 깃들어 있는 정서적 실체를 들을 수 있음은 앞서 살펴보았다. 라캉과 바르트의 강연 속 목소리 또한 그 자체로서, 또 담론의 내용과 관련해서 분석되었다. 그들의 비범성을 평하고 그들이 지식·자기통제·청중과 맺은 관계를 이해하려면, 그들의 음역대를 비교해 보면 된다. 대사상가라는 칭호를 받아들이지 않았던 바르트는 그가 가르치는 상황에서 유지하고팠던 목소리에 대해 시사하는 글을 남겼다. 그가 바란 것은 힘이 잔뜩 들어가 지식을 강요하는 목소리가 아니라, 지식을 유보한 채 유연하게 사용하는 유동적인 목소리였다. 《목소리의 결정結晶》을 쓴 이 저자는 라디오 방송에 출연할 때마다, 자신의 목소리에 담긴 서투름, 망설임, 침묵 등을 녹음 기술로 없애지 말라고 요청함으로써 위엄 있는 목소리의 위선에 맞섰다. 목소리의 특질이 사상의 내용을 새롭게 듣게 하고, 텍스트를 다른 방식으로 읽게 해 줄 것이다. 분명 우리는 말하듯이 글을 쓰지는 않지만, 말하는 목소리와 글의 어조의 결합에는 많은 시사점이 있다. 어떤 사상을 이해하려면 잘 알아들을 수 있는 예민한 귀가 필요하다.

　　주장의 한가운데서 거짓말을 탐지하는 것은 단어의 의미에는 귀 기울이지 않는 청취를 전제로 한다. 이러한 청취는 적어도 조사하는 데에는 도움이 될 것이다. 실행하기가 쉽지는 않지만, 이러한 훈련은 언어의 의미 작용을 배제하는 것을 목표로 한다. 이처럼 한발 물러서는 태도는 때로 별 의도 없이 나타나기도 하는데, 이를테면 강연이나 사교 모임에서 피곤해지거나 지루해진 청중이 그렇다. 웅성웅성 소란 속에서 주변의 대화는 미지의 언어로 변형된다. 그때 청중은 의미로 덮이지 않은 목소리의 특질에 민감해지는 것이다. 알고 있는 단어를 일부러 듣지 않는 것은 물론 어려운 일이다. 하지만 뒤로 물러나 노력하면, 정서를 담은 음성 현상만 따로 떼어 감지할 수 있다. 의미란 어조, 몸짓, 목소리를 통과하게 마련이므로 이것이 그다지 어리석은 행위는 아니다. 극작가 장 타르디외는《타자를 위한 한마디》에서 관객들에게 완벽히 이해되는 의미를 뒤집지는 않은 채 화자의 문장을 이런 식으로 도치시키고 비틀었다. 상황, 외침, 합의된 등장인물들 덕에 적합한 단어에서 벗어난 통사론이 유지되었다. 이 방식은 목소리의 크기, 음역대, 음의 길이 등등, 음악에서 중요할뿐더러 이 경우에는 이차적 의미에 담긴 풍부한 현실을 폭로하는 모든 특질에 있어 과도하게 정신이 투입된 '단언'을 지각할 수 있게 한다. 목소리의 특이성, 변이형들의 섬세함, 목소리의 결정結晶과 거기에 생기를 불어넣는 정신적 의도 사이의 관계를 묘사하기에 이론적 어휘는 종종 정확성이 부족하다. 물론 목소리의 '자연스러움'과 그것을 형성해 온 문화, 그리고 거기에 동기를 부여하는 표현 사이의 불명료함 때문에 보편적 방법론을 세우기란 거의 불가능하다. 수치 분석을 통해 목소리를 그래프화하는 방식이 약간의 지식을 제공하지만, 아직은 초보적인 수준이다. 이처럼 식별하기 어렵지만, 말해진 것이든 글로 쓰인 것이든 목소리와 거기에 결합된 몸짓을 통과하는 의미의 풍부함에 주의를 기울이는 것은 새로운 청취와 이해를 향한 길을 열어 준다.

그때 *이차적 청취*는 소란스러운 잡음 사이에서 일어나며, 진술 내용을 더 이상 이해하지 않겠다는 한시적인 의지에서 일어난다. 이차적 청취는 반反철학적인 것으로 보인다. 플라톤은 진작 인간 언어에 대한 강박관념을 갖고 있었고, 언어가 새소리나 다름 없어질까 걱정했다. 사상의 투명한 전달 수단이라는, 순전히 도구로서의 언어를 지지하는 사람들은 여전히 이를 두려워한다. 많은 철학자가 음악 앞에서 느끼는 당혹감이 바로 이 때문이다. 소리의 유혹은 단어의 의미를 잊게 할 위험이 있다. 《향연》에서 엉뚱한 알키비아데스는 소크라테스에게 그의 강연이 마르시아스의 빼어난 피리 연주보다 더 가치 있다고 아첨했다. 심지어 소크라테스 자체가 피리라서 말이 필요하지 않다고 선언하기까지 했다. 이 술에 전 미치광이 말에 따르면, 철학자의 음악은 숨결이요, 단어보다는 음색과 리듬이 더 중요한 '노래'가 될 것이다. 꼬집어 말하지는 않았지만, 알키비아데스는 사상의 음악성을 암시한 것이다. 물론 알키비아데스의 이러한 주장은 소피스트적인 것 혹은 유혹적인 것으로 격하되어 버렸다. 철학자란 의미의 우월성에 관한 한 양보할 수 없는 자들이다. 니체는 음악에 대한 열정 때문에 패러다임을 바꾸고 귀로 사유할 것을 제안한 드문 철학자였다. 소리굽쇠를 망치로 삼았던 이 철학자와 함께, 청취가 하나의 평가 기준이 되었다.

사유의 음악성에 대한 이러한 관심은 철학을 다른 방식으로 청취하게 만든다. 즉 단지 철학을 이해하는 것이 아니라 청취하게끔 하며, 더 정확히 말해 철학을 청취하면서 이해하게끔 이끈다. 그러므로 철학의 음성을 파악하려면 의미를 추구하지 말고 소리굽쇠를 듣고 그것을 다시 읽어야 한다. 의미는 괄호 안에 넣어 두어야 한다. 철학자이자 음악가인 비트겐슈타인은 음악이 그 자체로는 아무것도 표현하지 않으며, 관계 놀이와 삶의 양식의 공동체와 관련되어 있다고 생각했다. 철학에도 음악적 양식이 있어서 유사한 곡조를 찾아낼 수 있다. 우리는 철학을 화음적인가 불협화음적인가, 음의 길이나 당김음은 어떠한가에 따라 구별할 수 있다. 오케스트라 철학이나 솔리스트 철학, 현악기를 위한 사상, 관악기를 위한 사상을 관찰할 수도 있다. 울림이, 소리의 스펙트럼이 귀에 익은 노래의 후렴구에 집중적으로 등장할 수도 있고, 한 악절 내내 철학적 흐름을 지속시킬 수도 있다. 개념의 집합이 음색을 부여한다. 지배적 음색, 종말론적 음색, 예언적 음색, 전원적 음색……. 악센트가 고수되거나 사라지는 것도 목소리와 글쓰기 속에 통합해야 할 것이다. 낯선 음색이 어떤 사상가의 귀에 들어가고, 새로운 악보를 그려 낸다. 은유보다는 이러한 양식들이 더더욱 사유의 구성 요소다.

의미를 보류하는 것은 청취의 한 단계이자 계기이며, 이 단계는 담론의 의미 작용을 없애는 음악에 머무르지 않는다. 이차적 진실은 어조에서 솟아오른다. 정확히 말해서, 단언이라는 방식이 진술 내용에 부딪히는 하위 텍스트를 폭로하는 것이다. 이차적 청취는 위협적이고 확신에 찬 지배적 목소리에 저항할 수 있게 해 준다. 지나친 단언은 의미의 하층을, 즉 위풍당당한 목소리 속에 섞인 다른 목소리들과 저자 속에 섞인 다른 저자들의 존재를 감추고 있다. 물론 단언하는 자들 모두가 거짓말쟁이라는 것은 아니다. 하지만 단언하는 억양은 거짓말의 흔적이다. 주장 이면에서 들리는 단언의 의지가 의심을 불러일으킨다. 이 의지는 문장의 내용을 담보 삼아, 화자를 동원하고 흘러넘치게 하는 무의식적 의도라는 심리적 쟁점을 찾아내도록 이끈다. 루소를 사로잡았던, 진실에 대한 광기가 거의 풍자적이라 할 만한 그 사례이다. 자신은 무죄이며, 그렇기에 부당하게도 세상 거짓말쟁이들에게 고발당한 순교자라고 주장하는 그의 강박관념은 독자의 의심을 불러일으킬 수밖에 없었다. 방어나 공격의 전략은 격렬한 논쟁적 어조를 정당화한다. 하지만 때로는 흥분한 화자가 격한 정서에 사로잡히고 이 정서 때문에 우리는 그에게 큰 고통을 안겨 주는 거짓말을 알아보게 된다. 단언은 읽히고 들리며, 주장의 폭력성과 그것이 억누르고 있는 불안을 이런 식으로 찾아낸다.

사실 거짓말은 숨김없이 또는 단도직입적으로 말해질 수 없는 진실을 폭로할 경우에만 유리하다. 추상적 구성물에서 진실한 거짓말하기가 취하는 다양한 표현법을 청취하고 나면 우리는 자문해 볼 수 있다. 아무리 저자가 진실을 선언하더라도, 술책을 쓰지 않는 진실이란 존재하지 않는 건 아닌지 말이다. 진실성 또는 진정성의 주장은 역설적으로 의심을 일깨우고, 스스로를 진실이라고 말하는 어떤 진실도 신뢰하기가 어려워지게 된다. 가장 밝혀내기 어려운 거짓말은 주체가 그 뿌리도 잘 모른 채 스스로에게 하는 거짓말이다. 여기서 진실을 향한 의심은 원칙에 대한 회의주의에서 초래된 것이 아니다. 그것은 우리가 추상적 단언 속에서 타당성을 판단하기보다는 더 우위에 있는 심리적 에너지를 이해하려 하기 때문이다. 언어적 기교의 한가운데서, 그렇게 선언된 '보편' 진리 아래에서 다른 진실들이 솟아오른다.

거짓말을 뿌리 뽑기란 불가능할 것이다. 그렇다고 진실을 향한 욕망이 가치 없어지는 것은 아니다. 이 비극적인 도전을 계속해 간다는 것이 사유의 강력함을 증명한다. 사르트르는 거짓말이 사라진 미래를 꿈꾸었다. 거기서는 모든 것이 말로 표현될 수 있을 것이고, 개인은 자신을 숨기지 않을 것이며, 은밀한 동기들은 사라질 것이다. 누구나 자신의 비밀을 말하고, 실존적 입장을 단언하며, 자신의 도덕관과 세계관을 견지하는 이유를 설명할 것이다. 사르트르는 이런 이상적 인간으로 살아 보는 행복을 누리지 못했다. 키르케고르는 더 겸손하게, 이러한 허식 없는 진실을 결혼 생활을 위해 마련해 두었지만…… 독신으로 남고 말았다. 모든 것이 말해질 수 있다는 것은 우리가 우리 말에서 진실이 무엇인지 알고 있다는 것을 전제할 텐데, 솔직함이 그것을 보증하지는 못한다.

거짓말의 종식은 조정의 여지가 있는 영역에 남아 있으며, 그것이 실현된다면 역효과를 낳을 수도 있다. 각자가 모두에게 투명한 세상은 진실의 독재를 가져올 것이고, 이 독재는 개인 안에 어떤 회색 지대도, 조사관의 눈에서 멀리 떨어진 어떤 내밀성도 허용치 않을 것이다. 더욱이 이 이상은 자아의 투명성이라는 환상을 키운다. 총체적이고 반투명한 벌거벗은 진실이란 철학자나 모럴리스트의 한낱 꿈일 뿐이다. 물론 의도적인 거짓말을 자제할 수는 있다. 그러나 스스로에게 하는 거짓말이라는 악은 여전히 몰아내기 어렵다. 그 사실을 의식이라도 하고 있다면, *그나마* 진실에 가장 근접한 삶을 살아가고 있다고 말할 수 있다. 진실을 쥐고 있다고 믿는 사람보다 더 나쁜 거짓말쟁이가 없고, 진실을 원하지 않는 사람보다 더 나쁜 개인도 없으니까. 지금까지 살펴본 철학자들의 다중 인격이 보여 주는 것은 거짓말쟁이의 모습이 아니다. 도리어 그것은 열정적으로 진실을 원하고 또 분열되면서 진실을 폭로하는, 상충하는 욕망들이 관통하는 주체의 여러 형태이다.

# 삶과 담론의 간극에서

　　이른바 '정신적인' 작품을 좋아하는 일은 매우 다양한 성향에 따라 실행된다. 이 작품들의 매혹적인 아름다움을 보면 그것이 자율적이라고 믿게 된다. 작품은 오로지 구성의 힘을 통해 위엄을 유지하며, 우리는 그 표현법과 기품에 감탄한다. 그중에서도 추상 담론은 — 철학이 그 숭고한 예인데 — 독자와 청자에게 작품의 근거와 문법을 전체적으로 파악할 것을 촉구한다. 감탄하다 보면 그것이 어떻게 만들어졌는지 궁금해지게 마련이다. 추상적 진술은 보편성을 유지해야 하는데, 이런 상황에서는 이에 기반한 독서 계약이 더 이상 작동하지 않게 된다. 이론적 구성은 이런 방식으로 복합적인 소재를, 특히 저자의 심리적 몰입을 폭로한다. 글쓰기, 목소리, 암묵적 동기, 입장, 간극에 관한 관심이 사상의 이해에 결합된다. 이 방식은 개념들에 귀 기울여 보라고, 그리고 독특한 스펙트럼을 그리는 그것의 울림과 음량, 때로 갈라지기도 하는 음색에 주의를 기울여 보라고 권한다. 추상적 진술은 그것이 그 진술을 공들여 만든 주체와 별개로 독립적으로 존재한다는 환상을 갖게 한다. 하지만 이 진술들에는 진술 상황과 관련된 정보를 제공하는 많은 침전물, 즉 몸짓과 술책 또한 담겨 있다. 바로 이것이 추상 언어의 역설이다. 그것은 보편적 진실 속에서 스스로를 보여 주기 위해 개인적 이해관계에서 빠져나오지만, 자신을 떠받치고 있던 주관적 동기를 부인함으로써 거짓말을 조장하게 되는 것이다.

추상적 단언의 심리적 동기에 관심을 가지면, 그 주장을 일상적 사유 행위와 관련짓게 되고, 저자의 '삶'에서 진술의 역사적·개인적 맥락과 그 상황을 관찰하게 된다. 물론 삶이니 인격이니 저자니 하는 단어들은 여전히 매우 모호하며, 세부 사항이 더 필요하다. 이 단어들은 실제로 확인 가능한 어떤 현실을 가리키는 게 아니라 구성물에서 생겨난 것들이다. 인생은 선험적인 통일성을 지니고 있지 않으며, 이야기를 통해 연속성을 창조하는 전기와는 다르다. 모순되는 단편과 해석으로 구성되는 삶이 보여 주는 것은 개인적 진실보다는 체험과 담론 사이의 유기적 결합이다.

이 심리적 내용에 접근하기 위해서는 때로 순진한 청취와 독서의 방식을 채택해 단순한 문제를 제기해 볼 필요가 있다. 저자는 이런저런 생각을 증명하는 데 왜 그토록 집착할까? 왜 그토록 단언하려는 욕망을, 나아가 맹렬한 집착을 표출하는 걸까? 왜 그토록 추상 언어를 선택하고 끝없이 장황한 표현

속으로 들어가는 걸까? 너무 순진하거나 너무 각성한 관찰자라면 모호한 텍스트를 해독하고 말겠다는 욕망에 휘둘리거나 어떤 견해의 위협적 진술에 정신을 빼앗기지는 않을 것이다. 그들도 그것의 지적 타당성은 알아보겠지만 말이다. 저자는 때로 자기 작품이 택한 표현법에 스스로 놀라곤 한다. 루소는 《대화》에서 "무질서와 중언부언의 혼돈 속에 빠져 있는" 자신의 지리멸렬한 논증들에 통제되지 않은 에너지가 넘쳐흐름을 인정하면서 그 논증들의 장황함과 과중함을 정당화하려 했다. 그는 자신의 글을 다시 읽으면서 고통스러워하고 신음하고 탄식했으며, 낙심에 빠져 이 혼돈에 질서를 부여하기를 포기했다. 많은 철학자들에게서 그 동기는 알 수 없으나 이론적 의도를 넘어서 버리는 증명에의 의지가 넘쳐난다. 사르트르는 완결 짓지 못한 책을 퇴고하려 손에 들자마자, 거대한 미완의 것들로 새로운 장들을 덧붙이며 후속 이야기는 나중으로 밀쳐두곤 했다. 많은 저자에게서 엿보이는 이런 강박은 개념화 과정에서 저자가 받는 심리적 압박감이 얼마나 높은지를 알려 준다. 개념의 명료성이 진술의 명료성을 보증한다는 부알로*의 격언에 따라, 글쓰기의 범람과 모순, 해체, 투명함과 과중함은 종종 그것이 표현하는 사상을 기준으로 평가받는다. 그렇지만 그것이 표출하는 것은 무엇보다도, 지적 생산물 한가운데서 투쟁하고 있는 심리적 힘들이다.

---

* Nicolas Boileau(1636~1711). 17세기 프랑스의 시인이자 비평가. 그가 쓴 《시법》은 이성과 양식에 근거한 고전주의 문학론을 집대성해 문학비평사에서 매우 중요한 위치를 차지한다. — 옮긴이

우리는 논증적 작품이 취하는 형식에는 충분히 의문을 갖지 않는다. 물론 이 작품들은 사상가들이 다른 장르가 아닌 바로 그 장르, 즉 개론이나 성찰이나 단상 등을 고르게 하는 역사적·문화적 모델을 따를 수밖에 없다. 그렇지만 그 글쓰기는 심지어 관례에 따른 것일 때조차 다음 두 가지를 통해 더욱 풍부해진다. 하나는 설명하고 단언하고 증명하고픈 욕망이고, 다른 하나는 정보와 자극과 흥분을 제공하는 언어적 표현이다. 그것들을 '징후'라고 정의하기는 애매할 수 있지만, 이 언어적 형식은 적어도 복잡한 정신적 작업의 증거다. 그것은 실제로 어느 정도는 의식적인 의도 — 화자가 어떤 견해의 동기를 전부 아는 것은 아니다 — 와 담론을 유기적으로 결합한다. 이때 담론은 그 속에서 자신을 표현하는 이야기꾼에게 사유의 도구일 뿐만 아니라 변신의 보호막이자 미끼이고 매개물이다.

추상적 구성물의 중심부에 군림하고 있는 정신적 긴장은, 그것이 저자의 '인생'과 이론적 주장 사이에 간극을 만들어 낼 때 그만큼 더 화려해진다. 이 간극이 모순, 역설, 심지어 거짓말로 보일 수도 있다. 하지만 논리적 사유와 도덕적 판단을 멈춘다면, 이 간극은 저자가 창조해 낸 정신의 해법을 특히 잘 보여 준다. 그러면 우리는 추론 과정의 오류를 지적하거나 발언한 것과 반대되는 삶을 산 위선을 단죄하는 것을 넘어, 불안과 욕망, 광기 어린 자기 표상, 도피와 변형으로 빚어진 담론으로 이해되는 *거짓말의 정수*를 발견할 수 있게 된다.

우리가 분석했던 '거짓말'의 사례들은 단언과 부인을 적절히 배치하고 모순적인 목소리들이 어우러져 견해를 구성하는, 이례적으로 풍성한 형상을 보여 주었다. 어떤 사상가들은 진실을 예찬하면서도 개인적 진실은 감추었다. 불치병을 선고 받았다고 생각한 푸코는 마지막 강연에서 그 자신의 역할을 대리로 연기하며 철학적 연극을 펼쳤다. 그는 진실의 용기를 권장하면서도 자신이 에이즈에 걸렸다는 사실은 비밀에 부쳤다. 이 부인은 고대 철학자들의 근엄함 아래 감춰진 역설적 자백을 낳았다. 사상가가 속죄할 수 없었던 잘못으로 서서히 무너져 갈 때 거짓말이 도덕적 변론의 껍데기를 취한 경우도 있었다. 온 세상이 그가 자식을 버린 것을 비난한다고 믿은 루소의 편집광적 망상은 스스로를 사려 깊은 교육자로 그려 낸 교육론을 쓰도록 그를 이끌었다. 별다른 영웅적 행동 없이 전쟁 시기를 겪은 사르트르는 불의와 범죄 앞에서 침묵하는 지식인들의 공모를 규탄했고 사회 참여의 전형이 되었다. 결함이 미덕으로 바뀌는 것은 단번에 이루어지지 않는다. 그것은 엄청난 이론적 노력을 요구한다. 신의 심판에 대한 상상은 양심의 가책을 느끼는 자들, 스스로를 끝없는 회전문 안에서 고소인과 피고소인의 역할로 구현하는 자들의 머릿속을 떠나지 않는다. 그들의 이러한 속임수를 비난하고 싶다면, 우리는 **진실**과 **선**의 편에, 그러니까 위선의 편에 서게 될 것이다. 그러니 숭고한 작품과 사상을 낳은 정신적 동기를 분석하는 편이 더 생산적이다.

누구도 단언의 불투명성에서 벗어날 수 없으며, 주장의 동기 또한 진실 단언자들이 믿는 것만큼 명백하지 않다. 화자의 진실성이 과시될수록, 거짓말은 더 많이 폭로된다. 진실의 *파*

토스와 진정성, 순수성, 투명성으로 인한 그것의 굴절은 역설적 의도를 드러낸다. 어떤 관념을 고집하고, 반복하고, 끊임없이 재조직하는 것은 결단하지 못하는 긴장 때문이다. 어떤 것은 끝끝내 표명되지 못하고 강박관념이 될 정도로 화자를 괴롭힌다. 어떤 원칙, 장점, 미덕을 설명해야 할 때 우리는 곧바로 추상적 실체 속에 스스로를 투사한다. 그 추상적 실체에는 심리적 동기와, 익명의 진술이라는 껍데기로 동기를 가려 주는 가면이 함께 포함되어 있다.

위대한 추상 단언자들은 무한히 공들여 준비해 완성한 개념을 물신처럼 활용한다. 급진화와 과장은 관념을 오성의 한계로까지 밀고 가서 그것들을 현실에서 검증 불가능할 정도로 완전히 도려낸다. 추론의 아름다움이 인간적 효율을 능가하는 이상, 관념이 경험의 장 바깥에 있다는 사실은 별로 중요하지 않다. 이렇게 해서 우리는 논증의 실현에 참여한다는 느낌도 없이 논증의 정밀함과 복합성에 감탄하게 된다. 하지만 정확히 말해 우리는 이 급진화 때문에 모든 적용을 면제받는다. 그리하여 레비나스나 들뢰즈 같은 철학자들이 멋지게 정식화했던 것처럼, 우리는 일상적 실존 속에서 그렇게 되지 않고도 스스로를 도덕적이고 이타주의적인 사람으로, 비인칭적이고 유랑하는 사람으로 마음껏 상상할 수 있다. 몇몇 주장은 어떤 행동으로도 반박하지 못할 지적 권위로 치장된 부인 덕분에 성공을 거둘 수 있었다. 추상화는 우리가 이론적 상상력으로 살아가는 것을, 잠재적 인격을 구성하는 것을 정당화해 준다.

거짓말하기가 언제나 도덕의 관할에 속하는 것은 아니다.

오히려 자기 분열과 다중성의 영역에 속할 것이다. 원칙에 대한 지적 지지와 실제 삶 사이의 불일치를 가리키는 데 거짓말이라는 단어를 쓰려면, 그 단어가 품은 유죄의 뉘앙스를 덜어 주어야 한다. 그 뉘앙스의 부담이 저러한 간극을 초래하는 정신적 동기를 이해하지 못하게 하기 때문이다. 의식적인 거짓말과 스스로에 대한 거짓말을 구별해야 하는 이유가 바로 이것이다. 이런 식으로 자기 환상을 분석함으로써 우리는 추상적 단언과 연관된 정신의 표현법에 접근해 볼 수 있다. 반대되는 삶을 살면서 어떤 이상을 단언하는 것은 단순한 대립의 차원이 아니다. 사상을 통해 우리는 나름의 정서와 강도로써 고유한 일관성을 가진 삶을, 이른바 현실의 삶을 조금도 부러워할 필요가 없는 삶을 경험한다. 우리의 사상과 실존 사이의 관계는 이원적이지 않으며, 대립부터 협상까지, 찬동부터 세뇌까지 매우 다양한 형태로 굴러간다. 이와 관련하여 몇몇 사상가가 놀라운 예들을 제공했다. 극히 중요한 페미니즘 철학을 정립하고서 그와 반대되는 모델에 따라 앨그렌과 사랑을 나눈 보부아르처럼 말이다. 기만적이라고 규탄하는 대신, 우리는 그녀가 몇 가지 실존 방식을 살았고, 그중 어디에도 그녀의 진정한 인격이 따로 있지는 않다는 사실을 이해했다. 다중적인 그녀는 여러 욕망과 상황과 선택을 몸과 마음으로 겪어 냈다. 그것들을 강렬하게 살아 냈다. 그녀의 실존적 입장 중 어느 하나를 더 우월하고 진정성 있다고 결정할 수는 없다.

　이론적 단언이 진술 주체에게 꼭 적절한 것만은 아니다. 프루스트가 문학에서 그랬듯이, 사상은 일상적 자아와는 구별되는 자아에서 나온다. 물론 허구의 힘을 빌려 분신을 만드는 데 익숙한 작가들의 경우 이런 다양성을 더 잘 받아들이는 편이다. 철학에서 사상가의 '나'와 그의 개인적인 '나' 사이의 동일성을, 나아가 모든 '나'의 제거를 가정하는 투명성이라는 전제는 이러한 생산적이고 풍부한 틈새를 보지 못하게 한다. 키르케고르는 추상적 사상을 구축하는 데 *자아*의 다중성을 가장 의식적으로 받아들인 철학자임에 분명하다. 그가 여러 가명을 사용했다는 사실이 우리의 독서를 혼란스럽게 한다. 그가 쓴 가명들은 본명으로 구사할 전략들을 숨기려는 단순한 가면이 아니기 때문이다. 각각의 가명은 그가 체험한 실존적 입장을 담고 있으며, 그는 마지막까지 이것들을 심판하지도, 그 위에 군림하지도 않는다. 그는 타인과 세계를 향한 관념, 감정, 행동을 받아들이며 이 저자들을 창조해 냈다. 양자택일에 유리하도록 모순은 지워지게 마련이다. 그렇다고 다양성이 진실을 포기하게 만들지는 않는다. 오히려 다양성은 그가 여러 실존적 입장을 겪으며 탐구하고 있음을 시사한다. 이처럼 사상가는 다중 인격으로 구성될 수 있다. 자기가 고안한 모든 것의 열쇠를 쥐고 있지는 않다는 말이다. 그는 자기 사상을 여러 다른 시간성과 다양한 리듬에 따라 체험한다. 그는 자신의 일부인 잠재적 인생들, 서로 구분되고 때로는 모순적이기도 한 견해들을 지지하게 해 주는 이 아바타들에 자신을 투사한다. 원하든 원치 않든, 그 철학자에게도 "나는 타자이다".

　그렇지만 다중 인격이 있다고 해서 스스로에게 향한 거짓말이 사라지는 것은 아니다. 다중 인격은 우리가 배우처럼 어느 날은 견유학파가 되었다가, 또 어느 날은 이타주의자, 계시 받은 자, 현자 등이 되겠다고 마음먹고 실컷 이용할 수 있는 인물 갤러리가 아니다. 물론 우리는 이질적인 실존적 입장을 실험해 볼 수 있고, 그 입장들의 고유성을 보호하는 방법을 연습할 수도 있다. 하지만 그들의 자리를 지정하고 분배하는 통제실을 마음대로 조정할 수는 없기 때문에, 입장들 사이에서 어떤 게임이 벌어지고 있는지 알지 못한다. 만약 우리 각자가 여러 인격으로 구성되어 있다면, 남은 문제는 이 잠재적 실존들이 모순된 욕망과, 꿈과, 불안과 함께 어떻게 결합하는지 알아보는 것이다. 스스로를 절대자라고 믿는 자들이야말로 이러한 뒤얽힘을 이해하는 능력이 가장 모자란 자들이리라.

자기 통찰의 불가능성은 진실의 *비극적* 차원을 강조한다. 우리는 타인의 거짓말에 대해서는 명철하면서도, 스스로에 대해서는 결코 그렇게 확신할 수 없다. 어쨌든 우리 자아의 표상에 영양분을 공급할 구실을 찾아내라고 부추기는 몇몇 장치가 있다. 정신분석은 거짓말의 매듭을 풀고 주체의 보호막을 꿰뚫어 볼 수 있는 어떤 작업을 준비했다. 이러한 보호막의 이미지는 무지의 베일 뒤에 어떤 본질이 감춰져 있다고 믿게 만든다. 그런데 위안용 거짓말을 파헤칠 때조차, 분석은 모든 악을 해소시킬 진실의 범위를 발견하지 못한다. 오히려 그것은 주체가 자신을 재구성할 수 있게 해 주는 새로운 이야기를 기획하며 고정된 지점들을 이동시킨다. 분석의 관점은 폭로보다 치유의 성격을 띤다. 어떤 방법을 쓰건 — 양심 성찰, 방법적 회의, 분석적 치료 — 자신의 거짓말과 싸우려 든다면 평안도 얻을 수 없고 끝도 맺을 수 없다. 무한히 계속되고 좌절되는 이 탐구는 비극의 양상을 띤다. 우리는 진실을 회피하면서 진실을 마주하며, 우리가 진실을 잡았다고 믿을 때 진실은 우리에게서 벗어난다.

거짓말을 의식하는 것은 이중으로 고독을 강제한다. 우리는 다른 사람들의 거짓말을 관찰하면서, 존재들이 자기 이야기를 하며 행동 동기에 대해 거짓말을 하고 고귀한 원칙을 내세우는 마르지 않는 성향을 발견한다. 하지만 우리는 우리 자신의 입장 또한 그와 동일한 악의 위협을 받고 있음을 잘 알고 있다. 우리는 다른 사람들에게 진실을 강요하고 직면하도록, 스스로의 부인과 기만을 인정하도록 강제하고 싶어 한다. 하지만 이 가식들이 우리 자신의 환상을 돌아보게 하고 우리 자신의 거짓말을 의심하게 하는 마당에 어찌 그럴 수 있겠는가? 심지어 진실을 원하는 동기조차 모호할 수 있다. 우리는 기껏해야 우리 자신의 기만에 속지 않기를 바랄 수 있을 뿐이다. 하지만 이런 사실을 확인했다고 해서 보편적 주장을 담은 모든 담론을 단죄하려 들어서는 안 된다. 지금까지 살펴본 것처럼 이런 미끼들이 숭고한 작품을 낳는 한 더욱 그렇다. 거짓말이 존재한다고 해서 저자가 이론에 관여할 자격을 잃는 것도 아니고, 그의 담론의 타당성이 실추되는 것도 아니다. 거짓말의 존재는 사상 속에 있는 어떤 정수, 때로는 약삭빠르기도 한 정수를 드러내 준다.

최소한의 명철함만 갖췄다고 해도, 저자는 자신과 주장 사이의, 개념과 원칙 사이의 균열을 인지하고 있을 것이다. 그 균열은 저자의 말과 삶의 단순한 불일치가 아니다. 그것은 보편적 진술 속에 권위를 가진 어떤 입장이 ─ '나'의 형태로든 비인칭 형식으로든 ─ 드러나면 곧바로 그가 만들어 내는 인격들 사이의 복합적 관계이다. 이런 조건에서 아마 저자는 스스로를 속이고 있다고, 최대 다수의 사람에게 호소한다고 주장하면서도 특정인을 향해 글을 쓴다고, 보편적 주체의 문장 아래 몸을 숨긴다고, 다른 사람 대신 글을 쓴다고 의심받을 것이다. 스스로에게 통일성과 연속성을 부여하고 어떤 구성적 자아를 꾸며 내기 위해 어떤 목소리를 택했다고 의심받을 것이다. 이때 저자는 구성적 자아를 자신의 본명이라고 말하지만, 그것은 비일관적이고 분열되고 다중적인, 자신의 반영들 속에서 길 잃은 자기의 술어에 불과한 어떤 저자의 이름일 따름이다. 명철함은 그에게 명료성도 투명성도 부여하지 않는다. 그보다는 대가의 목소리를 택한 자아의 거대한 사기극에서 그를 지켜 준다고 보는 게 맞겠다.

조금만 주의 깊게 듣는다면, 거짓말은 글에서도 들린다. 우레와 같은 단언, 말 더듬기, 반복되는 관례적 표현, 위조된 어조는 균열을, 나아가 기만의 징후를 보여 준다. 자기 목소리를 녹음해서 다시 들어 보면 낯설게 느껴지고, 이는 우리를 불안하게 한다. 누가 이렇게 말하는가, 누군가 우리의 이름으로 이야기하기 위해 음색을 빌렸는가? 이러한 불일치의 인식은 우리에게 단언하고픈 욕망을 절제하라고, 그리고 속삭이라고 부추긴다. 또는 모르는 채 살아온 삶의 비극적 거짓말을 여실히 드러내라고 부추긴다. 거대 담론에 너무 빠지게 되면, 때때로 우리는 그러한 악보와 동떨어지게 되어 위안을 주는 의미의 음악을 더 이상 들을 수 없게 된다. 그것들은 해체되고, 이상한 소리를 내다가, 재구성되고…… 그러다가 차츰차츰, 믿기지 않는 놀라운 진실의 작은 소리를 낸다.

# 생각하고 말하는 그 순간에 일어나는 일

사전적 정의로 보면 철학은 첫째, 인간과 세계에 대한 근본 원리와 삶의 본질을 연구하는 학문이고, 둘째, 경험에서 얻은 인생관, 세계관, 신조 따위를 일컫는다. 이러한 정의는 한 개인이 철학을 통해 진리를 추구한다고 할 때 가능한 철학의 두 가지 의미이다. 철학에 이 두 의미가 모두 함축되는 것은 철학적 진실을 추구하는 자가 저마다 자신의 삶을 사는 개별 인간이기 때문일 것이다. 철학의 진리는 보편성을 추구하지만 그렇다고 해서 그것을 추구하는 한 개인의 삶과 결코 분리될 수 없다.

《철학자의 거짓말》은《건반 위의 철학자》로 국내에도 소개된 프랑스의 철학자 프랑수아 누델만이 철학 및 사상의 거장들, 장자크 루소, 푸코, 사르트르, 보부아르, 들뢰즈, 레비나스, 키르케고르 등의 이론가로서의 진실성과 그들의 견해가 보여 주는 놀라운 창의성에 관하여 흥미로운 관점을 제안하고 그들의 담론에 내포된 다양한 층위를 분석하는 책이다. 누델 만은 철학자의 삶과 그의 이론적 주장이 맞닥뜨릴 수밖에 없는, 어찌 보면 당연한데도 그동안 별로 진지하게 다루어지지 않은 철학적 담론의 실존적 현장에 초점을 맞추었다. 그가 다루고 있는 철학자는 특히 '거짓말'과 관련하여 문제적인 인물들이다. 그 선두에, 다섯 명의 자식을 고아원에 버리고도 아버지의 가장 신성한 의무로 교육을 제시한《에밀 또는 교육론》의 저자 루소가 있다. 푸코는 마지막 강연에서 '진실을 말하는 용기'를 주장했지만 자신이 에이즈에 걸렸다는 사실을 숨겼다. 프랑스가 나치에 점령당했을 때 적극적인 저항 운동도 하지 않았던 사르트르는 전후에 왜 그토록 과격하게 사회 참여를 외쳤을까. 또 여행을 싫어했던 들뢰즈는 어쩌다가 노마디즘의 예찬자가 되었을까? 그리고 왜 사상가의 삶은 '비인칭'이라는 개념을 지지하면서 그 개념 뒤로 사라지려 했을까? 페미니즘의 기초를 마련했던 보부아르는《제2의 성》을 쓰면서 동시에 미국의 한 작가와 열정적인 사랑에 빠져서 애인에게 헌신하고 싶은 열망을 표출했다. 진실한 보부아르는 어디에 있을까.

이 명백한 모순들 앞에서 누델만은 철학자들이 자기 행동과 모순되는, 따라서 거짓이라 비난받을 수 있는 이론을 표방한다고 말하기보다, 그들이 자신이 구상한 이론과 반대되는 삶을 살았기 '때문에' 또는 그렇게 살고 '있어서' 그와 같은 이론적 원칙을 표방할 수 있었다고 말한다. 우리가 모순이라고 규정하는 것 역시 한 철학자가 이론을 형성해 가는 정신적·심리적 과정에 속하기 때문이다. 따라서 누델만은 모순된 행동 때문에 그들의 담론을 거짓이라 비난하지 말 것을, 도덕적인 잣대를 거두고 그것이 어떤 방식으로 기능하면서 철학자가 내세운 원칙의 형성에 기여하는지 살펴볼 것을 권유한다.

상상력의 작용을 거짓이라 비난하지 않고 허구로 허용하며 그 창의성을 인정하는 다른 영역에서처럼, 철학에서도 진실과 거짓이라는 이분법적인 도덕적 잣대를 내려놓는다면, 우리는 삶과 이론의 모순이 철학자가 주장하는 바를 무효로 만들지 않으면서 어떻게 그의 담론을 해석하는 또 다른 열쇠를 제공하는지 보게 될 것이다. 의식적이든 무의식적이든 스스로 거부하는 또는 부인하는 현실을 왜곡하고 비틀면서 그가 추상적 개념을 구축하는 과정에 훨씬 더 풍부하게 접근할 수 있기 때문이다.

합리성에 호소하는 철학은 담론 속에서 작동하고 있는 정신적·심리적 동력을 보편적 개념 뒤로 숨기고, 담론이 저자 또는 저자의 삶과 완전히 일치한다는 선입견을 심어 준다. 데카르트는 코기토, 파스칼은 내기, 칸트는 도덕법칙, 헤겔은 변증법, 사르트르는 참여 식으로 철학자와 그의 주요 개념을 고착시키는 철학사의 관행이 바로 그 증거이다. 누델만은 이러한 관행에서 벗어날 것을 제안한다. '나는 생각한다'고 할 때, 그 '나'는 누구일까, 현실에 존재하는 나 자신일까 혹은 생각하는 또 다른 누군가일까.

우리는 철학자에게도 똑같이 물어볼 수 있다. 어떤 사상은 곧 그 사상을 진술하는 저자인가? 철학적 개념의 형성에서 허구의 몫을 받아들이면, 철학자의 정신이 어떤 다양한 심리적 동력 아래에서 때로는 서로 대립하고 그러면서도 유기적으로 결합하는지, 서로 모순되면서 또 서로 보상하는지 다양한 면모들이 드러날 것이다. 누델만이 제안한 것처럼 철학의 심리적이고 자기 구성적인 차원을 받아들이고 철학자의 담론 속에서 생각하는 주체를 끌어내어 그 주체가 분열하는 양상을 검토해 보는 일은, 언제나 보편은 특수를 통해서만 체험된다는 점에서, 꽤 흥미로운 작업이라 여겨진다. 사실 우리도 내가 생각한다고 또 내가 생각한 바를 말한다고 하지만, 생각하고 말하는 바로 그 순간에도 얼마나 많은 것들이 머릿속을 스쳐 지나가는지 문득 문득 경험하지 않는가.

철학자의 거짓말에 대한 누델만의 분석을 우리말로 옮기면서, 인간과 세계에 대한 깊이 있는 통찰과 강력한 사유의 힘으로 우리에게 삶의 등불이 되어 주는 철학자들의 담론에 한층 더 인간적으로 가까이 다가가 볼 수 있었다. 새삼 인간의 정신이 자기 자신과 타인, 그리고 세계에 얼마나 섬세하고 예리하게, 결과적으로 정직하게 반응하는지 느끼면서.

거친 번역 글을 꼼꼼히 읽고 교정하고 의미를 다잡아 주신 낮은산 출판사에 깊은 감사를 드린다.

2020년 10월

문경자

철학자의 거짓말

2020년 10월 12일 처음 찍음
2021년 1월 15일 세 번 찍음

지은이 프랑수아 누델만
옮긴이 문경자
펴낸곳 도서출판 낮은산
펴낸이 정광호
편집 강설애
제작 정호영
출판 등록 2000년 7월 19일 제10-2015호
주소 04048 서울시 마포구 어울마당로5길 16 반석빌딩 3층
전화 02-335-7365(편집), 02-335-7362(영업)
팩스 02-335-7380
이메일 littlemt2001ch@gmail.com
제작 상지사 P&B

ISBN 979-11-5525-139-3   03100

이 도서의 국립중앙도서관 출판예정도서목록(CIP)은 서지정보유통지원시스템
홈페이지(http://seoji.nl.go.kr)와 국가자료공동목록시스템(http://www.nl.go.kr/kolisnet)에서
이용하실 수 있습니다. (CIP제어번호 : CIP2020040335)